AF172827

Übungsbuch Logistik

Rainer Lasch • Christian G. Janker

Übungsbuch Logistik

Aufgaben und Lösungen zur quantitativen
Planung in Beschaffung, Produktion,
Distribution und Instandhaltung

5., aktualisierte und erweiterte Auflage

 Springer Gabler

Rainer Lasch
Technische Universität Dresden
Dresden, Deutschland

Christian G. Janker
cj.webservice
Dresden, Deutschland

ISBN 978-3-658-37185-2   ISBN 978-3-658-37186-9   (eBook)
https://doi.org/10.1007/978-3-658-37186-9

Die Deutsche Nationalbibliothek verzeichnet diese Publikation in der Deutschen Nationalbibliografie; detaillierte bibliografische Daten sind im Internet über http://dnb.d-nb.de abrufbar.

Springer Gabler

© Springer Fachmedien Wiesbaden GmbH, ein Teil von Springer Nature 2007, 2010, 2013, 2017, 2022
Das Werk einschließlich aller seiner Teile ist urheberrechtlich geschützt. Jede Verwertung, die nicht ausdrücklich vom Urheberrechtsgesetz zugelassen ist, bedarf der vorherigen Zustimmung des Verlags. Das gilt insbesondere für Vervielfältigungen, Bearbeitungen, Übersetzungen, Mikroverfilmungen und die Einspeicherung und Verarbeitung in elektronischen Systemen.
Die Wiedergabe von allgemein beschreibenden Bezeichnungen, Marken, Unternehmensnamen etc. in diesem Werk bedeutet nicht, dass diese frei durch jedermann benutzt werden dürfen. Die Berechtigung zur Benutzung unterliegt, auch ohne gesonderten Hinweis hierzu, den Regeln des Markenrechts. Die Rechte des jeweiligen Zeicheninhabers sind zu beachten.
Der Verlag, die Autoren und die Herausgeber gehen davon aus, dass die Angaben und Informationen in diesem Werk zum Zeitpunkt der Veröffentlichung vollständig und korrekt sind. Weder der Verlag, noch die Autoren oder die Herausgeber übernehmen, ausdrücklich oder implizit, Gewähr für den Inhalt des Werkes, etwaige Fehler oder Äußerungen. Der Verlag bleibt im Hinblick auf geografische Zuordnungen und Gebietsbezeichnungen in veröffentlichten Karten und Institutionsadressen neutral.

Planung/Lektorat: Susanne Kramer
Springer Gabler ist ein Imprint der eingetragenen Gesellschaft Springer Fachmedien Wiesbaden GmbH und ist ein Teil von Springer Nature.
Die Anschrift der Gesellschaft ist: Abraham-Lincoln-Str. 46, 65189 Wiesbaden, Germany

Vorwort zur 5. Auflage

Übungsbücher stellen ein unverzichtbares Instrument zur Repetition, Wissensanwendung und -vertiefung sowie zur Prüfungssimulation dar. Aus diesem Grund haben wir uns entschieden, die fünfte Auflage in einer erweiterten Form aufzulegen. Dazu wurden die Bereiche Beschaffungs-, Produktions- und Distributionslogistik um weitere Aufgaben mit den entsprechenden Lösungen ergänzt. Bei den bisherigen Aufgaben wurden außerdem Teilaufgaben hinzugefügt. Es wurde auch ein neues Kapitel mit Aufgaben zur Instandhaltungslogistik aufgenommen. Lehrenden und Studierenden steht nun eine noch umfangreichere Aufgabensammlung mit Lösungen zur Verfügung, mit der eine optimale Vorbereitung auf Übungen und Prüfungen ermöglicht wird. Des Weiteren wurde die Möglichkeit genutzt, kleinere Fehler zu beseitigen.

In den Kapiteln Beschaffungs-, Distributions- und Instandhaltungslogistik wird im Anschluss an jeden Aufgabenkomplex auf das entsprechende Kapitel in den Lehrbüchern „Strategisches und operatives Logistikmanagement: Beschaffung", „Strategisches und operatives Logistikmanagement: Distribution" sowie „Strategisches und operatives Logistikmanagement: Prozesse" verwiesen. Somit können Studierende den Vorlesungsstoff entsprechend nacharbeiten und vertiefen.

Ein herzlicher Dank für die Erweiterung der Aufgabenstellungen gilt meinen wissenschaftlichen Mitarbeitern Herr Christian Flechsig, Herr Marcel Hoffmann, Herr Martin Schönheit sowie Herr Lorenz Trautmann am Lehrstuhl für BWL, insb. Logistik. Unser besonderer Dank gilt insbesondere meiner Assistentin Frau Evelyn Witzke, die äußerst engagiert in mühevoller Kleinarbeit die Ergänzungen und Korrekturen des Werkes übernahm. Schließlich danken wir Frau Susanne Kramer und dem Springer Gabler Verlag für die stets reibungslose und gute Zusammenarbeit.

Dresden, im Januar 2022
Rainer Lasch

Christian G. Janker

Vorwort zur 1. Auflage

Das vorliegende Übungsbuch enthält 80 vorwiegend quantitativ orientierte Aufgaben, welche insbesondere die Übung und Anwendung von Planungsverfahren entlang der logistischen Kette unterstützen. Dieses Übungsbuch ist primär als Arbeitsbuch für Vorlesungen, Übungen und Tutorien im Bereich der betriebswirtschaftlichen Logistik konzipiert. Die Struktur der Kapitel orientiert sich an den phasenspezifischen Subsystemen der Logistik und gliedert sich in Aufgabenstellungen zur Beschaffungs-, Produktions- und Distributionslogistik.

Die Übungsaufgaben dieses Buches entstanden in ihrer ersten Form durch Prüfungsaufgaben im Schwerpunkt Logistik an der Fakultät Wirtschaftswissenschaften der Technischen Universität Dresden und wurden anschließend überarbeitet. Um den Studierenden bei der Lösung der Aufgabenstellungen eine entsprechende Hilfestellung zu geben, werden im Anschluss an jedes Kapitel zunächst entsprechende Lehrbuchverweise gegeben. Die Literaturhinweise orientieren sich an der CD-ROM „BWL Lernsoftware interaktiv: Logistik" (ISBN 3-7910-2014-5), welche die in den Übungsaufgaben angesprochenen Planungsverfahren interaktiv vermittelt. Alle Aufgaben sind mit einer ausführlichen Musterlösung versehen, die dem Studierenden eine Kontrolle seiner Überlegungen ermöglicht.

Das Übungsbuch richtet sich primär an Studierende und Dozenten im Fachgebiet Logistik. Studierenden dienen die Übungsaufgaben zur Repetition, Wissensanwendung und -vertiefung sowie zur Prüfungssimulation. Dozenten können die Aufgabenstellungen im Rahmen von Übungen und als konkrete Anwendungsbeispiele in Vorlesungen und Seminaren verwenden.

An dieser Stelle sei allen ehemaligen und gegenwärtigen Mitarbeitern herzlich gedankt, die seit 1997 an den Aufgabenstellungen zu den Klausuren im Schwerpunkt Logistik beteiligt waren. Insbesondere möchten wir Herrn Dipl.-Kfm. Marco Gießmann und Herrn Dipl.-Wi.-Ing. Philipp Gröger für die akribische Kontrolle der Lösungen und für das Lektorat danken. Unser besonderer Dank gilt jedoch Frau Katrin Bräuer, die in unzähligen Stunden und in mühevoller Kleinarbeit die typographische Umsetzung des Werkes übernahm und dabei die zahlreichen, nicht immer ganz stringenten Änderungswünsche der Autoren verständnisvoll hinnahm. Schließlich danken wir Frau Susanne Kramer und dem Gabler Verlag für die reibungslose und gute Zusammenarbeit.

Dresden, im Mai 2007

Rainer Lasch

Christian G. Janker

Inhaltsübersicht

Inhaltsverzeichnis

Symbolverzeichnis

Beschaffungslogistik

a	konstanter Koeffizient (Achsenabschnitt)
$\hat{a}$	Schätzwert des konstanten Koeffizienten (Achsenabschnitt)
$\hat{a}_t$	Schätzwert des Achsenabschnitts in Periode t
a_{ij}	Direktbedarfskoeffizient zwischen Produkt i und Produkt j
b	Steigung
$\hat{b}_t$	Schätzwert der Steigung in Periode t
c	Annahmezahl
c_0	fixe Bestellkosten [€]
$c_B \cdot q$	variable Bestellkosten [€]
c_F	Fehlmengenkostensatz [€/(ME·ZE)]
c_L	Lagerhaltungskostensatz [€/(ME·ZE)]
d	Bedarf / statische Nachfragerate [ME/ZE]
e_t	Prognosefehler in Periode t
k	Annahmefaktor
$k_{t\tau}$	Bewertung des Pfeils (t, τ)
K	Gesamtkosten [€]
L	Saisonlänge
$L(p)$	Operationscharakteristik
LZ	Lieferzyklus
p	Ausschusswahrscheinlichkeit
q	statische Bestellmenge (Losgröße) [ME]
q_t	Bestellmenge in Periode t [ME]
r_j	statischer Gesamtbedarf für Produkt j [ME]
s	Fehlmenge [ME]
S	Bestellniveau [ME] (Auffüllgrenze)

SB	Sicherheitsbestand
s_t	Saisonkoeffizient für Periode t
T	Bestellzykluslänge [ZE] bzw. Länge des Planungszeitraums [ZE]
T_o	obere Annahmegrenze
T_u	untere Annahmegrenze
U	THEIL'scher Ungleichheitskoeffizient
y_t	Beobachtungswert in Periode t
$\hat{y}_t$	Prognosewert für Periode t
Z	Anzahl der Zyklen
α	Glättungsparameter / Produzentenrisiko
β	Servicegrad / Konsumentenrisiko
λ	Lieferzeit [ZE]

Produktionslogistik

a_j	Produktionskoeffizient von Produkt j
AZ	Anfangszeitpunkt
b	Gesamteinsatzmittelbedarf des Projekts $b = \sum_{t=1}^{T} b_t$ [EH]
$\bar{b}$	mittlerer Gesamteinsatzmittelbedarf
b_{ij}	Einsatzmittelbedarf des Vorgangs $(i, j) \in \vec{E}$ [EH/ZE]
b_t	Einsatzmittelbedarf des Projekts in Periode t [EH]
B	Gesamteinsatzmittelkapazität des Projekts $B = \sum_{t=1}^{T} B_t$ [EH]
B_t	verfügbare Einsatzmittelkapazität in Periode t [EH]
$\bar{B}$	mittlerer Bestand
BK	Belastungskonto
BS	Belastungsschranke
c	Lagerhaltungskostensatz [€/(ME·ZE)]
c_j	Lagerhaltungskostensatz für Produkt j [€/(ME·ZE)]
CF_s	offene Fehlkapazität in Periode s
CV	bisheriger kumulierter Kapazitätsverbrauch
CV_s	bisheriger Kapazitätsverbrauch für künftige Periode
d	statische Nachfragerate [ME/ZE]
d_j	statische Nachfragerate für Produkt j [ME/ZE]
$\tilde{d}_i$	Restbedarf von Produkt i in Periode r_i
d_t	dynamische Nachfrage in Periode t [ME]
d_{jt}	dynamische Nachfrage für Produkt j in Periode t [ME]
d_{ij}	ganzzahlige Dauer des Vorganges (i, j) [ZE]
$d(q_t)$	Binärvariable
$\tilde{D}_t$	angestrebter kumulierter Kapazitätsverbrauch in Periode t
D_t	kumulierter Kapazitätsbedarf in Periode t
EZ	Endzeitpunkt

FAZ_{ij}	frühester Startzeitpunkt für Vorgang (i, j) bei Einhaltung von PD
FEZ_{ij}	frühester Endzeitpunkt für Vorgang (i, j) bei Einhaltung von PD
FZ_i	frühester Zeitpunkt für Ereignis i
GP_{ij}	Gesamtpufferzeit des Vorganges (i, j)
h_j	Auflagehäufigkeit für Produkt j
$k_{t\tau}$	Bewertung des Pfeils (t, τ)
K	Kosten [€]
K_v	variable Kosten [€]
K_j^v	variable Kosten des Produktes j [€]
κ_t	verfügbare zeitliche Kapazität von Produktiveinheiten in Periode t [ZE]
l_{jt}	Lagerbestand von Produkt j am Ende der Periode t [ME]
l_t	Lagerbestand in Periode t [ME]
$\mathbb{N}$	Menge der natürlichen Zahlen
p	Produktionsrate [ME/ZE]
P	Pufferzeit
P_j	Prioritätszahl für Produkt j
PD	kürzeste Projektdauer
q	statische Losgröße [ME]
q_j	statische Losgröße für Produkt j [ME]
q_{jt}	dynamische Losgröße für Produkt j in Periode t [ME]
$\mathbb{R}$	Menge der reellen Zahlen
r_j	Reichweite der Losgröße für Produkt j
R	Rüstkostensatz [€]
R_j	Rüstkostensatz für Produkt j [€]
RC	Restkapazität in der laufenden Periode
SAZ_{ij}	spätester Startzeitpunkt für Vorgang (i, j) bei Einhaltung von PD

SEZ_{ij}	spätester Endzeitpunkt für Vorgang (i, j) bei Einhaltung von PD
SZ_i	spätester Zeitpunkt für Ereignis i
$t = \dfrac{q}{d}$	Zykluslänge [ZE]
t_c	maximale zeitliche Vorausproduktion
t_f	früheste Periode mit noch offener Fehlkapazität
T	ganzzahlige Projektdauer [ZE]
T_p	gemeinsamer Produktionszyklus für alle Produkte [ZE]
z	Zinssatz [%]
$\mathbb{Z}$	Menge der ganzen Zahlen

Distributionslogistik

a_i	Angebot im Knoten i
b_j	Bedarf im Knoten j
c_{ij}	Transportkosten zwischen Knoten i und j
d_{ij}	Entfernung zwischen Knoten i und j
d	Kostenbewertung (Flussprobleme)
E	Kantenmenge
$\vec{E}$	Pfeilmenge
g_i^+	Ausgangsgrad des Knoten i
g_i^-	Eingangsgrad des Knoten i
$G = (V, E)$	Graph
$\vec{G} = (V, \vec{E})$	Digraph
$G = (V, E, c)$	bewerteter Graph
$\vec{G} = (V, \vec{E}, c)$	bewerteter Digraph
$\vec{G} = (V, \vec{E}, c, \lambda, \kappa)$	Flussgraph
$N(j)$	Menge der Nachfolgerknoten von Knoten j
q_i	Bedarf im Knoten i
Q	Fahrzeugkapazität
s_i	Standzeit beim Kunden i
t_{ij}	Fahrzeiten zwischen Knoten i und j
t_{max}	maximale Fahrzeit einer Route
V	Knotenmenge
$V(j)$	Menge der Vorgängerknoten von Knoten j
x_{ij}	Transportmenge zwischen Knoten i und j
ε	Residualkapazität (Flussprobleme), Veränderung Basisvariable (Transportproblem)
ϕ	Fluss
λ	minimale Kapazität
κ	maximale Kapazitä
ν	Flussstärke

Instandhaltungslogistik

$\alpha \in [0,1]$	Glättungsparameter
$\mathbb{N}$	Menge der natürlichen Zahlen
$P = (p_{ij})_{n,n}$	Übergangsmatrix
p_{ij}	Zeitunabhängige Übergangswahrscheinlichkeit
$p(t)^T$	Zustandverteilung
p_t	Anzahl der Perioden zwischen den letzten beiden Perioden mit positivem Bedarf
$\hat{p}_t$	Prognostizierte Anzahl der Perioden zwischen den letzten beiden Perioden mit positivem Bedarf
$q(t)$	Ausfallrate
t	Zeitpunkt
y_t	beobachteter Bedarf in Periode t
$\hat{y}_t$	prognostizierter Bedarf in Periode t
$\hat{z}_t$	Prognostizierte Höhe des in Periode t auftretenden positiven

1 Einführung

Unter Logistik wird die ganzheitliche, marktgerechte Gestaltung, Planung, Steuerung und Abwicklung sämtlicher Material-, Waren- und Informationsflüsse von den Lieferanten in das Unternehmen, innerhalb des Unternehmens sowie vom Unternehmen zu den Kunden verstanden. Infolge der gestiegenen Marktdynamik und einem fortschreitenden Trend zur Globalisierung rückt die Logistik immer mehr ins Blickfeld der Unternehmen, so dass eine effiziente Logistik heute zum Aufbau und zur Verteidigung strategischer Wettbewerbsvorteile genutzt wird. Der Logistikprozess stellt somit die markterfolgsbestimmende Verbindung zwischen Kunde und Unternehmen dar und lässt sich in die Subsysteme Beschaffungs-, Produktions-, Distributions- und Entsorgungslogistik einteilen.

Im vorliegenden Buch werden Inhalte zu den Themenbereichen der Beschaffungs-, Produktions-, Distributions- und Instandhaltungslogistik überwiegend quantitativ aufbereitet, so dass grundlegende mathematische und statistische Kenntnisse zur Bewältigung der Aufgaben erforderlich sind. Die mathematisch korrekte Anwendung dieser quantitativen Methoden in der Logistik soll den Studierenden anhand von Übungsaufgaben vermittelt werden. Die Aufgaben sind bewusst in ihrer Art mit Klausuraufgaben vergleichbar und damit keine Fallstudien, die üblicherweise gleichzeitig eine große Zahl an methodischen Problemen beinhalten. Für die Übungsmöglichkeit in letzterem Bereich soll bspw. auf das Werk „Quantitative Logistik-Fallstudien" von Lasch/Schulte (2021) verwiesen werden. Ob eine Aufgabe als schwer oder leicht einzustufen ist, hängt dabei in erster Linie von den individuellen Vorkenntnissen sowie der Schwerpunktsetzung des zugrundeliegenden Logistik-Studiums ab.

Dieses Übungsbuch ist für die Verwendung in der betriebswirtschaftlichen Aus- und Weiterbildung vorgesehen. Zielgruppe sind Dozenten und Studenten, die speziell die Fertigkeiten der mathematischen Problemlösung in der Logistik trainieren (lassen) möchten. Den zahlreichen Übungsaufgaben aus dem Bereich der quantitativen Logistik ist neben der Aufgabenstellung jeweils eine ausführliche Lösung zur Seite gestellt. Es ist nicht das Ziel des Buches, die behandelten Verfahren in Ihren Einzelheiten didaktisch aufzubereiten.

Bei dem hier betrachteten Fachgebiet handelt es sich um die betriebswirtschaftliche Logistik in einem breiten Sinne, d. h. es werden, angefangen bei der Beschaffungsseite des Unternehmens über die Produktionslogistik sowie Distributionslogistik bis hin zur Instandhaltungslogistik, viele betriebswirtschaftliche Entscheidungsbereiche im Unternehmen angesprochen.

In seinem Aufbau orientiert sich das vorliegende Buch an den folgenden Lehrbüchern:

© Springer Fachmedien Wiesbaden GmbH, ein Teil von Springer Nature 2022
R. Lasch, C. G. Janker, *Übungsbuch Logistik*, https://doi.org/10.1007/978-3-658-37186-9_1

Lasch, R. (2021): Strategisches und Operatives Logistikmanagement: Beschaffung, 3. Auflage, Springer Gabler

Lasch, R. (2020): Strategisches und operatives Logistikmanagement: Distribution, 3. Auflage, Springer Gabler

Lasch, R. (2021): Strategisches und Operatives Logistikmanagement: Prozesse, 3. Auflage, Springer Gabler

Am Ende eines jeden Abschnitts wird daher auf die entsprechenden Kapitel in der angegebenen Literatur verwiesen, um eine ausführliche Erklärung der verwendeten Verfahren sowie darüber hinausgehende Informationen zum behandelten Themengebiet ergänzend bereitzustellen. Daneben werden weitere Literaturhinweise am Ende des Buches gegeben, aufgeteilt in Lehrbuchliteratur und einige weiterführende Quellen. Im Anhang können die verwendeten Fraktile den jeweiligen Vertafelungen entnommen werden; auch die benötigten Nomogramme sind dort zu finden.

Im folgenden Kapitel 2 werden Aufgaben aus der Beschaffungslogistik behandelt. Dazu zählen unter anderem die Lieferantenbewertung, die Materialbedarfsrechnung, die deterministische und stochastische Bestellmengenermittlung sowie die Qualitätssicherung.

Gegenstand von Kapitel 3 sind Aufgaben aus der Produktionslogistik. Innerbetriebliche Transportsysteme, Lager- und Kommissioniersysteme, verschiedene Arten von Produktionstechnologien, Losgrößenplanung, Feinplanung und neuere Konzepte der Fertigungssteuerung, wie Kanban-Systeme, bilden die Schwerpunktthemen des Kapitels.

Kapitel 4 beinhaltet die Distributionslogistik und enthält Aufgaben zur physischen Distribution, kürzesten Wegen, Netzwerkflussproblemen, zur Transport- und Umladeplanung, zur Rundreise- und Tourenplanung, zur Standortplanung sowie zur physischen Distribution. Der grundlegenden Graphentheorie ist ein eigenes, einführendes Unterkapitel gewidmet.

Gegenstand von Kapitel 5 ist die Instandhaltungslogistik und es werden Aufgaben zu Instandhaltungsstrategien, zur Instandhaltungsplanung und zur Ersatzteilbedarfsprognose behandelt.

Der besseren Übersichtlichkeit und einfacheren Handhabung halber finden sich nach dem Inhaltsverzeichnis die meisten der verwendeten Symbole für jedes der vier Hauptkapitel zusammenfassend dargestellt. Sollten Variablen innerhalb eines Kapitels unterschiedlich verwendet werden, wird auf deren Bedeutung im jeweiligen Abschnitt eingegangen.

Die Autoren wünschen gutes Gelingen, zählbare Wertschöpfung sowie Freude beim Bearbeiten und Lösen der Aufgaben!

2 Beschaffungslogistik

Die Beschaffungslogistik beschäftigt sich mit der Planung, Steuerung und physischen Behandlung des Material- und Kaufteileflusses von den Lieferanten bis zur Bereitstellung für die Produktion, einschließlich des dazu erforderlichen Informationsflusses. Der Zuständigkeitsbereich reicht dabei vom Warenausgang des Lieferanten am Beschaffungsmarkt bis zum Eingangslager bzw. zur Bereitstellung für die Produktion.

Wichtige Felder in der Beschaffungslogistik sind strategische Aufgaben, wie make-or-buy Überlegungen, die Auswahl der Beschaffungsstrategie und das Lieferantenmanagement. Bei der Festlegung der Beschaffungsstruktur wird zwischen den unterschiedlichen Sourcing-Formen gewählt, die sich bspw. im Hinblick auf die Zahl und Herkunft der Lieferanten unterscheiden.

Innerhalb der Materialbedarfsrechnung dominieren die operativen Aufgaben. Grundsätzlich wird hierbei zwischen verbrauchsorientierten, programmorientierten und subjektiven Verfahren unterschieden; jeder dieser Verfahrensklassen liegen bestimmte Annahmen zugrunde, die den Anwendungsbereich festlegen.

Die deterministische Lagerhaltung beschäftigt sich mit statischen und dynamischen Modellen zur Bestellmengenplanung. Spezialfälle, wie die Betrachtung von Fehlmengen, Mengenrabatten oder Preiserhöhungen, weiten die Einsatzmöglichkeiten der statischen Modelle aus. Im dynamischen Fall wird in der Praxis zur Bestimmung der Bestellpolitik auch heute noch auf Heuristiken zurückgegriffen, obwohl exakte Lösungsverfahren nicht aufwendig sind.

Ist der Bedarf von Bauteilen und Endprodukten weitgehend unbekannt, kommen stochastische Lagerhaltungsmodelle zum Einsatz. Dabei wird – je nachdem, ob der Meldepunkt oder das Bestellintervall fix vorgegeben sind – zwischen Bestellpunkt- und Bestellrhythmusverfahren unterschieden.

Im Kontext des Total Quality Managements (TQM) gewinnt schließlich die Qualitätssicherung in der Beschaffungslogistik erheblich an Bedeutung. Zählende und messende Prüfungen mit den dazugehörigen Prüfplänen, deren spezifische Vor- und Nachteile die Anwendbarkeit determinieren, stehen im Vordergrund. In der Praxis existiert eine Vielzahl an bekannten Prüfplänen, die breiten Eingang in die Unternehmen gefunden haben.

Im Rahmen dieses Aufgabenbuches werden zunächst einige ausgewählte strategische Beschaffungsaufgaben, wie beispielsweise die Entscheidung über Zukauf oder Eigenleistung, die Analyse und Bestimmung der Beschaffungsstruktur oder die Lieferantenbewertung und -auswahl (Kapitel 2.1) behandelt. Den Schwerpunkt des ersten Teils bilden die operativen, vornehmlich quantitativen Beschaffungsaufgaben. Hierzu zählen

© Springer Fachmedien Wiesbaden GmbH, ein Teil von Springer Nature 2022
R. Lasch, C. G. Janker, *Übungsbuch Logistik*, https://doi.org/10.1007/978-3-658-37186-9_2

die Materialbedarfsrechnung mit den verbrauchs- und programmorientierten Verfahren (Kapitel 2.2) sowie die deterministische und stochastische Bestellmengenermittlung, welche in Kapitel 2.3 und 2.4 betrachtet werden. Abschließend werden Aufgaben zur Qualitätssicherung betrachtet (Kapitel 2.5).

Lernziele:

- Beherrschung von Grundbegriffen der Beschaffungslogistik
- Vertiefung ausgewählter strategischer Beschaffungsaspekte
- Fehlerfreier Umgang mit typischen quantitativen Methoden der Beschaffungslogistik

2.1   Strategische Beschaffungsaufgaben

Von den strategischen Beschaffungsaufgaben werden im Folgenden die Entscheidungen über Eigenfertigung und Fremdbezug, die Auswahl der Beschaffungsstruktur sowie die Lieferantenbewertung als zentrales Element des Lieferantenmanagements näher betrachtet.

Aufgabe 2.1.1 - Make-or-buy-Entscheidung

Das Dresdner Universitätsklinikum muss den Wäschereibetrieb erweitern und steht daher vor der Entscheidung, ob die neue Wäscherei durch das Klinikum betrieben oder fremdvergeben werden soll. Diese grundsätzliche Überlegung ist auch als „make-or-buy"-Entscheidung bekannt.

a)   Was wird allgemein unter „make-or-buy" verstanden? Grenzen Sie den Begriff gegenüber „Outsourcing" ab.

b)   Welche Kriterien sollte das Klinikum bei seiner Entscheidung über „make-or-buy" zu Grunde legen? Erläutern Sie diese Kriterien kurz.

Aufgabe 2.1.2 - Beschaffungsstruktur

Die Beschaffungsstruktur beinhaltet die Anzahl an Lieferanten eines Unternehmens, also beispielsweise, ob für einen Artikel nur ein Lieferant oder mehrere Produzenten zugleich beauftragt werden. Klassifizieren Sie mögliche „Sourcing-Strategien" und nennen Sie für jede Klasse Chancen, Risiken und ein typisches Anwendungsbeispiel.

Aufgabe 2.1.3 - Outsourcing

Das Unternehmen BurgerQueen ist ein Fast-Food-Restaurant, welches verschiedene Burger verkauft. Im Bereich der Beschaffung fallen hier einige Aufgaben an. BurgerQueen bäckt zurzeit die Brötchen für die Burger selbst. Allerdings haben sich die Verkaufszahlen über die letzten Jahre so gut entwickelt, dass der alte Brötchenbackofen nicht mehr ausreicht. Die Chefin von BurgerQueen überlegt deshalb, entweder in einen neuen, größeren Brötchenofen zu investieren oder die Brötchen bei einem Bäcker vor Ort einzukaufen. Bei der derzeitigen Verkaufsmenge werden pro Tag etwa 800 Brötchen benötigt, sodass mit 250.000 Brötchen pro Jahr gerechnet werden kann. Der Preis für ein Burgerbrötchen vom regionalen Bäcker liegt bei 0,28 € pro Stück (Einstandspreis). Ein neuer Brötchenofen würde eine Investition von 12.000 € (ohne USt.) zur Folge haben. Zusätzlich ist zu beachten, dass das Backen der Brötchen eine halbe Mitarbeiterstelle bindet, wobei jährliche Kosten von 10.560 € anfallen. Aufgrund der Ausgaben für die Brötchenzutaten und die benötigte Energie kosten die selbst gebackenen Brötchen 0,18 € pro Stück. Des Weiteren kann mit einer Nutzungsdauer von 5 Jahren und einem internen kalkulatorischen Zinssatz von 5 % gerechnet werden.

a) Nennen Sie fünf konkrete Chancen und fünf konkrete Risiken, welche mit dem Outsourcing verbunden sind!

b) Wann ist Outsourcing nach dem Transaktionskostenansatz zu empfehlen und wann nach dem ressourcenbasierten Ansatz?

c) Bestimmen Sie rechnerisch, ob sich die Investition lohnt bzw. eine Fremdvergabe vorzuziehen ist.

Aufgabe 2.1.4 - Lieferantenbewertung

Die Firma FULP-PICTION AG aus Bräuerdorf möchte vor der Auswahl eines neuen Zulieferers eine Lieferantenbewertung durchführen. Die Einkaufsabteilung hat dabei unten stehende Kriterien als entscheidungsrelevant herausgearbeitet und gewichtet. Setzt sich ein Hauptkriterium aus mehreren Subkriterien zusammen, so sind diese in ihrer Gewichtung gleich verteilt.

(Nr.) Hauptkriterium: (1) Image (5%)

(2) Lieferzeit (10%)

(3) Service (15%)

(4) Zuverlässigkeit (15%)

(5) Preis (25%)

(6) Qualität (30%)

Nach einer Vorauswahl bzgl. dieser Kriterien kommen nur noch die drei Lieferanten I, II, III in Frage, deren relevante Unternehmensdaten nachfolgend aufgeführt sind:

Kriterium (zu Nr.)	Lieferant I	Lieferant II	Lieferant III
Image (1)	hoch	mittel	gering
Lieferzeit (2)	3 Wochen	3 Wochen	1 Woche
Fehlverladungen (4)	3%	1%	4%
Ausschussanteil (6)	2%	3%	3%
Verarbeitung (6)	sehr gut	gut	mittel
Preis (5)	hoch	gering	mittel
Sonderwünsche (3)	gut möglich	sehr gut möglich	schlecht möglich
Kundendienst (3)	sehr gut	gut	mittel

a) Ordnen Sie die Lieferantenbewertung in den Lieferantenmanagementprozess ein, indem Sie diesen kurz darstellen!

b) Welche unterschiedlichen Kaufsituationen gibt es?

c) Nennen Sie jeweils zwei qualitative und quantitative Lieferantenbewertungsverfahren und erläutern Sie jeweils ein von Ihnen genanntes qualitatives und quantitatives Verfahren!

d) Für welches Unternehmen entscheidet sich die Firma, wenn die Bewertung anhand...

   d1) ... von Polaritätenprofilen erfolgt?

   d2) ... eines Scoring-Modells ermittelt wird?

Nach der Auswahl des Lieferanten interessiert sich das Unternehmen für Maßnahmen zur Steuerung der Lieferantenbeziehungen.

e) Nennen und erläutern Sie vier Maßnahmen, welche bei der Steuerung der Lieferantenbeziehungen eingesetzt werden können!

Literaturhinweis:
Lasch, R. (2021):   ***Strategisches und Operatives Logistikmanagement: Beschaffung, 3.***
                      Auflage, Springer Gabler
Kapitel 1.1   *Abgrenzung der Beschaffung*
Kapitel 1.2   *Sourcing-Strategien*
Kapitel 1.3   *Outsourcing als strategische Option*
Kapitel 1.4   *Lieferantenmanagement*

2.2 Materialbedarfsrechnung

Die Materialbedarfsrechnung befasst sich mit der mengen- und zeitpunktbezogenen Planung des Materialbedarfs. Prognoseverfahren und die graphische Darstellung des Erzeugniszusammenhangs anhand von Stücklisten spielen dabei zentrale Rollen.

In den folgenden Aufgaben wird zunächst auf die verbrauchsorientierten Verfahren näher eingegangen. Hierbei wird der zukünftige Bedarf anhand von Prognoseverfahren aus dem Verbrauch der Vergangenheit errechnet.

Es schließen sich Aufgaben zu den programmorientierten Verfahren an. Diese gehen von einem Primärbedarf aus, der sich sowohl aus Kunden- und Lageraufträgen zusammensetzt, als auch aus den geplanten, kurzfristigen Hauptproduktionsprogrammen für Endprodukte abgeleitet wird. Zusätzlich zu den Primärbedarfsdaten werden zur Ermittlung des Sekundärbedarfs Informationen über Lagerbestände, Durchlauf- und Beschaffungszeiten sowie den Erzeugniszusammenhang benötigt.

Aufgabe 2.2.1 - Klassifizierung der Verfahren zur Bedarfsermittlung

Die Verfahren zur Ermittlung des Bedarfs lassen sich in drei Gruppen einteilen. Geben Sie einen Überblick über die Materialbedarfsrechnung, indem Sie auf zugrunde liegende Modelle und deren Einsatzvoraussetzungen eingehen sowie jeweils zwei angewandte Verfahren nennen und zuordnen.

Aufgabe 2.2.2 - Bedarfsverlaufsarten, Exponentielle Glättung 1. Ordnung

a) Sie sind Leiter der Beschaffungsabteilung eines Getränkegroßhandels und haben folgende Bedarfszeitreihen von vier Getränken Ihres Sortiments vorliegen. Bestimmen Sie für jede Zeitreihe jeweils ein geeignetes Prognoseverfahren und erläutern Sie Ihre Entscheidung anhand des vorliegenden Bedarfsverlaufs.
Hinweis: Jede Periode t repräsentiert den Bedarf eines Quartals y_t.

Zeitreihe 1:   Eistee, der vor allem im Sommer sehr beliebt ist

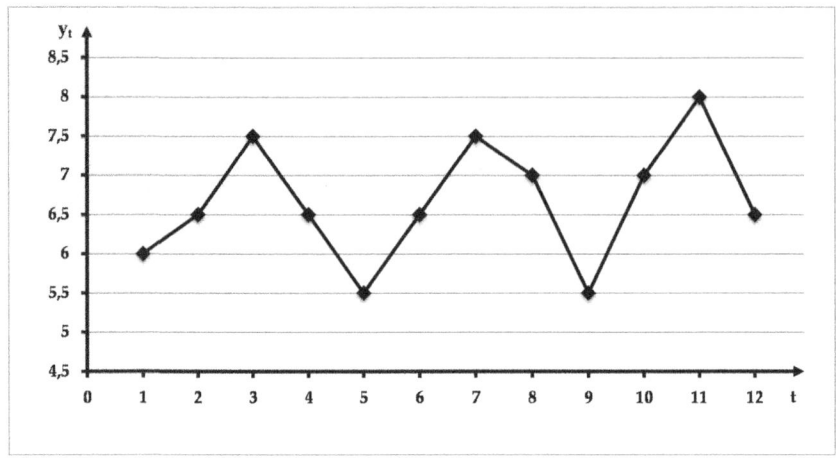

Zeitreihe 2:   Energydrinks, deren Absatz in den letzten Jahren zugenommen hat

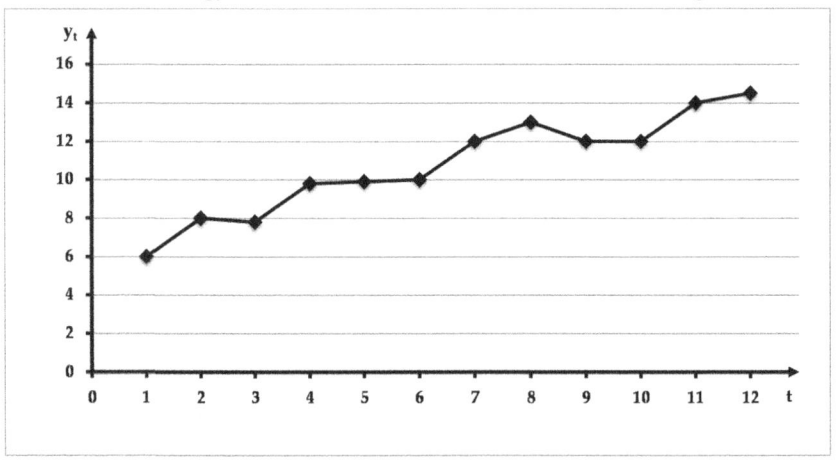

<u>Zeitreihe 3:</u>   Radler, dessen Absatz ebenfalls gestiegen ist und das vorwiegend
im Sommer getrunken wird

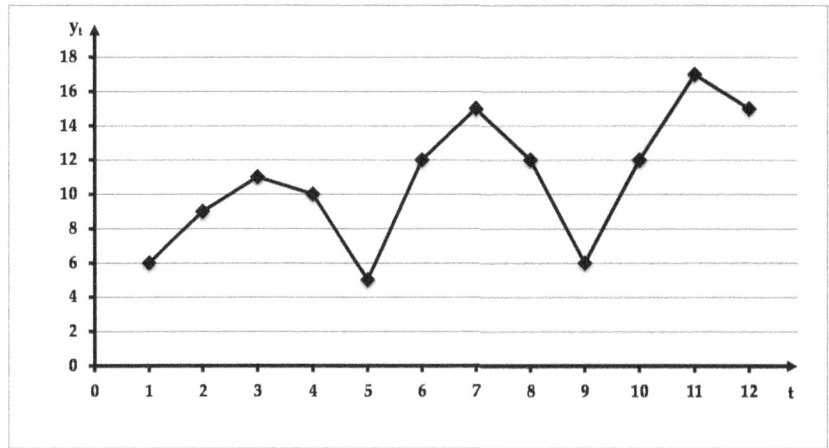

<u>Zeitreihe 4:</u>   Biersorte, deren Flaschendesign verändert und für das verstärkt ge-
worben wurde

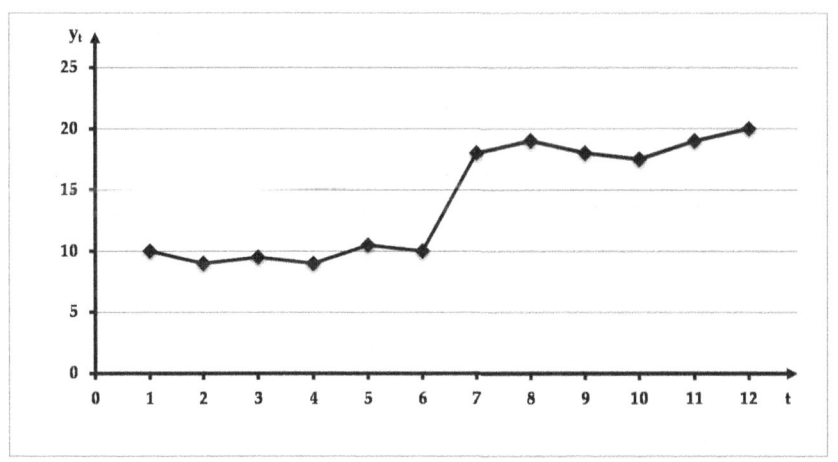

b)   Die vierte Zeitreihe beruht auf folgenden Werten:

t	1	2	3	4	5	6	7	8	9	10	11	12
y_t	10	9	9,5	9	10,5	10	18	19	18	17,5	19	20

Berechnen Sie den Prognosewert für Periode 13 (das erste Quartal des sich anschließenden Jahres) mit einem geeigneten Verfahren. Für die Auswahl an Verfahrensparametern

stehen Ihnen die folgenden vier Alternativen zur Auswahl. Runden Sie die Prognosewerte auf ganze Zahlen.

Alternative 1	Alternative 2	Alternative 3	Alternative 4
$\alpha = 0,1$	$n = 12$	$\alpha = 0,8$	$\alpha = 0,25$
	$L = 6$		$\beta = 0,33$
			$\gamma = 0,5$

Aufgabe 2.2.3 - Exponentielle Glättung 2. Ordnung

Folgende Tabelle zeigt für einen Materialbedarf eine trendförmig ansteigende Zeitreihe:

t	1	2	3	4	5	6	7	8
y_t	40	56	57	68	79	94	111	120

Prognostizieren Sie die neunte Periode mittels der exponentiellen Glättung zweiter Ordnung mit $\alpha = 0,3$.

Aufgabe 2.2.4 - Verfahren von SMITH

a) Wodurch zeichnet sich das Verfahren von SMITH im Rahmen der exponentiellen Glättung zweiter Ordnung aus?

b) Bestimmen Sie die Prognosewerte $\hat{y}_t$ für die Perioden 11, 12 und 13 mit dem Verfahren von SMITH unter Verwendung der Parameter bzw. Startwerte $\alpha = 0,7$, $\beta = 0,5$, $\gamma = 0,2$, MD = 0 und MAD = 0,1, wenn folgender ansteigender Bedarfsverlauf für einen Rohstoff gegeben ist.

t	1	2	3	4	5	6	7	8	9	10
y_t	90	94	100	102	110	111	116	127	132	148

Aufgabe 2.2.5 - THEIL'scher Ungleichheitskoeffizient

a) Leiten Sie den Wert des THEIL'schen Ungleichheitskoeffizienten für die naive Prognose her. Was ist unter einer naiven Prognose zu verstehen? Welche Aussage kann aus einer prognostizierten Zeitreihe mit einem Wert $U > 1$ abgeleitet werden?

b) Berechnen Sie für folgende Zeitreihe y_t einschließlich der dazugehörigen Prognosewerte $\hat{y}_t$ den THEIL'schen Ungleichheitskoeffizienten. Verwenden Sie für Ihre Rechnung die Werte der Perioden 2 bis 6.

t	1	2	3	4	5	6
y_t	9	10	6	4	8	7
$\hat{y}_t$	9	9	12	8	5	9

Aufgabe 2.2.6 - Gleitende Durchschnitte, Bedeutung von α

Die nachfolgende Tabelle gibt den tatsächlichen Materialverbrauch des Rohstoffs Kaffee (in Tonnen t) eines beliebten Kaffeeherstellers für die Jahre 1997 bis 2002 an:

Jahr	Materialverbrauch [t]
1997	600
1998	660
1999	630
2000	780
2001	660
2002	720

a) Bestimmen Sie unter Verwendung des Prognoseverfahrens der gleitenden Durchschnitte dritter Ordnung die Prognosewerte für 2002 und 2003.

b) Wie groß ist der Prognosewert für 2003, wenn die exponentielle Glättung erster Ordnung verwendet wird? Beachten Sie, dass der reale Wert und der Prognosewert von 2000 identisch waren. Der Glättungskoeffizient α beträgt 0,5.

c) Erklären Sie den Einfluss des Glättungskoeffizienten α bei der exponentiellen Glättung erster Ordnung auf die Prognosewerte. Wie wirkt sich ein eher großer oder ein eher kleiner Glättungskoeffizient bei großen zufälligen Schwankungen im Bedarfsverlauf aus?

Aufgabe 2.2.7 - Verfahren von WINTERS

Die Firma SUPERFIX AG aus Bad Brinkel stellt Grafik- und Soundkarten her. Eine in Auftrag gegebene Marktanalyse für eines ihrer Produkte, die Soundkarten MEGABASS, zeigt neben einem zu erwartenden Wachstum einige im Jahresverlauf regelmäßig wiederkehrende Absatzschwankungen auf. Die genauen Quartalsdaten können der folgenden Tabelle entnommen werden:

t	I_{98}	II_{98}	III_{98}	IV_{98}	I_{99}	II_{99}	III_{99}	IV_{99}	I_{00}	II_{00}	III_{00}	IV_{00}
y_t	160	230	180	140	170	265	190	155	210	285	230	185

a) Berechnen Sie mit einem geeigneten multiplikativen Verfahren die Prognosewerte für die kommenden zwei Quartale. Verwenden Sie dabei als Glättungsparameter $\alpha = 0{,}2$, $\beta = 0{,}1$ und $\gamma = 0{,}3$.

b) Nennen Sie Fehlermaße, mittels derer Sie Ihre Prognose beurteilen können (einschließlich Formel).

Aufgabe 2.2.8 - Darstellung des Erzeugniszusammenhangs

Auf welche Art und Weise kann der Erzeugniszusammenhang allgemein dargestellt werden? Nennen Sie verschiedene Vertreter der genannten Gruppen.

Aufgabe 2.2.9 - Direktbedarfsmatrix, Gesamtbedarfsmatrix

Zur Herstellung des Parfüms WILDER IGEL werden vier unterschiedliche Duftstoffe (D1, D2, D3 und D4) benötigt, deren Weiterverarbeitung zu den drei Zwischenprodukten (VA, VB und VC) erfolgt, aus denen das Endprodukt (EP) gemischt wird. Zwischenprodukt VA besteht aus drei Teilen D1 und aus zwei Teilen von D2 sowie einem Teil von D4. VB setzt sich aus zwei Teilen von D3 und einem Teil von VA zusammen. Für VC wiederum werden ein VB, zweimal VA, drei Teile D3 sowie ein D4 benötigt. Aus drei Teilen VC und zwei Teilen VB wird schließlich das Parfüm gemischt.

a) Zeichnen Sie den Gozinto-Graph zur graphischen Veranschaulichung des Erzeugnisaufbaus.

b) Stellen Sie die Direktbedarfsmatrix auf und interpretieren Sie diese.

c) Leiten Sie aus dem Gozinto-Graph die Gesamtbedarfsmatrix ab und interpretieren Sie diese.

d) Welche Mengen werden zur Fertigung von 500 Einheiten des Parfüms benötigt?

e) 200 Einheiten des Zwischenproduktes VA können extra verkauft werden. Wie viele Stoffe und Zwischenprodukte sind hierfür erforderlich?

Aufgabe 2.2.10 - Gozinto-Graph

Ein Betrieb fertigt die Endprodukte P1 und P2 aus den Zwischenprodukten Baugruppe B1 und B2 sowie den Rohstoffen R1, R2 und R3 gemäß folgenden Strukturstücklisten:

Stufe	Bezeichnung	Menge	Stufe	Bezeichnung	Menge
0	P1	-	0	P2	-
.1	B1	2	.1	B1	1
..2	R1	2	..2	R1	2
..2	R2	4	..2	R2	4
..2	B2	2	..2	B2	2
...3	R3	3	...3	R3	3
			.1	B2	3
			..2	R3	3

Es werden nicht nur die Endprodukte P1 und P2 verkauft, sondern es besteht auch externer Bedarf für die Baugruppe B1. Es wird nach Kundenaufträgen produziert, die aber jeweils erst am Ende der Woche für die Folgewoche bekannt sind. Aufgrund mangelnder logistischer Planung kam es in der Vergangenheit oft zu Fehlmengen. Der Bedarf an Fertigprodukten, Zwischenprodukten und Rohstoffen soll daher in Zukunft besser prognostiziert werden.

Rohstoff R3 hat eine Lieferzeit von zwei Wochen. Die Bedarfsmengen an R3 sollen wie folgt ermittelt werden: Der Bedarf von B1 und P1 wird mittels exponentieller Glättung erster Ordnung ($\alpha - 0,2$; Startwert: = Bedarf der ersten Woche), der Bedarf von P2 mit exponentieller Glättung zweiter Ordnung ($\alpha = 0,5$) geschätzt sowie mit Hilfe der Gesamtbedarfskoeffizienten nach R3 aufgelöst.

In einem Zeitraum von sechs Wochen lagen folgende Kundenaufträge vor:

für Woche	1	2	3	4	5	6
B1 [Stück]	26	48	22	34	60	60
P1 [Stück]	40	26	36	38	32	44
P2 [Stück]	14	8	4	10	8	6

a) Zeichnen Sie zu obigen Stücklisten den (gemeinsamen) Gozinto-Graphen und bestimmen Sie die Gesamtbedarfskoeffizienten von R3 bezüglich B1, P1 und P2.

b) Prognostizieren Sie die Aufträge ab Woche 2 für B1, P1 und P2.
Hinweis: Alle Prognosewerte in ganzen Zahlen mit kaufmännischer Rundung; negative Bedarfe sind nicht erlaubt.

Aufgabe 2.2.11 - Stücklisten, Teileverwendungsnachweis

Die Vital AG möchte in Zukunft mit programmorientierten Verfahren arbeiten und hierbei Stücklisten sowie Teileverwendungsnachweise einsetzen. Ein Mitarbeiter hat für ein Produkt bereits einen Teileverwendungsnachweis erstellt.

T 1	
Bezeichnung	Menge
E 1	3
E 2	1
E 4	4

T 2	
Bezeichnung	Menge
E 1	1
E 2	7
E 3	4
E 4	4

T 3	
Bezeichnung	Menge
E 1	2
E 5	3

T 4	
Bezeichnung	Menge
E 1	1
E 3	3
E 4	1

T 5	
Bezeichnung	Menge
E 1	2
E 3	2

a) Hieraus sollen nun von Ihnen für die einzelnen Produkte Mengenübersichtsstücklisten erstellt werden!

b) Nennen Sie zwei Anwendungsbeispiele von Teileverwendungsnachweisen und grenzen Sie diese von analytischen Stücklisten ab!

Für einen Rohstoff R soll unabhängig von den entwickelten Stücklisten der Gesamtbedarf berechnet werden. Der Rohstoff geht 5 mal in das Zwischenprodukt A, 3 mal in das Zwischenprodukt B, 2 mal in das Zwischenprodukt C und kein mal in das Zwischenprodukt D ein. Das Endprodukt 1 besteht aus 6 Teilen von A, 2 Teilen von B und einem Teil von D.

c) Berechnen Sie den Gesamtbedarf des Rohstoffes R für das Endprodukt 1!

Aufgabe 2.2.12 - Erzeugnisbaum, Stücklisten

Die Rundlauf AG ist ein Unternehmen, welches Fahrräder aus vorgefertigten Einzelteilen zusammenbaut und verkauft. Im Angebot sind Mountain-, Trekking- und Citybikes. Seit längerer Zeit hat die Rundlauf AG immer wieder Lieferschwierigkeiten bei den Mountainbikes. Da der Disponent die benötigten Bedarfe manuell erfasst, unterlaufen ihm aufgrund der wachsenden Nachfrage nach Mountainbikes zunehmend Fehler, sodass einige Teile händisch nachbestellt werden müssen und verspätet eintreffen. Um dieses Problem zu beheben, möchte die Geschäftsleitung ein EDV-System einführen, welches sämtliche Teile des Mountainbikes verwalten kann. Das Mountainbike besteht aus den folgenden Komponenten/Baugruppen:

- Ein Rahmen (Hauptrahmen, Federgabel und Vorbau)
- Zwei Laufräder (34 Speichen und Nippel, Schlauch, Mantel M1, Nabe, Schnellspanner, Felge F1, zwei Reflektoren)
- Ein Lenker (Klingel, zwei Gummigriffe, Aluminiumrohr)
- Zwei Bremsen (Zwei Bremsgummis, Bowdenzug, Bremskörper)
- Eine Gangschaltung (Schaltkörper, Bowdenzug)
- Eine Kette
- Zwei Kurbeln mit Pedalen

a) Skizzieren Sie den Erzeugnisbaum des Mountainbikes.

b) Erstellen Sie die Strukturstückliste des Mountainbikes.

Die Rundlauf AG hat außerdem mit steigenden Preisen der Zulieferer zu kämpfen. Für die Fertigung der Laufradsätze sollen die Vor- und Nachteile einer Make-or-Buy-Entscheidung abgewogen werden. Der zuständige Fertigungsleiter möchte deshalb von Ihnen wissen, welche Einzelteile für die Montage der Laufradsätze relevant sind und welche Überschneidungen es beim Materialeinsatz zwischen den verschiedenen Radtypen gibt.

Bei dem Citybike werden Felgen des Typs F2 verwendet, und es wird ein Mantel vom Typ M2 verbaut, der gute Rolleigenschaften in der Stadt aufweist. Alle restlichen Teile sind mit denen des Mountainbikes identisch. Zur Montage des Trekkingrades ist ein größerer Raddurchmesser als beim Mountainbike und dem Citybike vorgesehen. Aus diesem Grund ist nur die Nabe identisch bei den drei Fahrradtypen. Helfen Sie dem Fertigungsleiter bei seiner Analyse, indem Sie folgende Teilaufgaben lösen:

c) Skizzieren Sie den Erzeugnisbaum der Laufräder.

d) Erstellen Sie bitte eine Gleichteilestückliste für die drei Laufradtypen.

e) Erstellen Sie bitte die Mehrfachstückliste.

f) Warum kann die Erstellung einer Gleichteilestückliste oder einer Mehrfachstückliste sinnvoll sein für die zutreffende Make-or-Buy-Entscheidung und die generelle Beschaffung?

Aufgabe 2.2.13 - Baukastenstückliste

In einem Unternehmen werden drei verschiedene Module (M1, M2 und M3) auf drei voneinander unabhängigen Fertigungsstraßen produziert und in einem abschließenden Arbeitsschritt zum Endprodukt verarbeitet. Der für das Endprodukt zuständige Fertigungsleiter möchte für jedes Modul einen Verantwortlichen einsetzen, der die jeweilige Modulfertigung überwacht. Jeder Modulverantwortliche benötigt daher eine entsprechende Baukastenstückliste. Ermitteln Sie diese bitte für die drei Module aus nachfolgendem Graphen.

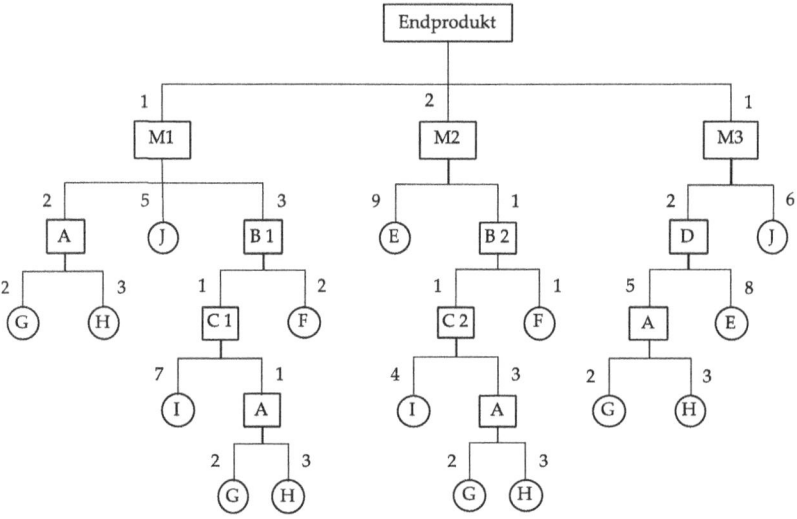

Aufgabe 2.2.14 - Dispositionsstufenverfahren

Zur Herstellung der beiden Endprodukte 1 und 2 werden die Baugruppe 3 sowie die Rohmaterialien 4 und 5 benötigt. Folgende Darstellung der Erzeugnisstruktur zeigt die Bedarfsverflechtung:

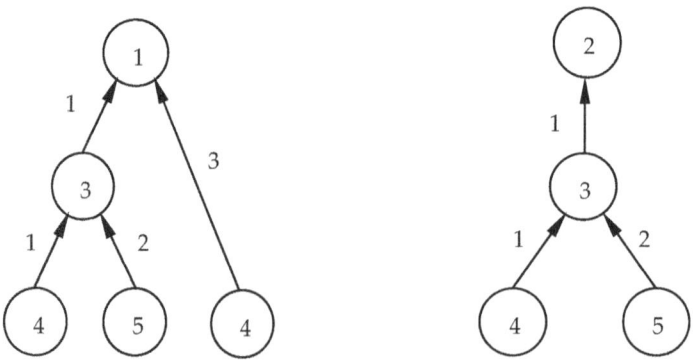

Für die Produkte 1, 2 und 3 ist der folgende Primärbedarf in [ME] zu decken:

Produkt	Woche					
	1	**2**	**3**	**4**	**5**	**6**
1	50	80	30	20	-	40
2	80	100	120	70	150	-
3	-	-	30	-	20	-

Außerdem gilt es zu beachten, dass aus offenen Produktionsaufträgen zu Beginn der zweiten Woche 100 ME von Endprodukt 1 und zu Beginn der dritten Woche 200 ME von Endprodukt 2 zur Verfügung stehen. Weiterhin sind folgende Daten gegeben:

Produkt	**1**	**2**	**3**	**4**	**5**
Lagerbestand [ME]	90	150	200	100	180
Sicherheitsbestand [ME]	20	10	30	0	0
Vorlaufzeit [ZE]	1	1	2	2	3

Führen Sie eine Bedarfsauflösung mit dem Dispositionsstufenverfahren durch. Können alle auftretenden Nettobedarfe rechtzeitig bereitgestellt werden?

Literaturhinweis:

Lasch, R. (2021):   *Strategisches und Operatives Logistikmanagement: Beschaffung, 3. Auflage, Springer Gabler*

Kapitel 2.2   *Bedarfsarten*

Kapitel 2.3   *Programmorientierte Verfahren*

Kapitel 2.4   *Verbrauchsorientierte Verfahren*

2.3   Deterministische Bestellmengenermittlung

Nachdem im vorangegangenen Kapitel Methoden zur Materialbedarfsermittlung vertieft wurden, befassen sich die Kapitel 2.3 und 2.4 mit der Bestimmung von Bestellmengen. Hierbei wird festgelegt, welche Menge zu welchem Zeitpunkt von einem Produkt oder Rohstoff zu bestellen ist. Im vorliegenden Kapitel erfolgt die Betrachtung der deterministischen Verfahren der Bestellmengenermittlung, denen ein konkreter Bedarfsplan bzgl. eines zu beschaffenden Materials zugrunde liegt. Anhand des Planes werden die gegebenen Bedarfe in Bestellmengen mit dem Ziel der Kostenminimierung eingeteilt. Es schließt sich Kapitel 2.4 an, das stochastische Verfahren zum Inhalt hat.

Die folgenden Aufgaben beschäftigen sich zunächst mit statischen Modellen der Bedarfsermittlung, denen die Annahme eines konstanten Bedarfsverlaufs zugrunde liegt. Im Rahmen der dynamischen Modelle werden Methoden behandelt, bei denen der Bedarf in den einzelnen Perioden als unterschiedlich angenommen wird.

Aufgabe 2.3.1 - Verfahrensklassifizierung

Nach welchem markanten Kriterium lassen sich die Verfahren der deterministischen Bestellmengenermittlung klassifizieren? Geben Sie dabei für jede Klasse ein Verfahren als Beispiel an.

Aufgabe 2.3.2 - Losgrößenmodell mit und ohne Fehlmengen

Im Rahmen der deterministischen Lagerhaltung werden Losgrößenmodelle mit und ohne Fehlmengen betrachtet.

a) Begründen Sie analytisch, warum beim Losgrößenmodell mit Fehlmengen die Kosten pro Zeiteinheit geringer sind als beim Modell ohne Fehlmengen.

b) Begründen Sie analytisch, unter welchen Bedingungen die Kostenfunktionen beim Modell mit bzw. ohne Fehlmengen übereinstimmen.

c) Geben Sie unter Berücksichtigung einer Lieferfrist $\lambda = [0, T^*]$ allgemein die optimalen Bestellzeitpunkte und Bestellpunkte an.

d) Wie lassen sich Fehlmengenkosten in der Praxis erfassen?

Aufgabe 2.3.3 - Optimale Bestellmenge bei Mengenrabatten und Preiserhöhungen

Für eine gleichmäßige Produktion sollen die hochwertigen Rahmen für den Fahrradhersteller RADL beschafft werden, wobei die Mengenrabatte des Lieferanten optimal auszunutzen sind. Der Bedarf sei mit $d = 50$ Stück pro Woche gleich bleibend. Die Stückkosten belaufen sich auf 100 € / Stück, der Zinssatz wird mit 10% pro Jahr veranschlagt. Die fixen Bestellkosten belaufen sich auf $c_0 = 150 €$, Fehlmengen sind nicht zugelassen.

a) Wie groß ist die optimale Bestellmenge ohne Berücksichtigung der Mengenrabatte?

b) Der Lieferant gewährt folgende Mengenrabatte:

1%   ab 200 Stück

3%   ab 1.000 Stück

4%   ab 2.000 Stück

Wie ist jetzt die optimale Bestellmenge zu wählen?

c) Der Lieferant kündigt aufgrund von erhöhten Rohstoffpreisen für die Rahmen eine Preiserhöhung auf 102 € / Stück an. Die Mengenrabatte gewährt dieser nicht mehr. Berechnen Sie die optimale Bestellmenge.

Aufgabe 2.3.4 - Modell von WAGNER-WHITIN

Auf einer Krankenhausstation sind folgende Bedarfe an Einwegspritzen bekannt:

Woche	1	2	3	4	5
Bedarf [Stück]	30	20	50	40	60

Die Bestellabwicklungskosten betragen 20 € pro Bestellung und der Lagerhaltungskostensatz ist mit 0,20 € pro Stück und Woche anzunehmen. Wie lauten die Bestellstrategien unter Einsatz...

a) ... des exakten Lösungsverfahrens?

b) ... der Heuristik der gleitenden wirtschaftlichen Losgröße?

c) ... der Heuristik von SILVER-MEAL?

d) ... der Heuristik des Stückperiodenausgleichs (Part-Period)?

e) ... der Heuristik von GROFF?

Geben Sie auch die dabei entstehenden Kosten an.

Literaturhinweis:
Lasch, R. (2021):   *Strategisches und Operatives Logistikmanagement: Beschaffung, 3. Auflage, Springer Gabler*
Kapitel 3.1   *Deterministische Lagerhaltungsmodelle*

2.4   Stochastische Bestellmengenermittlung

Die zweite Gruppe der Methoden zur Bestellmengenermittlung sind die stochastischen Verfahren, auch verbrauchsgesteuerte Dispositionsverfahren genannt, für deren Anwendung kein konkreter Bedarfsplan Voraussetzung ist. Da sie einen deutlich geringeren Aufwand verursachen, aber auch wenig vorausschauend agieren, werden sie insbesondere bei geringwertigen Materialien (C-Teile) eingesetzt.

Aufgabe 2.4.1 - Verfahrensklassifizierung, Servicegrad

a) Wie lassen sich die stochastischen Verfahren der Bestellmengenermittlung unterteilen? Erklären Sie die Verfahren kurz und nennen Sie für jede Klasse ein Beispiel.

b) Diskutieren Sie verschiedene Kennziffern zur Messung des Servicegrades.

Aufgabe 2.4.2 - (s,q)-Lagerhaltungspolitik

Ein metallverarbeitendes Unternehmen hat sich entschieden, den Bestand an Schrauben mittels eines stochastischen Lagerhaltungsmodells zu steuern. Hierzu soll eine (s, q)-Lagerhaltungspolitik angewandt werden. Der Wert einer Schraube beträgt 0,30 €, die fixen Bestellkosten werden mit 100 €, der Zinssatz pro Jahr mit 10% und die Lieferzeit mit zwei Wochen angesetzt. Als Bedarf je Monat wurden 20.000 Schrauben ermittelt, als Varianz des Bedarfs 640.000. Der Sicherheitsbestand soll 100 Schrauben betragen.

a) Bestimmen Sie den β-Servicegrad.

b) Wie groß ist der Meldepunkt s?

Aufgabe 2.4.3 - (t,S)-Lagerhaltungspolitik: Bestimmung von S

Ein Hersteller für Elektrogeräte bestellt seine benötigten Schrauben, deren Lieferzeit vier Wochen beträgt, am Ende jeder Woche nach einer (t, S)-Politik. Der Bedarf [ME] der letzten sechs Wochen ist in folgender Tabelle gegeben:

Woche	1	2	3	4	5	6
Schrauben [ME]	480	432	416	408	432	452

Die mittlere absolute Abweichung der Bedarfsreihe beträgt 50. Es wird ein β-Servicegrad von 95% angestrebt. Wie hoch muss S gewählt werden?

Aufgabe 2.4.4 - (t,S)-Lagerhaltungspolitik: Bestimmung von β

Für eine Autowerkstatt soll ein stochastisches Lagerhaltungsmodell für Scheibenwischer erstellt werden. Der mittlere Bedarf pro Woche sei 25 Stück, der Lagerkostensatz 2 € pro Stück und Woche und die bestellfixen Kosten betragen 100 €. Die Streuung der Nachfrage liegt bei 10 Stück pro Woche, die Bestellung erfolgt alle vier Wochen und die Lieferfrist beträgt eine Woche.

a) Berechnen Sie den maximalen Sicherheitsbestand, falls die Lagerkosten und die bestellfixen Kosten zusammen nicht mehr als 145 € pro Woche betragen dürfen. Berechnen Sie zudem die Auffüllgrenze S der Lagerhaltungspolitik.

b) Geben Sie den β-Servicegrad an, der bei dieser Lagerhaltungspolitik erreicht wird.

Literaturhinweis:
Lasch, R. (2021): **Strategisches und Operatives Logistikmanagement: Beschaffung, 3.**
Auflage, Springer Gabler
Kapitel 3.2 *Stochastische Lagerhaltungsmodelle*

2.5 Qualitätssicherung

Im Kontext eines Total Quality Managements (TQM) gewinnt die Qualitätssicherung erheblich an Bedeutung. Ein wichtiges Instrument im Rahmen der Qualitätssicherung stellt die Abnahmeprüfung dar. Dabei wird ermittelt, ob eine Lieferung oder Leistung angenommen oder abgelehnt werden soll. Da eine komplette Prüfung aller Produkte / Leistungen zu teuer und / oder zeitaufwendig ist, wird meist auf eine Stichprobenprüfung zurückgegriffen, anhand derer eine Aussage über die Qualität der kompletten Lieferung abgeleitet wird.

Die folgenden Aufgaben widmen sich der zählenden und messenden Prüfung und beinhalten unter anderem die Erstellung von Prüfplänen.

Aufgabe 2.5.1 - Begriffe der Qualitätssicherung

a) Definieren Sie den Begriff „Qualitätssicherung". Weshalb ist Qualitätssicherung notwendig?

b) Erklären Sie den Begriff „Annahmekennlinie" und beschreiben Sie einen idealtypischen Verlauf.

c) Beschreiben Sie den idealtypischen Ablauf bei der Konstruktion eines Prüfplanes und gehen Sie dabei auch auf die Begriffe „Produzentenrisiko" und „Konsumentenrisiko" ein.

d) Worin besteht der Unterschied zwischen zählender und messender Prüfung?

e) Vergleichen Sie die zählende und messende Prüfung, indem Sie Vor- und Nachteile beider Prüfarten nennen.

Aufgabe 2.5.2 - Zählende Prüfung: Annahme/Ablehnung eines Loses

Sie arbeiten in der Beschaffungsabteilung eines Modehauses. Der Abteilungsleiter Ihres Bereichs erwartet von Ihnen einen geeigneten Prüfplan, der die Qualität der eingekauften Pullover sicherstellen soll. Aufgrund der Artikelcharakteristik entscheiden Sie sich für eine zählende Prüfung vom Umfang $n = 100$.

a)   Wie viele Pullover dürfen in der Stichprobe maximal defekt sein, damit die unter Verwendung der Poisson-Approximation berechnete Ablehnungsgrenze zu einem Ausschussanteil von 5% führt?

b)   Sie verwenden nun einen Stichprobenplan $(n; c) = (100; 1)$. Wie groß ist die Wahrscheinlichkeit, ein Los mit einem Ausschussanteil von 3% anzunehmen?

c)   Begründen Sie, weshalb Sie sich für eine zählende Prüfung entschieden haben. Welche Charakteristik sollten die Artikel demzufolge haben?

d)   Welche Vorteile hat eine Stichprobenprüfung gegenüber einer Hundertprozentprüfung?

Aufgabe 2.5.3 - Konstruktion eines Prüfplanes

Eine Computerfirma möchte hohe Qualitätsstandards gewährleisten. Dazu soll im Rahmen der Wareneingangsprüfung stichprobenartig die Funktionstüchtigkeit der Speichermodule geprüft werden. Zu bestimmen ist ein Prüfplan, bei dem Folgendes gilt: Sowohl das Produzentenrisiko α als auch das Konsumentenrisiko β sollen jeweils 10% betragen. Der Ausschussanteil p_1, bis zu dem das Los angenommen werden soll, sei 2%. Nicht mehr tolerierbar sei ein Ausschussanteil p_2 von 8%.

a)   Erstellen Sie einen geeigneten Prüfplan und erläutern Sie das Ergebnis. Als geeignet wird ein Prüfplan angesehen, wenn für die Annahmezahl c gilt:

$$\frac{F_{2(c+1)}^{-1}(1-\beta)}{2p_2} \leq \frac{F_{2(c+1)}^{-1}(\alpha)}{2p_1}$$

b)   Was besagt der maximale mittlere Durchschlupf (AOQL) und welche Annahmen liegen ihm zugrunde?

Aufgabe 2.5.4 - Messende Prüfung: Annahme/Ablehnung eines Loses

Ein Betrieb stellt Schrauben her, die 8 cm lang sein sollen. Zur Qualitätssicherung wird eine messende Prüfung durchgeführt. Der Annahmebereich ist unten (T_u) mit 7,5 cm und oben (T_o) mit 8,5 cm begrenzt. Eine Stichprobe ergab folgende Messwerte in cm:

Schraube	1	2	3	4	5	6	7	8
Länge der Schraube [cm]	8,2	8,0	8,3	7,9	7,9	8,1	7,7	8,0

Die Fertigungsvarianz kann der Betrieb nicht ermitteln, der Annahmefaktor k ist 2. Wird das Los akzeptiert oder abgelehnt?

Aufgabe 2.5.5 - Einsatzmöglichkeiten des Nomogramms

Für die Qualitätskontrolle sei ein (normalverteiltes und) kardinal gemessenes Qualitätsmerkmal Y relevant. Die Standardabweichung σ dieses Merkmals hat der Lieferant dem Abnehmer mitgeteilt. Stücke, die die obere Toleranzgrenze T_o überschreiten, sind Ausschuss. Die Entscheidungsregel für die Annahme eines Stichprobenplans (n,k) ist: $\bar{y} + k \cdot \sigma \leq T_o$. n ist der Stichprobenumfang, auf dem das Stichprobenmittel $\bar{y}$ basiert, und k der Annahmefaktor. Verwenden Sie zur Beantwortung der nachfolgenden Fragen ein geeignetes Nomogramm (siehe Anhang).

a) Wie groß ist $L_{n,k}(p)$ für $n = 50$; $k = 1{,}5$; $p = 5\%$?

b) Wie groß ist $L^{-1}_{100;2,5}(0{,}9)$?

c) Wie groß ist der Indifferenzpunkt bei einem Stichprobenplan mit $n = 80$; $k = 2$?

d) Ein Stichprobenplan (n,k) mit $n = 20$ soll die Eigenschaft haben: „Eine Partie mit einem Ausschussteil von $p = 2\%$ soll nur mit der Wahrscheinlichkeit von 1% abgelehnt werden." Wie muss der Annahmefaktor k gewählt werden?

Aufgabe 2.5.6 - Messende Prüfung: Prüfplan

Der Getränkehersteller „Das Gute daran, ist das Gute darin!" füllt verschiedene Sorten ab, unter anderem auch Waldmeisterlimonade in 1 Liter-Flaschen. Im Warenausgang findet die Qualitätskontrolle statt, bei der darauf geachtet wird, dass die Füllmenge nicht weniger als 0,9 Liter beträgt.

Zur Überprüfung des Abfüllprozesses der Waldmeisterlimonade wird die messende Prüfung eingesetzt. Der Erwartungswert und die Varianz der Abfüllmenge können wegen mangelndem Know-how im Unternehmen nicht ermittelt werden.

a) Konstruieren Sie einen geeigneten Prüfplan, bei dem Lose (d. h. eine bestimmte Anzahl von Flaschen, z. B. Flaschenkästen oder Paletten) mit 1% Ausschuss zu 90% angenommen und Lose mit 15% Ausschuss zu 90% abgelehnt werden. Erläutern Sie genau, wie das Ergebnis Ihrer Berechnung in der Praxis umgesetzt werden soll, erklären Sie also den berechneten Stichprobenplan. (*Hinweis: Runden Sie n auf Vielfache von 10 und k auf eine Dezimalstelle nach dem Komma.*)

b) Bei einer Überprüfung eines Loses wurden zehn zufällig ausgewählte Flaschen untersucht. Folgende Tabelle stellt die Messergebnisse dar:

Flasche	1	2	3	4	5	6	7	8	9	10
Abfüllmenge [l]	0,96	0,92	0,80	0,99	1,02	1,01	1,05	0,94	1,00	0,99

Ist das Los nach Ihren Ergebnissen in a) anzunehmen oder abzulehnen?

Literaturhinweis:

Lasch, R. (2021):	*Strategisches und Operatives Logistikmanagement: Beschaffung, 3. Auflage, Springer Gabler*
Kapitel 4.1	*Qualitätsmanagement*
Kapitel 4.2	*Zählende Abnahmeprüfung*
Kapitel 4.3	*Messende Abnahmeprüfung*

2.6 Lösungen

Strategische Beschaffungsaufgaben

Lösung Aufgabe 2.1.1

a) Bei einer „make-or-buy"-Entscheidung wird verglichen, ob eine bestimmte Leistung (Dienstleistung oder Produktionsleistung) vom Unternehmen selbst erbracht („make"), oder sie an andere Unternehmen vergeben, also zugekauft („buy") werden soll. Fremde Unternehmen können oft bestimmte Leistungen effizienter anbieten, als diese im eigenen Unternehmen realisiert werden könnten. In einem solchen Fall wird i. d. R. eine „buy"-Entscheidung getroffen. Besonders oft erfolgt der Zukauf einer Leistungen, wenn diese nicht zu den Kernkompetenzen des Unternehmens zählt, wie z. B. der außerbetriebliche Transport bei Produktionsunternehmen, sowie Verpflegungs- und Entsorgungsaufgaben im Allgemeinen.

Von Outsourcing spricht man, wenn eine bislang selbst erbrachte Leistung fremdvergeben wird; der zeitliche Aspekt der Entscheidung ist also das Hauptunterscheidungsmerkmal zum „make-or-buy". Daneben bezieht sich Outsourcing idealtypischerweise meist auf Dienstleistungen, wie Transportdienstleistungen.

b) Bei der Entscheidung über „make-or-buy" sollte das Klinikum Kostenkriterien, Untersuchungen im eigenen Unternehmen und Untersuchungen der potenziellen Lieferanten zu Grunde legen.

Kostenkriterien spielen bei kurzfristigen Entscheidungen, beispielsweise bei Unterbeschäftigung oder Engpässen und bei langfristigen Entscheidungen, wie zum Beispiel bei Investitionen, eine Rolle. Es wird überprüft, ab welchem Stückpreis Eigenfertigung von Vorteil ist, bzw. ab welcher Stückzahl sich Fremdfertigung lohnt.

Untersuchungen im eigenen Unternehmen werden im Bereich Personal bezüglich des vorhandenen Know-hows und vorhandener Fertigungseinrichtungen durchgeführt. Außerdem werden Auswirkungen des Fremdbezugs auf das vorhandene Kapital und Änderungen der Kalkulationssätze überprüft.

Potenzielle Lieferanten werden bezüglich ihrer wirtschaftlichen Lage, Liefertreue, Qualität und Flexibilität untersucht. Des Weiteren wird die Lieferzeit des Dienstleisters mit der eigenen Fertigungsdurchlaufzeit verglichen.

Zusätzliche Überlegungen beim Fremdbezug beinhalten unter anderem die Preisgabe von Betriebsgeheimnissen, die Schaffung günstiger Bezugsquellen auch für Konkurrenten, die Abhängigkeit von der Modellpolitik des Lieferanten und die Hemmung der Entwicklung eigener Technologien.

Lösung Aufgabe 2.1.2

Mögliche Sourcing-Strategien sind das Global Sourcing, Single Sourcing, Multiple Sourcing und Modular Sourcing.

Unter Global Sourcing ist eine internationale Marktbearbeitung im Sinne einer systematischen Ausdehnung der Beschaffungspolitik unter strategischer Ausrichtung zu verstehen. Chancen sind dabei in der Senkung der Einkaufskosten, einer höheren Markttransparenz, der Erfüllung von local content Anforderungen und der Technologiezufuhr zu sehen. Vorteilhaft sind ebenfalls die Erschließung bisher nicht zugänglicher Märkte durch Kompensationsgeschäfte, das Ausnutzen von Konjunktur-, Wachstums- und Inflationsunterschieden und die Versorgung mit Gütern, die im Inland knapp bzw. nicht vorhanden sind. Des Weiteren können durch Global Sourcing neue Absatzmärkte durch Kontakte im Rahmen der Beschaffungsaktivitäten geschaffen werden. Der durch Global Sourcing entstehende Druck auf inländische Lieferanten und die Reduzierung der Abhängigkeit von diesen Lieferanten sind ebenfalls positiv zu sehen. Risiken stellen dagegen der Transport, Wechselkursschwankungen, ein unterschiedliches Qualitätsverständnis sowie schlecht überschaubare wirtschaftliche und politische Entwicklungen dar. Ein Beispiel für Global Sourcing ist ein Fahrradhersteller aus Europa, der Schaltungen und andere Komponenten aus Asien bezieht.

Zwei weitere Sourcing-Strategien sind das Single- und das Multiple Sourcing. Während man sich beim Single Sourcing auf eine einzige Beschaffungsquelle konzentriert, stehen beim Multiple Sourcing zwei oder mehrere Lieferanten für einen Beschaffungsbedarf zur Auswahl. Vorteile des Single Sourcing, die gleichzeitig Nachteile des Multiple Sourcing darstellen, sind in der Senkung der Beschaffungskosten, der einfachen Beherrschbarkeit der Materialströme und der Sicherstellung einer gleichmäßigen Qualität zu sehen. Gleichzeitig können durch Single Sourcing Transportkosten reduziert, die Transparenz der Beschaffungsprozesse erhöht und Transaktionskosten gesenkt werden. Die Streikanfälligkeit, der Wegfall des Wettbewerbs unter Zulieferern, Schwierigkeiten beim Wechsel des Zulieferers und eine eventuelle Vernachlässigung der technologischen Entwicklung stellen die Hauptrisiken des Single Sourcings und damit Chancen für das Multiple Sourcing, dar. Ein Beispiel für Single Sourcing ist der Bezug des Motors für Waschmaschinen von genau einem Hersteller. Multiple Sourcing wäre der Einkauf von Kleinteilen, wie Schrauben bei mehreren Lieferanten.

Modular Sourcing bedeutet die Reduktion auf einen Systemlieferanten. Diese Sourcing-Strategie ist dadurch gekennzeichnet, dass Zulieferer montage- und lohnintensive Baugruppen herstellen und Leistungen der Bereiche F&E, Beschaffungsmarktforschung, Qualitätssicherung, Einkauf und Fertigung übernehmen. Anwendung findet dieses Konzept beispielsweise in der Automobilindustrie, wenn ein Automobilhersteller von seinem Zulieferer fertig montierte Sitze bezieht.

Lösung Aufgabe 2.1.3

a) Als Chancen von Outsourcing können beispielsweise genannt werden:

Im Bereich Entlastungswirkung:

- Konzentration auf das Kerngeschäft
- Entlastung des Managements

Im Bereich der Leistungsverbesserung:

- Zugang zu externem Know-how
- Ausweitung des Leistungsspektrums

Im Bereich der Kostenvorteile:

- Geringere Personalkosten

Als Risiken können u. a. folgende genannt werden:

Im Bereich Zusatzbelastung:

- Abhängigkeit vom Lieferanten und dessen Geschäftsentscheidung
- Managementbelastung durch Reibungen an den Schnittstellen

Im Bereich der Leistungseinbußen:

- Kompetenzverlust
- Leistungsstandardisierung

Im Bereich Kostensteigerung:

- Transaktionskosten

b) Outsourcing nach dem Transaktionskostenansatz ist eher zu empfehlen für standardisierbare Leistungen, die geringen Änderungen unterliegen und die vergleichsweise selten anfallen.

Outsourcingentscheidungen nach dem ressourcenbasierten Ansatz sind empfehlenswert, wenn die zugrundeliegenden Ressourcen keinen Wettbewerbsvorsprung liefern, substituierbar oder leicht imitierbar sind bzw. als Defizite im Unternehmen vorliegen.

c) Bei der Anwendung des kostenrechnerischen Ansatzes erfolgt eine Gegenüberstellung der Kosten für den Fremdbezug einer Leistung mit denen einer Eigenfertigung. Für die zu treffende Investitionsentscheidung ist zunächst der Annuitätenfaktor zu bestimmen, um die Investitionsauszahlung in konstante Zahlungen umzuwandeln.

Bei Anwendung der folgenden Formel für $i = 0,05$ und $n = 5$ ergibt sich ein Annuitätenfaktor von

$$\mathrm{ANF}_{5,0,05} = \frac{(1+i)^n \cdot i}{(1+i)^n - 1} = \frac{(1+0,05)^5 \cdot 0,05}{(1+0,05)^5 - 1} = 0,230975.$$

Anschließend kann unter zu Hilfenahme dieses Ergebnisses der kritische Preis bestimmt werden.

$$12.000 \cdot 0{,}230975 + 10.560 + 250.000 \cdot 0{,}18 = \text{kritischer Preis} \cdot 250.000$$

Der kritischer Preis beträgt 0,23 €, sodass dieser im Vergleich zum Preis des Fremdbezuges um 0,05 € günstiger ist und so aus Kostensicht eine Eigenfertigung zu empfehlen ist.

Abschließend ist noch die Höhe der kritischen Menge zu präzisieren. Unter Anwendung nachfolgender Beziehung

$$12.000 \cdot 0{,}230975 + 10.560 + \text{kritische Menge} \cdot 0{,}18 = \text{kritische Menge} \cdot 0{,}28$$

kann eine kritische Menge von 133.317 Brötchen pro Jahr berechnet werden. Bei einem jährlichen Brötchenbedarf von 250.000 pro Jahr würde sich demnach auch hier eine Investition aus Kostengründen empfehlen. Insgesamt ist die Investition also unter den hier genannten Voraussetzungen als lohnenswert einzuschätzen. Allerdings ist eine Investitionsentscheidung sehr vielschichtig, sodass zusätzlich noch strategische Überlegungen mit in die Entscheidung einbezogen werden sollten.

Lösung Aufgabe 2.1.4

a)

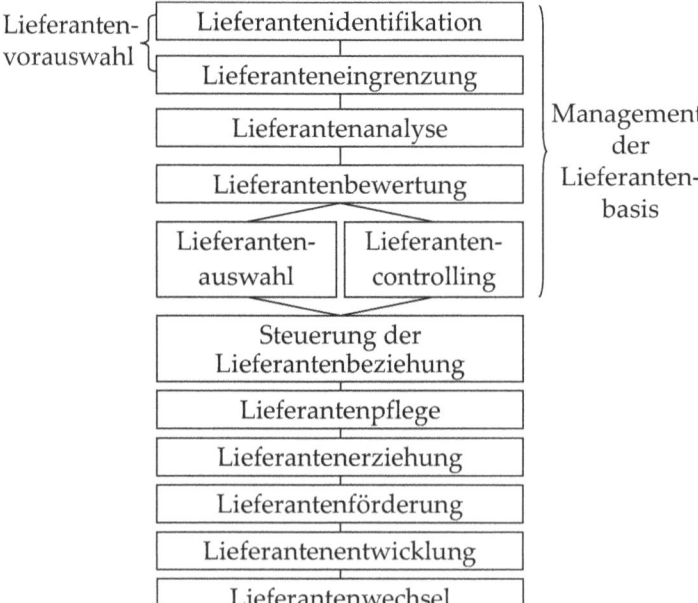

b) Die Kaufsituation lässt sich folgendermaßen unterscheiden:

Produkt \ Lieferant	alt	neu
alt	Routinebeschaffung	Lieferantenwechsel
neu	Sortimentswechsel	Neuprodukteinführung

c) Zu den quantitativen Verfahren gehören u. a. die Bilanzanalyse und die Preis-Ent-scheidungsanalyse. Punktbewertungsverfahren oder die Lieferanten-Gap-Analyse können zu den qualitativen Verfahren gezählt werden.

Bei der Bilanzanalyse wird die wirtschaftliche Situation des Lieferanten in Hinblick auf seine Wirtschaftlichkeit, Liquidität, Kostenstruktur, Leistung sowie Umsatzent-wicklung bewertet. Dabei ist ein Vergleich zwischen mehreren Jahren notwendig.

Die Lieferanten-Gap-Analyse als ein qualitatives Verfahren stellt einen Soll-Ist-Ver-gleich auf. Dafür werden die relevanten Hauptkriterien mit den damit verbunde-nen Anforderungen sowie das aktuelle Leistungsniveau des Lieferanten je Haupt-kriterium bestimmt. Dabei wird der zeitliche Aspekt durch das Eintragen der aktu-alisierten Ist-Leistung eines späteren Bewertungszeitpunktes mit einbezogen.

d)

d1) Um die Polaritätenprofile zu erstellen, wird zuerst eine 5-stufige Skala entwickelt, die den Kriterienausprägungen Punkte zuordnet.

	Punkte				
Kriterium	**1**	**2**	**3**	**4**	**5**
(1) Image	sehr gering	gering	mittel	hoch	sehr hoch
(2) Lieferzeit	5 Wochen	4 Wochen	3 Wochen	2 Wochen	1 Woche
(3) Service ...Sonderwünsche ...Kundendienst	sehr schlecht	schlecht	mittel	gut	sehr gut
(4) Zuverlässigkeit ...Fehlverladungen	5%	4%	3%	2%	1%
(5) Preis	sehr hoch	hoch	mittel	gering	sehr gering

(6) Qualität					
...Ausschussanteil	5%	4%	3%	2%	1%
...Verarbeitung	sehr schlecht	schlecht	mittel	gut	sehr gut

Im nächsten Schritt erfolgt die Bepunktung der Lieferanten mit Hilfe dieser 5-stufigen Skala. Es ergibt sich folgende Tabelle:

Kriterium	Lieferant I	Lieferant II	Lieferant III
Image	4	3	2
Lieferzeit	3	3	5
Service	4,5	4,5	2,5
Zuverlässigkeit	3	5	2
Preis	2	4	3
Qualität	4,5	3,5	3

Die Bepunktung des Wertes *Service* bei Lieferant I berechnet sich beispielsweise wie folgt:

Service setzt sich zusammen aus den Subkriterien *Sonderwünsche* (gut möglich = 4 Punkte) und *Kundendienst* (sehr gut = 5 Punkte), gewichtet mit jeweils 50%:

$$Gesamtpunkte(Service) = 0,5 \cdot 4\,Punkte + 0,5 \cdot 5\,Punkte = 4,5\,Punkte.$$

Nun können die Polaritätenprofile für die drei Lieferanten gezeichnet werden.

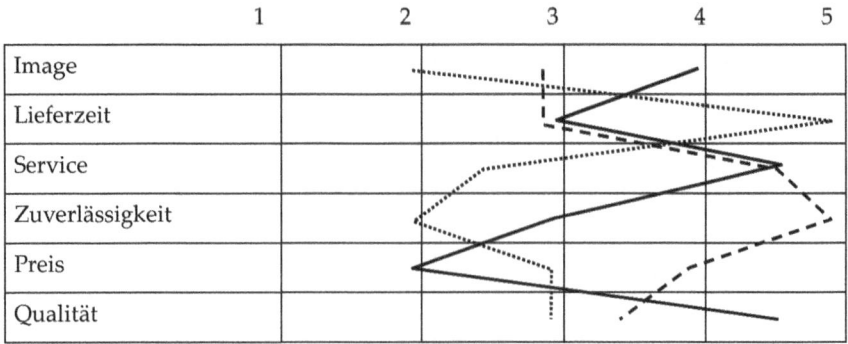

——————— Lieferant I   – – – – – – · Lieferant II   ·················· Lieferant III

Anhand der Polaritätenprofile ist keine eindeutige Entscheidung möglich, da kein Lieferant die Konkurrenten in allen Kriterien dominiert (d.h. mindestens in allen Kriterien gleich gut und mindestens in einem Kriterium besser ist).

d2) Um die Scoring-Werte zu bestimmen, werden für jeden Lieferanten die gewichteten Punktwerte aller Kriterien addiert.

Bsp. Lieferant I:

$$4 \cdot 0,05 + 3 \cdot 0,10 + 4,5 \cdot 0,15 + 3 \cdot 0,15 + 2 \cdot 0,25 + 4,5 \cdot 0,30 = 3,475$$

Kriterium (Gewicht)	Lieferant I	Lieferant II	Lieferant III
Image (5%)	4	3	2
Lieferzeit (10%)	3	3	5
Service (15%)	4,5	4,5	2,5
Zuverlässigkeit (15%)	3	5	2
Preis (25%)	2	4	3
Qualität (30%)	4,5	3,5	3
	3,475	3,925	2,925

Anhand des Scoring-Modells entscheidet sich die Firma für Lieferant II, da dieser den höchsten Scoring-Wert besitzt.

e) Zur Steuerung der Lieferantenbeziehung kann zum einen die Lieferantenpflege eingesetzt werden, um den Aufbau eines partnerschaftlichen Verhältnisses zu unterstützen und Leistungspotenzial zu erhalten bzw. zu erhöhen.

Eine weitere Methode stellt die Lieferantenerziehung dar, bei der Maßnahmen zur Motivation des Lieferanten für eine überdurchschnittlich gute Leistung (z. B. hohe Termintreue oder hohes Serviceniveau) getroffen werden. Zusätzlich kommen bei hoher Leistungsfähigkeit z. B. Anerkennungsschreiben, Vergabe von Auszeichnungen, Erhöhung der Lieferquote, Empfehlung des Lieferanten an andere Unternehmen und/oder verstärkte Integration der Lieferanten in die Wertschöpfungskette zum Einsatz. Bei niedriger Leistungsfähigkeit kann das Unternehmen u. a. mit der Sperrung eines Lieferanten bzw. Androhung der Sperrung als Folge einer mangelhaften Leistungserbringung, Reduzierung des Liefervolumens bzw. Schaffung von Konkurrenz (Entwicklung neuer Lieferanten für die jeweiligen Beschaffungsobjekte) und/oder Nutzung vertraglicher bzw. gesetzlicher Möglichkeiten (z. B. Konventionalstrafen, wie Schadensersatz) reagieren.

Als dritte Möglichkeit kann die Lieferantenförderung/-entwicklung genannt werden, welche zu einer kontinuierlichen Verbesserung der Prozesse zwischen dem Abnehmer und den Lieferanten eingesetzt wird. Dabei werden gemeinsame Maßnahmen zur Beratung und/oder aktiven Unterstützung des Zulieferers ergriffen.

Eine gemeinsame Optimierung der Geschäftsprozesse ermöglicht enorme Kostensenkungspotenziale für beide Partner.

Ein Lieferantenwechsel wird bei Unzufriedenheit mit der Leistung des Lieferanten herangezogen, die sich über einen längeren Zeitraum erstreckt. Bevor diese Entscheidung getroffen wird, sollten zunächst „weiche" Maßnahmen (z. B. Lieferantenförderung oder Lieferantenerziehung) berücksichtigt werden.

Materialbedarfsrechnung

Lösung Aufgabe 2.2.1

Die Materialbedarfsrechnung gliedert sich in programmorientierte, verbrauchsorientierte und subjektive Verfahren.

Programmorientierte Verfahren sind deterministische Verfahren, für deren Einsatz konkrete Daten eines Produktionsprogramms vorliegen. Sie dienen der Ermittlung des Sekundärbedarfs der A- und B-Güter bei gegebenem Primärbedarf. Zu den programmorientierten Verfahren gehören z. B. die Input-Output-Analyse, das Dispositionsstufenverfahren und das Gozinto-Verfahren.

Verbrauchsorientierte Verfahren sind stochastische Verfahren, bei denen von einem Zusammenhang zwischen dem Verbrauch der Vergangenheit und dem Bedarf in der Zukunft ausgegangen wird. Sie werden vorrangig für die Ermittlung des Bedarfs von C-Gütern bei regelmäßigem Bedarfsverlauf verwendet. Bei den verbrauchsorientierten Verfahren wird zwischen einem konstanten, trendförmig ansteigenden und saisonal schwankenden Bedarfsverlauf unterschieden. Bei einem konstanten Niveau des Bedarfsverlaufs werden z. B. das Verfahren der gleitenden Durchschnitte und die exponentielle Glättung erster Ordnung angewandt. Die exponentielle Glättung zweiter Ordnung, die lineare Regression und adaptive Verfahren, wie das Verfahren von CHOW oder das Verfahren von SMITH kommen beispielsweise bei der Bedarfsprognose mit trendförmig ansteigendem Bedarfsverlauf zum Einsatz. Bei saisonal schwankendem Bedarfsverlauf kann eine Saisonbereinigung der Zeitreihe anhand der Phasendurchschnittsmethode oder mit Hilfe des Prinzips der gleitenden Durchschnitte sowie eine Prognose mit dem Verfahren von WINTERS erfolgen.

Bei subjektiven Verfahren liegen keine Vergangenheitswerte vor und eine programmorientierte Bestimmung ist nicht sinnvoll oder nicht möglich. Daher wird auf Schätzverfahren zurückgegriffen, deren wichtigste Vertreter die Analogschätzung und die Intuitivschätzung sind.

Lösung Aufgabe 2.2.2

a) Die erste Zeitreihe ist durch saisonale Schwankungen um ein konstantes Bedarfsniveau und einer gleichbleibenden Amplitude gekennzeichnet. Geeignete Verfahren sind die Phasendurchschnittsmethode oder die Saisonbereinigung mit Hilfe des
Prinzips der gleitenden Durchschnitte.

Der zweiten Zeitreihe liegt ein trendförmig ansteigender Bedarfsverlauf ohne Sai-
son zugrunde. Mögliche Prognoseverfahren sind die exponentielle Glättung zweiter Ordnung, die lineare Regression oder die adaptiven Verfahren von CHOW und
SMITH.

Bei der dritten Zeitreihe treten saisonale Schwankungen mit zunehmender Amplitude auf, zusätzlich lässt sich ein ansteigender Trend erkennen. Ein geeignetes
Prognoseverfahren ist das Verfahren von WINTERS (multiplikativ).

Die vierte Zeitreihe ist durch ein konstantes Bedarfsniveau und einen Niveau-
sprung gekennzeichnet. Die exponentielle Glättung erster Ordnung mit großem α
und das Verfahren der gleitenden Durchschnitte mit einer kleinen Ordnung sind
hierfür zu verwenden, um den vorliegenden Niveauwechsel möglichst rasch nach-
zuvollziehen.

b) Da eine erwartete grundlegende Änderung der Zeitreihe, ein sogenannter Struk-
turbruch, in der Zeitreihe zu erkennen ist, muss die Alternative 3 gewählt werden,
also die exponentielle Glättung erster Ordnung mit einem großen α, damit eine
schnelle Anpassung an das neue Bedarfsniveau erreicht wird (im Gegensatz zu einem kleinen α).

Die Schätzfunktion lautet: $\hat{y}_{t+1} = \alpha y_t + (1-\alpha)\hat{y}_t$ mit $0 < \alpha \le 1$ und $\hat{y}_1 = y_1$

Im ersten Quartal des ersten Jahres gilt $\hat{y}_1 = y_1$, da man noch keinen Schätzwert
berechnen kann. Für das zweite Quartal ist der Schätzwert folgendermaßen zu berechnen:

$$\hat{y}_2 = \alpha y_1 + (1-\alpha)\hat{y}_1 = 0,8 \cdot 10 + 0,2 \cdot 10 = 10$$

Für das dritte Quartal kann der Schätzwert folgendermaßen berechnet werden:

$$\hat{y}_3 = \alpha y_2 + (1-\alpha)\hat{y}_2 = 0,8 \cdot 9 + 0,2 \cdot 10 = 9,2 \approx 9$$

Analog dazu werden die Schätzwerte für die folgenden Quartale berechnet.

t	1	2	3	4	5	6	7	8	9	10	11	12
y_t	10	9	9,5	9	10,5	10	18	19	18	17,5	19	20
$\hat{y}_t$	10	10	9	9	9	10	10	16	18	18	18	19

Der gesuchte Prognosewert für das erste Quartal des sich anschließenden Jahres ist:

$$\hat{y}_{13} = \alpha y_{12} + (1-\alpha)\hat{y}_{12} = 0{,}8 \cdot 20 + 0{,}2 \cdot 19 = 19{,}8 \approx 20$$

Die Lösung der Aufgabenstellung lautet somit: $\hat{y}_{13} = 20$.

Lösung Aufgabe 2.2.3

Allgemein werden zur Durchführung der exponentiellen Glättung zweiter Ordnung folgende Formeln verwendet.

Prognoseformel: (1) $\hat{y}_{t+k} = \hat{a}_t + \hat{b}_t \cdot k$

Iterationen: (2) $S_t^1 = \alpha \cdot y_t + (1-\alpha) \cdot S_{t-1}^1$ (3) $S_t^2 = \alpha \cdot S_t^1 + (1-\alpha) \cdot S_{t-1}^2$

         (4) $\hat{b}_t = \dfrac{\alpha}{1-\alpha} \cdot \left[S_t^1 - S_t^2 \right]$ (5) $\hat{a}_t = 2 \cdot S_t^1 - S_t^2$

Initialisierung: (a) $\hat{b}_0 = y_2 - y_1$ (b) $\hat{a}_0 = y_1 - \hat{b}_0$

         (c) $S_0^1 = \hat{a}_0 - \dfrac{1-\alpha}{\alpha} \cdot \hat{b}_0$ (d) $S_0^2 = 2 \cdot S_0^1 - \hat{a}_0$

Die folgende Tabelle zeigt das Lösungstableau der exponentiellen Glättung zweiter Ordnung. Unterhalb erfolgt die Berechnung der Startwerte (Initialisierung).

t	y_t	$\hat{a}_t$	$\hat{b}_t$	$\hat{S}_t^1$	$\hat{S}_t^2$	$\hat{y}_t$
0		24,00	16,00	-13,33	-50,67	
1	40	40,00	16,00	2,67	-34,67	40,00
2	56	56,00	16,00	18,67	-18,67	56,00
3	57	64,35	14,65	30,17	-4,02	72,00
4	68	73,39	13,66	41,52	9,64	79,00
5	79	82,94	12,94	52,76	22,58	87,05
6	94	94,92	12,77	65,13	35,35	95,88
7	111	109,38	13,06	78,89	48,41	107,69
8	120	121,20	12,84	91,23	61,25	122,44
9						134,04

Startwerte:

(a) $\quad \hat{b}_0 = y_2 - y_1 = 56 - 40 = 16$

(b) $\quad \hat{a}_0 = y_1 - \hat{b}_0 = 40 - 16 = 24$

(c) $\quad S_0^1 = \hat{a}_0 - \dfrac{1-\alpha}{\alpha}\hat{b}_0$

$\qquad = 24 - \dfrac{1-0,3}{0,3}\cdot 16 = -13,33$

(d) $\quad S_0^2 = 2S_0^1 - \hat{a}_0$

$\qquad = 2\cdot(-13,33) - 24 = -50,67$

(1) $\quad \hat{y}_1 = \hat{a}_0 + \hat{b}_0 \cdot 1 = 24 + 16\cdot 1 = 40$

Nach Bestimmung der Startwerte kann mit den Iterationen begonnen werden, für die beispielhaft nachstehend die erste und zweite Iteration vorgeführt sind. Ziel jedes Durchlaufes ist die Bestimmung des Prognosewertes $\hat{y}_t$ für die kommende Periode.

1. Iteration:

(2) $\quad S_1^{(1)} = \alpha y_1 + (1-\alpha)S_0^{(1)} = 0,3\cdot 40 + (1-0,3)\cdot(-13,33) = 2,67$

(3) $\quad S_1^{(2)} = \alpha S_1^{(1)} + (1-\alpha)S_0^{(2)} = 0,3\cdot 2,67 + (1-0,3)\cdot(-50,67) = -34,67$

(4) $\quad \hat{b}_1 = \dfrac{\alpha}{1-\alpha}\left[S_1^{(1)} - S_1^{(2)}\right] = \dfrac{0,3}{1-0,3}\cdot(2,67 - (-34,67)) = 16,00$

(5) $\quad \hat{a}_1 = 2S_1^{(1)} - S_1^{(2)} = 2\cdot 2,67 - (-34,67) = 40,00$

(1) $\quad \hat{y}_2 = \hat{a}_1 + \hat{b}_1 \cdot 1 = 40,00 + 16,00\cdot 1 = 56,00$

2. Iteration:

(2) $\quad S_2^{(1)} = \alpha y_2 + (1-\alpha)S_1^{(1)} = 0,3\cdot 56 + (1-0,3)\cdot(2,67) = 18,67$

(3) $\quad S_2^{(2)} = \alpha S_2^{(1)} + (1-\alpha)S_1^{(2)} = 0,3\cdot 18,67 + (1-0,3)\cdot(-34,67) = -18,67$

(4) $\quad \hat{b}_2 = \dfrac{\alpha}{1-\alpha}\left[S_2^{(1)} - S_2^{(2)}\right] = \dfrac{0,3}{1-0,3}\cdot(18,67 - (-18,67)) = 16,00$

(5) $\quad \hat{a}_2 = 2S_2^{(1)} - S_2^{(2)} = 2\cdot 18,67 - (-18,67) = 56,00$

(1) $\quad \hat{y}_3 = \hat{a}_2 + \hat{b}_2 \cdot 1 = 56,00 + 16,00\cdot 1 = 72,00$

Für die weiteren Perioden wird nach dem gleichen Prinzip verfahren. Der Prognosewert für die 9. Periode lautet somit:

$$(1) \quad \hat{y}_9 = \hat{a}_8 + \hat{b}_8 \cdot 1 = 121{,}20 + 12{,}84 \cdot 1 = 134{,}04$$

Lösung Aufgabe 2.2.4

a) Das Verfahren von SMITH zählt zu den adaptiven Verfahren der exponentiellen Glättung zweiter Ordnung. Es arbeitet mit dynamischem Glättungsparameter α, der unter Einbeziehung des entstehenden Prognosefehlers (siehe b)) so angepasst wird, dass gute Dämpfungseigenschaften erreicht werden. Im Allgemeinen ist das Verfahren von SMITH in der Prognosegüte der einfachen exponentiellen Glättung zweiter Ordnung überlegen.

b) Dem Verfahren von SMITH liegen folgende Formeln zugrunde.

Prognoseformel: (1) $\quad \hat{y}_{t+k} = \hat{a}_t + \hat{b}_t \cdot k$

Iteration: (2) $\quad e_t = y_t - \hat{y}_t$

$\qquad\qquad\qquad$ (3) $\quad MD_t = \beta e_t + (1 - \beta) MD_{t-1}$

$\qquad\qquad\qquad$ (4) $\quad MAD_t = \beta |e_t| + (1 - \beta) MAD_{t-1}$

$\qquad\qquad\qquad$ (5) $\quad \tilde{\alpha}_t = \dfrac{|MD_t|}{MAD_t} \in [0,1]$

$\qquad\qquad\qquad$ (6) $\quad \alpha_t = \gamma \tilde{\alpha}_t + (1 - \gamma) \alpha_{t-1}$

$\qquad\qquad\qquad$ (7) $\quad S_t^{(1)} = \alpha y_t + (1 - \alpha) S_{t-1}^{(1)}$

$\qquad\qquad\qquad$ (8) $\quad S_t^{(2)} = \alpha S_t^{(1)} + (1 - \alpha) S_{t-1}^{(2)}$

$\qquad\qquad\qquad$ (9) $\quad \hat{b}_t = \dfrac{\alpha}{1-\alpha} \left[\hat{S}_t^{(1)} - \hat{S}_t^{(2)} \right]$

$\qquad\qquad\qquad$ (10) $\hat{a}_t = 2 S_t^{(1)} - S_t^{(2)}$

Initialisierung: (a) $\quad \hat{b}_0 = y_2 - y_1$ $\qquad\qquad$ (b) $\quad \hat{a}_0 = y_1 - \hat{b}_0$

$\qquad\qquad\qquad$ (c) $\quad S_0^{(1)} = \hat{a}_0 - \dfrac{1-\alpha}{\alpha} \cdot \hat{b}_0$ $\qquad$ (d) $\quad S_0^{(2)} = 2 \cdot S_0^{(1)} - \hat{a}_0$

Gegeben sind ferner: $MD_0 = 0$, $MAD_0 = 0{,}1$, $\alpha_0 = 0{,}7$

Folgende Tabelle zeigt das Lösungstableau des Verfahrens von SMITH:

t	y_t	$\hat{y}_t$	e_t	MD_t	MAD_t	$\tilde{\alpha}_t$	α_t	$\hat{a}_t$	$\hat{b}_t$	$\hat{S}_t^1$	$\hat{S}_t^2$
0				0,00	0,10		0,70	86,00	4,00	84,29	82,57
1	90	90,00	0,00	0,00	0,05	0,00	0,56	89,65	2,75	87,49	85,32
2	94	92,40	1,60	0,80	0,83	0,97	0,64	93,94	4,07	91,67	89,40
3	100	98,01	1,99	1,39	1,41	0,99	0,71	99,96	5,84	97,60	95,23
4	102	105,80	-3,80	-1,20	2,60	0,46	0,66	102,30	3,49	100,51	98,73
5	110	105,79	4,21	1,50	3,41	0,44	0,62	109,30	4,72	106,37	103,45
6	111	114,02	-3,02	-0,76	3,21	0,24	0,54	111,37	2,94	108,88	106,39
7	116	114,31	1,69	0,47	2,45	0,19	0,47	115,33	2,75	112,23	109,14
8	127	118,08	8,92	4,69	5,69	0,83	0,54	125,32	6,01	120,24	115,16
9	132	131,33	0,67	2,68	3,18	0,84	0,60	132,16	7,33	127,32	122,49
10	148	139,49	8,51	5,60	5,84	0,96	0,67	147,37	12,63	141,25	135,12
11		160,01									
12		172,64									
13		185,28									

Beispielhaft soll die Berechnung einiger Werte erfolgen.

Startwerte:

(a) $\hat{b}_0 = y_2 - y_1 = 94 - 90 = 4$

(b) $\hat{a}_0 = y_1 - b_0 = 90 - 4 = 86$

(c) $S_0^{(1)} = \hat{a}_0 - \dfrac{1-\alpha}{\alpha} \hat{b}_0 = 86 - \dfrac{1-0,7}{0,7} \cdot 4 = 84,29$

(d) $S_0^{(2)} = 2 S_0^{(1)} - \hat{a}_0 = 2 \cdot 84,29 - 86 = 82,57$

(1) $\hat{y}_1 = \hat{a}_0 + \hat{b}_0 \cdot 1 = 86 + 4 \cdot 1 = 90$

1. Iteration:

(2) $e_1 = y_1 - \hat{y}_1 = 90 - 90 = 0$

(3) $MD_1 = \beta e_1 + (1-\beta) MD_0 = 0,5 \cdot 0 + (1-0,5) \cdot 0 = 0$

(4) $MAD_1 = \beta |e_1| + (1-\beta) MAD_0 = 0,5 \cdot 0 + (1-0,5) \cdot 0,1 = 0,05$

(5) $\quad \tilde{\alpha}_1 = \dfrac{|MD_1|}{MAD_1} = \dfrac{0}{0,05} = 0$

(6) $\quad \alpha_1 = \gamma \tilde{\alpha}_1 + (1-\gamma)\alpha_0 = 0,2 \cdot 0 + (1-0,2) \cdot 0,7 = 0,56$

(7) $\quad S_1^{(1)} = \alpha y_1 + (1-\alpha)S_0^{(1)} = 0,56 \cdot 90 + (1-0,56) \cdot 84,29 = 87,49$

(8) $\quad S_1^{(2)} = \alpha S_1^{(1)} + (1-\alpha)S_0^{(2)} = 0,56 \cdot 87,49 + (1-0,56) \cdot 82,57 = 85,32$

(9) $\quad \hat{b}_1 = \dfrac{\alpha}{1-\alpha}\left[S_1^{(1)} - S_1^{(2)}\right] = \dfrac{0,56}{1-0,56} \cdot (87,49 - 85,32) = 2,75$

(10) $\quad \hat{a}_1 = 2S_1^{(1)} - S_1^{(2)} = 2 \cdot 87,49 - 85,32 = 89,65$

(1) $\quad \hat{y}_2 = \hat{a}_1 + \hat{b}_1 \cdot 1 = 89,65 + 2,75 \cdot 1 = 92,4$

2. Iteration:

(2) $\quad e_2 = y_2 - \hat{y}_2 = 94 - 92,4 = 1,6$

(3) $\quad MD_2 = \beta e_2 + (1-\beta)MD_1 = 0,5 \cdot 1,6 + (1-0,5) \cdot 0 = 0,8$

(4) $\quad MAD_2 = \beta|e_2| + (1-\beta)MAD_1 = 0,5 \cdot 1,6 + (1-0,5) \cdot 0,05 = 0,83$

(5) $\quad \tilde{\alpha}_2 = \dfrac{|MD_2|}{MAD_2} = \dfrac{0,8}{0,83} = 0,97$

(6) $\quad \alpha_2 = \gamma \tilde{\alpha}_2 + (1-\gamma)\alpha_1 = 0,2 \cdot 0,97 + (1-0,2) \cdot 0,56 = 0,64$

(7) $\quad S_2^{(1)} = \alpha y_2 + (1-\alpha)S_1^{(1)} = 0,64 \cdot 94 + (1-0,64) \cdot 87,49 = 91,67$

(8) $\quad S_2^{(2)} = \alpha S_2^{(1)} + (1-\alpha)S_1^{(2)} = 0,64 \cdot 91,67 + (1-0,64) \cdot 85,32 = 89,40$

(9) $\quad \hat{b}_2 = \dfrac{\alpha}{1-\alpha}\left[S_2^{(1)} - S_2^{(2)}\right] = \dfrac{0,64}{1-0,64} \cdot (91,67 - 89,40) = 4,07$

(10) $\quad \hat{a}_1 = 2S_1^{(1)} - S_1^{(2)} = 2 \cdot 91,67 - 89,40 = 93,94$

(1) $\quad \hat{y}_3 = \hat{a}_2 + \hat{b}_2 \cdot 1 = 93,64 + 4,07 \cdot 1 = 98,01$

Für die folgenden Iterationen ist identisch vorzugehen.

Die zu bestimmenden Prognosewerte lauten:

(1) $\quad \hat{y}_{11} = \hat{a}_{10} + \hat{b}_{10} \cdot 1 = 147,37 + 12,63 \cdot 1 = 160,01$

(1) $\quad \hat{y}_{12} = \hat{a}_{10} + \hat{b}_{10} \cdot 2 = 147,37 + 12,63 \cdot 2 = 172,64$

(1) $\hat{y}_{13} = \hat{a}_{10} + \hat{b}_{10} \cdot 3 = 147{,}37 + 12{,}63 \cdot 3 = 185{,}28$

Lösung Aufgabe 2.2.5

a) Naive Prognose heißt, dass sich der Prognosewert aus dem Beobachtungswert der Vorperiode ergibt, $\hat{y}_t = y_{t-1}$. Wird die naive Prognose in die Formel des THEIL'schen Ungleichheitskoeffizienten U eingesetzt, ergibt sich $U = 1$:

THEIL'scher Ungleichheitskoeffizient:

$$U = \sqrt{\frac{\dfrac{1}{M}\sum_{t \in P}(y_t - \hat{y}_t)^2}{\dfrac{1}{M}\sum_{t \in P}(y_t - y_{t-1})^2}} = \sqrt{\frac{\sum_{t \in P}(y_t - y_{t-1})^2}{\sum_{t \in P}(y_t - y_{t-1})^2}} = 1$$

Anzustreben ist $U < 1$, denn in diesem Fall ist das verwendete Prognoseverfahren besser als die naive Prognose. Das Ziel sollte ein besseres Prognoseergebnis als die naive Prognose sein, wenn bedacht wird, welche simple Vorgehensweise der naiven Prognose zugrunde liegt („alles bleibt, wie es ist"). Ideal ist $U = 0$, weil dann eine perfekte Vorschau stattfindet. Die Prognosewerte $\hat{y}_t$ entsprechen dabei genau den tatsächlich auftretenden Werten y_t. Ist $U > 1$, ermittelt das Prognoseverfahren schlechtere Vorhersagen als die naive Prognose. Wenn $U = 1$ oder $U > 1$ vorliegt, hätte der Aufwand für den Einsatz eines Prognoseverfahrens vermieden werden können. Der Einsatz der naiven Prognose wäre mindestens gleich gut und damit ausreichend gewesen.

b) Der THEIL'sche Ungleichheitskoeffizient für die Beispieldaten beträgt $U = 1{,}32$.

Lösung Aufgabe 2.2.6

a) Die Schätzfunktion lautet: $\hat{y}_{t+1} = \dfrac{1}{n}\sum_{k=t-n+1}^{t} y_k$, mit t = aktuelle Periode und gleitender Mittelwert der Ordnung n, hier $n = 3$.

Die Tabelle zeigt die Prognosewerte für die Jahre 2000 bis 2003:

t	1997	1998	1999	2000	2001	2002	2003
y_t	600	660	630	780	660	720	
$\hat{y}_t$	-	-	-	630	690	690	720

Die Berechnung wird für die Jahre 2000 und 2003 exemplarisch vorgeführt:

$$\hat{y}_{2000} = \frac{1}{3} \sum_{k=1997}^{1999} y_k = \frac{1}{3}(600 + 660 + 630) = 630$$

$$\hat{y}_{2003} = \frac{1}{3} \sum_{k=2001}^{2003} y_k = \frac{1}{3}(720 + 660 + 780) = 720$$

Zu beachten ist, dass das Verfahren einen Vorlauf der Ordnung $n = 3$ benötigt, wie auch die Formel zeigt. Dadurch kann erstmalig eine Prognose für 2000 erstellt werden.

b) Die Schätzfunktion lautet: $\hat{y}_{t+1} = \alpha y_t + (1 - \alpha)\hat{y}_t$

Gegeben ist $y_{2000} = \hat{y}_{2000} = 780$ und $\alpha = 0{,}5$.

Der Prognosewert des Jahres 2001 errechnet sich wie folgt:

$$\hat{y}_{2001} = \alpha \cdot y_{2000} + (1 - \alpha) \cdot \hat{y}_{2000} = 0{,}5 \cdot 780 + 0{,}5 \cdot 780 = 780$$

Für die restlichen Jahre werden die Prognosewerte analog berechnet:

t	2000	2001	2002	2003
y_t	780	660	720	
$\hat{y}_t$	780	780	720	720

c) Bei einem großen α werden die jüngeren Istwerte y_t stärker berücksichtigt, d. h. die aktuellen Istwerte haben einen größeren Einfluss als weiter zurückliegende Werte. Außerdem ist die Glättung der Zeitreihe nicht so stark, weshalb die Prognosewerte stärker mit den tatsächlichen Werten schwanken. Ferner erfolgt dadurch eine schnellere Anpassung der Prognose an die Istwerte, was beispielsweise bei Strukturbrüchen von Vorteil ist.

Ein kleineres α führt im Gegensatz dazu zu einer stärkeren Glättung der Zeitreihe, d. h. weiter zurückliegende Istwerte haben einen stärkeren Einfluss als bei einem großen α. Das Niveau der Prognosewerte wird nur langsam verändert; ein kleines α wird daher bei Impulsen gewählt, um deren Einfluss weitgehend zu eliminieren.

Lösung Aufgabe 2.2.7

a) Die Prognosewerte lassen sich mit dem multiplikativen Verfahren von WINTERS berechnen. Zur Ermittlung der Saisonfigur kann (I) die Phasendurchschnittsmethode oder (II) die Methode der gleitenden Durchschnitte genutzt werden.

(I) Phasendurchschnittsmethode

Zuerst wird der Phasendurchschnitt berechnet:

$$\bar{y}_j = \frac{1}{Z}\sum_{i=0}^{Z-1} y_{j+i\cdot L} \quad \text{für} \quad j = 1,...,L$$

Der Phasendurchschnitt für das Quartal I ergibt sich, indem die Bildung der Durchschnitte aller ersten Quartale der Jahre 1998 bis 2000 erfolgt:

$$\bar{y}_I = \frac{1}{3}\sum_{i=0}^{2} y_{1+i\cdot 4} = \frac{1}{3}(y_1 + y_5 + y_9) = \frac{1}{3}(160 + 170 + 210) = 180;$$

$$\bar{y}_{II} = 260; \quad \bar{y}_{III} = 200; \quad \bar{y}_{IV} = 160$$

Im nächsten Schritt wird der Gesamtdurchschnitt berechnet:

$$\bar{y} = \frac{1}{L}\sum_{j=1}^{L}\bar{y}_j = \frac{1}{n}\sum_{t=1}^{n} y_t$$

$$\bar{y} = \frac{1}{4}\sum_{j=1}^{4}\bar{y}_j = \frac{1}{4}(180 + 260 + 200 + 160) = 200$$

Jetzt folgt die Bestimmung der Saisonkomponente für jedes Quartal:

$$\hat{s}_j = \frac{\bar{y}_j}{\bar{y}} \quad \text{für} \quad j = 1,...,L$$

$$\hat{s}_I = \frac{\bar{y}_I}{\bar{y}} = \frac{180}{200} = 0{,}9; \quad \hat{s}_{II} = 1{,}3; \quad \hat{s}_{III} = 1; \quad \hat{s}_{IV} = 0{,}8$$

Anschließend wird das Verfahren von WINTERS angewendet. Als Parameter sind $\alpha = 0{,}2$, $\beta = 0{,}1$ und $\gamma = 0{,}3$ gegeben. Allgemein werden zur Prognose folgende Formeln verwendet:

Prognosegleichung: $\quad \hat{y}_{t+1} = (\hat{a}_t + \hat{b}_t \cdot i)\cdot \hat{s}_{t+1-L} \quad , \quad t = L+1, L+2,... \quad i = 0,1...$

Fortschreibung des Grundwertes: $\quad \hat{a}_t = \alpha\frac{y_t}{\hat{s}_{t-L}} + (1-\alpha)(\hat{a}_{t-1} + \hat{b}_{t-1})$

Fortschreibung des Trendanstieges: $\quad \hat{b}_t = \beta(\hat{a}_t - \hat{a}_{t-1}) + (1-\beta)\hat{b}_{t-1}$

Fortschreibung des Saisonfaktors: $\quad \hat{s}_t = \gamma\frac{y_t}{\hat{a}_t} + (1-\gamma)\hat{s}_{t-L}$

Initialisierung:

$$\hat{a}_L = \frac{y_L}{\hat{s}_L}$$

$$\hat{a}_4 = \frac{y_4}{\hat{s}_4} = \frac{140}{0,8} = 175$$

$$\hat{b}_4 = \frac{y_{L+1} - y_1}{\hat{s}_1 \cdot L} = \frac{170 - 160}{0,9 \cdot 4} = 2,78$$

Für $t = I_{99}$ ergeben sich folgende Werte:

$$\hat{y}_{I_{99}} = \left(\hat{a}_{IV_{98}} + \hat{b}_{IV_{98}} \cdot 1\right) \cdot \hat{s}_{I_{98}} = (175 + 2,78 \cdot 1) \cdot 0,9 = 160,00$$

$$\hat{a}_{I_{99}} = 0,2 \cdot \frac{170}{0,9} + 0,8 \cdot (175 + 2,78) = 180,00$$

$$\hat{b}_{I_{99}} = 0,1 \cdot (180 - 175) + 0,9 \cdot 2,78 = 3,00$$

$$\hat{s}_{I_{99}} = 0,3 \cdot \frac{170}{180} + 0,7 \cdot 0,9 = 0,91$$

Die weiteren Werte werden analog berechnet. Der erste nach WINTERS ermittelte Prognosewert liegt für die erste Periode nach einer kompletten Saisonlänge vor (L+1).

Somit kann die Berechnung der gesuchten Prognosewerte erfolgen:

$$\hat{y}_{I_{01}} = \left(\hat{a}_{IV_{00}} + \hat{b}_{IV_{00}} \cdot 1\right) \cdot \hat{s}_{I_{00}} = (223,11 + 4,71 \cdot 1) \cdot 0,95 \approx 216,09$$

$$\hat{y}_{II_{01}} = \left(\hat{a}_{IV_{00}} + \hat{b}_{IV_{00}} \cdot 2\right) \cdot \hat{s}_{II_{00}} = (223,11 + 4,71 \cdot 2) \cdot 1,34 \approx 311,59$$

t	y_t	$\hat{s}_j$	$\hat{a}_t$	$\hat{b}_t$	$\hat{s}_t$	$\hat{y}_t$
I_{98}	160	0,9				
II_{98}	230	1,3				
III_{98}	180	1,0				
IV_{98}	140	0,8	175	2,78		
I_{99}	170		180	3,0	0,91	160
II_{99}	265		187,17	3,42	1,33	237,9
III_{99}	190		190,47	3,41	1,0	190,59
IV_{99}	155		193,85	3,4	0,8	155,1
I_{00}	210		203,79	4,06	0,95	180,16

II_{00}	285		208,98	4,17	1,34	277,42
III_{00}	230		216,55	4,51	1,02	212,99
IV_{00}	185		223,11	4,71	0,81	176,82
I_{01}						216,09
II_{01}						311,59

(II) Methode der gleitenden Durchschnitte

Zur Isolierung der glatten Komponente der Zeitreihe wird ein zentrierter gleitender Durchschnitt der Länge $L = 2k = 4$ berechnet.

$$g(t) = \frac{1}{L}\left(\frac{1}{2}y_{t-k} + y_{t-k+1} + \ldots + y_{t+k-1} + \frac{1}{2}y_{t+k}\right), \quad \text{für } t = 1+k,\ldots,n-k$$

$$g(III_{98}) = \frac{1}{L}\left(\frac{1}{2}y_{I_{98}} + y_{II_{98}} + y_{III_{98}} + y_{IV_{98}} + \frac{1}{2}y_{I_{99}}\right)$$

$$g(III_{98}) = \frac{1}{4}\left(\frac{1}{2}\cdot160 + 230 + 180 + 140 + \frac{1}{2}\cdot170\right) = 178,75$$

$$g(IV_{98}) = 184,38; \quad g(I_{99}) = 190,00; \quad g(II_{99}) = 193,13 \quad \text{usw.}$$

Danach findet die Bildung des Restterms statt: $\quad r_t = \dfrac{y_t}{g(t)}$

$$r_{III_{98}} = \frac{y_{III_{98}}}{g(III_{98})} = \frac{180}{178,75} = 1,01; \quad r_{IV_{98}} = 0,76; \quad r_{I_{99}} = 0,89; \quad r_{II_{99}} = 1,37 \quad \text{usw.}$$

Die irreguläre Komponente kann durch Mittelung ausgeschaltet werden, d. h. für jedes der vier Quartale wird der Mittelwert der zugehörigen Restterme gebildet:

$$\tilde{s}_j = \frac{1}{z}\cdot\sum_{i=0}^{z-1} r_{j+i\cdot L} \quad (j = 1,\ldots,L);$$

$$\tilde{s}_I = \frac{1}{z}\cdot\sum_{i=0}^{z-1} r_{I_{99}+i\cdot L} = \frac{1}{2}\left(r_{I_{99}} + r_{I_{00}}\right) = \frac{1}{2}(0,895 + 0,977) = 0,936$$

$$\tilde{s}_{II} = 1,323; \, \tilde{s}_{III} = 0,978; \, \tilde{s}_{IV} = 0,753$$

Die Normierung dieser erfolgt anschließend gemäß:

$$\hat{s}_j = \tilde{s}_j \cdot \frac{L}{\sum\limits_{j=1}^{L}\tilde{s}_j} \quad \Rightarrow \quad \sum\limits_{j=1}^{L}\tilde{s}_j = L$$

$$\hat{s}_I = \tilde{s}_I \cdot \frac{L}{\sum\limits_{j=1}^{L}\tilde{s}_j} = 0,936 \cdot \frac{4}{3,99} = 0,938; \quad \hat{s}_{II} = 1,326; \quad \hat{s}_{III} = 0,981; \quad \hat{s}_{IV} = 0,755$$

Jetzt kann, anhand der bereits oben genannten Formeln, das Verfahren von WINTERS durchgeführt werden. Für die ersten beiden Quartale des Jahres 2001 ergeben sich folgende Werte:

$$\hat{y}_{I_{01}} = \left(\hat{a}_{IV_{00}} + \hat{b}_{IV_{00}} \cdot 1\right) \cdot \hat{s}_{I_{00}} = (226,52 + 4,25 \cdot 1) \cdot 0,955 \approx 220$$

$$\hat{y}_{II_{01}} = \left(\hat{a}_{IV_{00}} + \hat{b}_{IV_{00}} \cdot 2\right) \cdot \hat{s}_{II_{00}} = (226,52 + 4,25 \cdot 2) \cdot 1,342 \approx 315$$

t	y_t	$\hat{a}_t$	$\hat{b}_t$	$\hat{s}_t$	$\hat{y}_t$
I_{98}	160			0,94	
II_{98}	230			1,33	
III_{98}	180			0,98	
IV_{98}	140	186,67	2,66	0,76	
I_{99}	170	187,63	2,49	0,93	177,97
II_{99}	265	192,25	2,70	1,34	250,96
III_{99}	190	194,74	2,68	0,98	191,05
IV_{99}	155	199,27	2,87	0,76	148,06
I_{00}	210	206,88	3,34	0,96	187,95
II_{00}	285	210,79	3,40	1,34	281,17
III_{00}	230	218,35	3,81	1,00	209,63
IV_{00}	185	226,52	4,25	0,78	168,48
I_{01}					220,48
II_{01}					315,37

b)   Einfache Fehlermaße zur Beurteilung der Prognose sind beispielsweise:

- Prognosefehler: $e_t = y_t - \hat{y}_t$

- absoluter Fehler: $|e_t| = |y_t - \hat{y}_t|$

- relativer Fehler: $\dfrac{e_t}{y_t} = \dfrac{y_t - \hat{y}_t}{y_t}$

Daneben existieren Fehlermaße zur Beurteilung der Prognose über einen Zeitraum P der Länge M:

- mittlere Abweichung: $MD = \dfrac{1}{M} \sum_{t \in P} (y_t - \hat{y}_t) = \dfrac{1}{M} \sum_{t \in P} e_t$

- mittlere absolute Abweichung: $MAD = \dfrac{1}{M} \sum_{t \in P} |y_t - \hat{y}_t| = \dfrac{1}{M} \sum_{t \in P} |e_t|$

- mittlere quadratische Abweichung: $MSD = \dfrac{1}{M} \sum_{t \in P} (y_t - \hat{y}_t)^2 = \dfrac{1}{M} \sum_{t \in P} e_t^2$

- THEIL'scher Ungleichheitskoeffizient : $U = \sqrt{\dfrac{\dfrac{1}{M} \sum_{t \in P} (y_t - \hat{y}_t)^2}{\dfrac{1}{M} \sum_{t \in P} (y_t - y_{t-1})^2}}$

Der THEIL'sche Ungleichheitskoeffizient U wird in der Literatur oftmals als „bestes" Fehlermaß bezeichnet. Durch die Verwendung der quadrierten Abweichungen entspricht er den meisten Verfahren, die auf eine Minimierung der quadratischen Residuen abzielen. Außerdem ermöglicht die Bezugnahme auf die naive Prognose im Nenner sofort eine Aussage darüber, ob der Einsatz des zu beurteilenden Prognoseverfahrens überhaupt gerechtfertigt ist (vgl. Aufgabe 2.2.5).

Lösung Aufgabe 2.2.8

Der Erzeugniszusammenhang kann prinzipiell auf zwei Arten dargestellt werden: Als Graph (graphische Form) oder als Tabelle (tabellarische Form).

Zu den graphischen Verfahren zählen der Erzeugnisbaum und der Gozinto-Graph (vgl. 2.2.9), bei denen der Erzeugniszusammenhang in Form eines gerichteten Graphen veranschaulicht wird. Der Unterschied zwischen beiden Methoden ist, dass im Erzeugnisbaum jeder Knoten nur genau einen Nachfolger hat, während im Gozinto-Graph mehrere Nachfolger möglich sind. Beim Gozinto-Graph erfolgt somit eine Vermeidung von Redundanzen, wohingegen der Erzeugnisbaum dafür jedoch oftmals übersichtlicher ist.

Beispiele für tabellarische Darstellungsformen sind analytische Stücklisten und synthetische Teileverwendungsnachweise. Erstere enthalten Informationen, aus welchen untergeordneten Teilen ein Erzeugnis besteht und letztere geben an, in welche übergeordneten Erzeugnisse ein bestimmtes Teil eingeht. Die Mengenstückliste, Strukturstückliste und Baukastenstückliste zählen zu den analytischen Stücklisten und der (wie die Gruppe gleichnamige) Teileverwendungsnachweis besitzt synthetischen Charakter.

Lösung Aufgabe 2.2.9

a) Im Gozinto-Graph repräsentiert jeder Knoten ein Erzeugnis und die Pfeile beschreiben die Input-Output-Beziehungen zwischen den Erzeugnissen. Die Pfeilbewertungen, auch als Direktbedarfskoeffizienten oder Produktionskoeffizienten bezeichnet, geben die benötigten Mengeneinheiten an, die für die Herstellung *einer* Einheit des jeweils übergeordneten Produktes benötigt werden. So verbraucht z. B. die Fertigung einer Einheit an Zwischenprodukt VA drei D1, zwei D2 und ein D4.

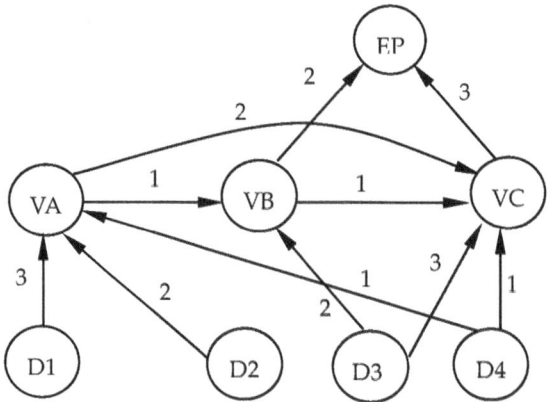

b)

	EP	VA	VB	VC	D1	D2	D3	D4
EP	0	0	0	0	0	0	0	0
VA	0	0	1	2	0	0	0	0
VB	2	0	0	1	0	0	0	0
VC	3	0	0	0	0	0	0	0
D1	0	3	0	0	0	0	0	0
D2	0	2	0	0	0	0	0	0
D3	0	0	2	3	0	0	0	0
D4	0	1	0	1	0	0	0	0

Die Direktbedarfsmatrix gibt die Beziehung zwischen den einzelnen Produkten wieder. Sie enthält die Produktionskoeffizienten und gibt die Mengenbeziehungen zwischen Rohstoffen, Zwischen- und Endprodukten an.

Beispiel: Zur Herstellung von VA werden drei Einheiten D1 benötigt

c) Die Gesamtbedarfsmatrix gibt den Gesamtbedarf an Rohstoffen, Zwischen- und Endprodukten für eine Einheit des Primärbedarfs jeder Zwischen- oder Endproduktart an. Spaltenweise gelesen entspricht die Gesamtbedarfsmatrix einer Stückliste (Mengenstückliste), zeilenweise gelesen entspricht sie dem Teileverwendungsnachweis.

Beispiel: Insgesamt werden zur Herstellung einer Einheit VC fünf Einheiten D3 benötigt, da drei Einheiten D3 direkt in VC und zwei Einheiten D3 indirekt über VB eingehen (5=1·2+3).

	EP	VA	VB	VC	D1	D2	D3	D4
EP	1	0	0	0	0	0	0	0
VA	11	1	1	3	0	0	0	0
VB	5	0	1	1	0	0	0	0
VC	3	0	0	1	0	0	0	0
D1	33	3	3	9	1	0	0	0
D2	22	2	2	6	0	1	0	0
D3	19	0	2	5	0	0	1	0
D4	14	1	1	4	0	0	0	1

d) Um die notwendigen Mengen zur Fertigung von 500 Einheiten des Parfüms zu berechnen, werden die Werte der Spalte EP aus der Gesamtbedarfsmatrix mit 500 multipliziert. Es ergibt sich: 5.500 VA (11·500=5.500), 2.500 VB, 1.500 VC, 16.500 D1, 11.000 D2, 9.500 D3, 7.000 D4.

e) Um die Menge der Stoffe und Zwischenprodukte für 200 Einheiten VA zu berechnen, wird analog zu d) vorgegangen. Es ergibt sich: 600 D1 (3·200=600), 400 D2, 200 D4.

Lösung Aufgabe 2.2.10

a) Gozinto-Graph:

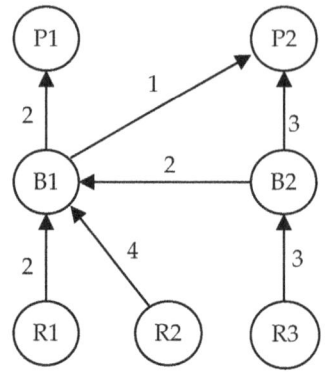

Gesamtbedarfskoeffizient: R3 nach B1: 3·2=6

R3 nach P1: 3·2·2=12

R3 nach P2: 3·3+3·2·1=15

Der Gesamtbedarfskoeffizient gibt an, dass 6 R3 zur Herstellung einer Baugruppe B1, 12 R3 zur Fertigung eines Endproduktes P1 und 15 R3 für ein Endprodukt P2 notwendig sind.

b) Exponentielle Glättung erster Ordnung für Bedarf von B1 und P1:

(α = 0,2; Startwert := Bedarf der ersten Woche)

Schätzfunktion: $\hat{y}_{t+1} = \alpha y_t + (1-\alpha)\hat{y}_t$ mit $0 < \alpha \leq 1$, $\hat{y}_1 = y_1$

B1: $\hat{y}_1 = y_1 = 26$; $\hat{y}_2 = 0,2 \cdot 26 + 0,8 \cdot 26 = 26$; $\hat{y}_3 = 0,2 \cdot 48 + 0,8 \cdot 26 = 30,4 \approx 30$; usw.

Woche	1	2	3	4	5	6	7
$\hat{y}_t$ (B1)	26	26	30	28	29	35	40

Analoges Vorgehen für P1:

Woche	1	2	3	4	5	6	7
$\hat{y}_t$ (B1)	40	40	37	37	37	36	38

Der Bedarf von P2 wird mit exponentieller Glättung zweiter Ordnung (α = 0,5) geschätzt.

Prognoseformel: (1) $\hat{y}_{t+k} = \hat{a}_t + \hat{b}_t \cdot k$

Iterationen: (2) $S_t^{(1)} = \alpha \cdot y_t + (1-\alpha) \cdot S_{t-1}^{(1)}$ (3) $S_t^{(2)} = \alpha \cdot S_t^{(1)} + (1-\alpha) \cdot S_{t-1}^{(2)}$

(4) $\hat{b}_t = \dfrac{\alpha}{1-\alpha} \cdot \left[S_t^{(1)} - S_t^{(2)} \right]$ (5) $\hat{a}_t = 2 \cdot S_t^{(1)} - S_t^{(2)}$

Initialisierung: (a) $\hat{b}_0 = y_2 - y_1$ (b) $\hat{a}_0 = y_1 - \hat{b}_0$

(c) $S_0^{(1)} = \hat{a}_0 - \dfrac{1-\alpha}{\alpha} \cdot \hat{b}_0$ (d) $S_0^{(2)} = 2 \cdot S_0^{(1)} - \hat{a}_0$

Für die gegebenen Daten ergeben sich folgende Werte:

(a) $\hat{b}_0 = y_2 - y_1 = 8 - 14 = -6$ (b) $\hat{a}_0 = y1 - \hat{b}_0 = 14 - (-6) = 20$

(c) $S_0^{(1)} = \hat{a}_0 - \dfrac{1-\alpha}{\alpha} \cdot \hat{b}_0 = 20 - \dfrac{0,5}{0,5} \cdot (-6) = 26$

(d) $S_0^{(2)} = 2 \cdot S_0^{(1)} - \hat{a}_0 = 2 \cdot 26 - 20 = 32$

(1) $\hat{y}_1 = \hat{a}_0 + \hat{b}_0 = 20 + (-6) = 14$

1. Iteration:

(2) $S_1^{(1)} = \alpha \cdot y_t + (1-\alpha) \cdot S_{t-1}^{(1)} = 0,5 \cdot 14 + 0,5 \cdot 26 = 20$

(3) $S_1^{(2)} = \alpha \cdot S_t^{(1)} + (1-\alpha) \cdot S_{t-1}^{(2)} = 0,5 \cdot 20 + 0,5 \cdot 32 = 26$

(4) $\hat{b}_1 = \dfrac{\alpha}{1-\alpha} \cdot \left[S_t^{(1)} - S_t^{(2)} \right] = \dfrac{0,5}{0,5} \cdot [20 - 26] = -6$

(5) $\hat{a}_1 = 2 \cdot S_t^{(1)} - S_t^{(2)} = 2 \cdot 20 - 26 = 14$

(1) $\hat{y}_2 = \hat{a}_1 + \hat{b}_1 \cdot k = 14 + (-6) = 8$

Die Ergebnisse der anschließenden Iterationen können der folgenden Tabelle entnommen werden:

t	y_t	$\hat{S}_t^1$	$\hat{S}_t^2$	$\hat{b}_t$	$\hat{a}_t$	$\hat{y}_t$
0		26	32	-6	20	
1	14	20	26	-6	14	14
2	8	14	20	-6	8	8
3	4	9	15	-6	3	2
4	10	10	13	-3	7	0 (-3)
5	8	9	11	-2	7	4
6	6	8	10	-2	6	5
7						4

Zusammenfassend ergeben sich nachstehende Bedarfe je Produkt und Woche:

Woche		1	2	3	4	5	6	7
$\hat{y}_t$	B1 [Stück]	26	26	30	28	29	35	40
$\hat{y}_t$	P1 [Stück]	40	40	37	37	37	36	38
$\hat{y}_t$	P2 [Stück]	14	8	2	0	4	5	4

Unter Anwendung der Gesamtbedarfskoeffizienten (R3 nach B1=6, R3 nach P1=12, R3 nach P2=15) kann die Bestimmung des Bedarfes von R3 erfolgen, indem die mittels Prognose berechneten Bedarfe von B1, P1 und P2 mit den Gesamtbedarfskoeffizienten multipliziert werden.

Woche 1: $26 \cdot 6 + 40 \cdot 12 + 14 \cdot 15 = 846$

Woche 2: $26 \cdot 6 + 40 \cdot 12 + 8 \cdot 15 = 756$

Woche	1	2	3	4	5	6	7
Rohstoff R3 [ME]	846	756	654	612	693	732	756

Zu ergänzen bleibt noch, dass diese Mengen bereits zwei Wochen früher zu bestellen sind, da Rohstoff R3 eine Lieferzeit von zwei Wochen hat.

Lösung Aufgabe 2.2.11

a)

E 1	
Bezeichnung	Menge
T 1	3
T 2	1
T 3	2
T 4	1
T 5	2

E 2	
Bezeichnung	Menge
T 1	1
T 2	7

E 3	
Bezeichnung	Menge
T 2	4
T 4	3
T 5	2

E 4	
Bezeichnung	Menge
T 1	4
T 2	4
T 4	1

E 5	
Bezeichnung	Menge
T 3	3

b) Der Teileverwendungsnachweis wird u. a. genutzt um diejenigen Erzeugnisse zu ermitteln, die von der Änderung eines Einzelteils betroffen sind oder um Baugruppen zu identifizieren, die wegen Zeitverzögerung eines benötigten Materials verspätet gefertigt werden. Damit beinhaltet der Teileverwendungsnachweis diejenigen Teile, die in übergeordnete Erzeugnisse eingehen. Die analytische Stückliste verdeutlicht aus welchen Teilen ein Erzeugnis besteht.

c) Der Rohstoff R geht 5 mal in Zwischenprodukt A ein, währenddessen dieses 6 mal in das Endprodukt 1 eingeht. Somit werden 5*6=30 Rohstoffe benötigt.

Der Rohstoff R geht zusätzlich 3 Mal in das Zwischenprodukt B ein, welches wiederrum 2 mal in das Endprodukt 1 eingeht. Somit werden 3*2=6 Rohstoffe benötigt. Der Gesamtbedarf ergibt sich somit aus 30 + 6 = 36.

Lösung Aufgabe 2.2.12

a) In einem Erzeugnisbaum kommt jede Komponente/Baugruppe bei ihrem Nachfolger separat vor (kann also mehrfach im Baum vorkommen). Damit kann jeder Knoten nur genau einen Nachfolger, aber mehrere Vorgänger haben.

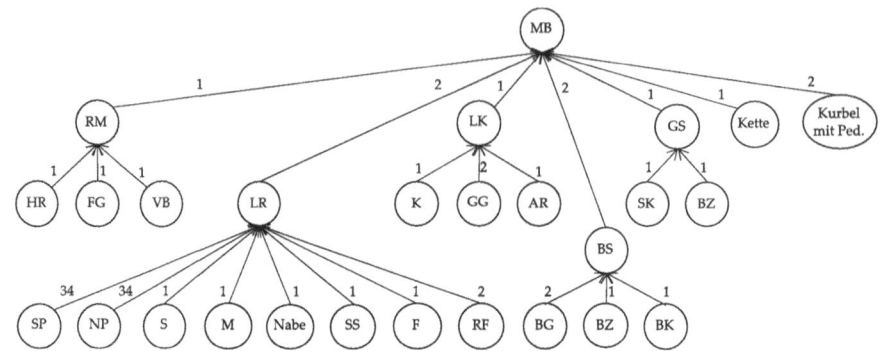

MB – Mountainbike; RM – Rahmen; HR – Hauptrahmen; FG –Federgabel; VB – Vorbau; LR – Laufrad; SP – Speiche; NP – Nippel;
S – Schlauch; M – Mantel; SS – Schnellspanner; F – Felge; RF – Reflektor; LK – Lenker; K – Klingel; GG – Gummigriff;
AR – Aluminiumrohr; BS – Bremse; BG – Bremsgummi; BZ – Bowdenzug; BK – Bremskörper; GS – Gangschaltung; SK – Schaltkörper

b) Die Strukturstückliste stellt einen hierarchischen, strukturierten Gesamtzusammenhang eines Erzeugnisses dar, sodass der Aufbau der Zwischenprodukte erkennbar wird. Die tabellarische Darstellung enthält Fertigungsstufen mit den dazugehörigen Erzeugnissen und Direktbedarfskoeffizienten.

Stufe	Bezeichnung	Menge
1	Rahmen	1
2	Hauptrahmen	1
2	Federgabel	1
2	Vorbau	1
1	Laufrad	2
2	Speichen	34
2	Nippel	34
2	Schlauch	1
2	Mantel	1
2	Nabe	1
2	Schnellspanner	1
2	Felge F1	1
2	Reflektoren	2
1	Lenker	1
2	Klingel	1
2	Gummigriff	2
2	Aluminiumrohr	1
1	Bremsen	2
2	Bremsgummi	2
2	Bowdenzug	1
2	Bremskörper	1
1	Gangschaltung	1
2	Schaltkörper	1
2	Bowdenzug	1
1	Kette	1
1	Kurbel mit Pedalen	2

c) Erzeugnisbäume:

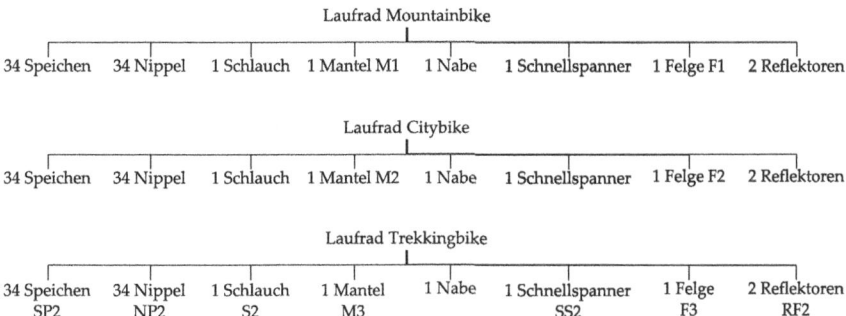

Laufrad Mountainbike

| 34 Speichen | 34 Nippel | 1 Schlauch | 1 Mantel M1 | 1 Nabe | 1 Schnellspanner | 1 Felge F1 | 2 Reflektoren |

Laufrad Citybike

| 34 Speichen | 34 Nippel | 1 Schlauch | 1 Mantel M2 | 1 Nabe | 1 Schnellspanner | 1 Felge F2 | 2 Reflektoren |

Laufrad Trekkingbike

| 34 Speichen SP2 | 34 Nippel NP2 | 1 Schlauch S2 | 1 Mantel M3 | 1 Nabe | 1 Schnellspanner SS2 | 1 Felge F3 | 2 Reflektoren RF2 |

d) Die Gleichteilestückliste wird bei Produkten mit Varianten für die Baugruppen bzw. für Einzelteile verwendet, die in allen Produktvarianten enthalten sind. Jede Produktvariante besteht dann aus der Gleichteilebaugruppe und zusätzlichen variantenspezifischen Baugruppen bzw. Einzelteilen. Die Gleichteilestückliste ist redundanzfrei, hat jedoch einen hohen Anpassungsaufwand und lässt keine Rückschlüsse auf die Erzeugnisstruktur zu.

Gleichteilestückliste Laufrad	
Bezeichnung	Menge
Nabe	1

e) Mehrfachstückliste:

Teile	Laufrad MB	Laufrad CB	Laufrad TB
Speichen	34	34	-
Speichen SP2	-	-	34
Nippel	34	34	-
Nippel NP2	-	-	34
Schlauch	1	1	-
Schlauch S2	-	-	1
Mantel M1	1	-	-
Mantel M2	-	1	-
Mantel M3	-	-	1
Nabe	1	1	1
Schnellspanner	1	1	-
Schnellspanner SS2	-	-	1
Felge F1	1	-	-
Felge F2	-	1	-
Felge F3	-	-	1
Reflektoren	2	2	-
Reflektoren RF2	-	-	2

Die Mehrfachstückliste stellt eine Zusammenfassung mehrerer Stücklisten dar, in der für die verschiedenen Erzeugnisse jeweils die benötigte Menge der Baugruppen bzw. Einzelteile ausgewiesen wird. Dies erlaubt einen schnellen Überblick über die benötigte Menge pro Variante. Die Mehrfachstückliste ist redundanzfrei, lässt jedoch keinen Rückschluss auf die Erzeugnisstruktur zu.

f) Die Gleichteilestückliste ermöglicht eine gemeinsame Bestellung von Gleichteilen, da Überschneidungen zwischen den Komponenten/Baugruppen sichtbar werden. Dies senkt die fixen Bestellkosten, da weniger häufig bestellt werden muss. Die Bestellung wird außerdem generell vereinfacht, da z. B. eine Reduktion der Lieferantenzahl möglich ist und Rabatte erzielt werden können.

Die Mehrfachstückliste erlaubt die Ermittlung der gesamten Stückzahl je Einzelteil. Je mehr Material benötigt wird, desto sinnvoller ist gegebenenfalls eine Eigenproduktion, da die Stückkosten bei steigender Produktionszahl zunehmend sinken („Economies of Scale")

Lösung Aufgabe 2.2.13

Die Baukastenstückliste ist eine einstufige Liste, welche nur Baugruppen und Einzelteile enthält, die direkt in eine übergeordnete Gruppe eingehen. Jede Baugruppe erhält dabei eine eigene Stückliste, mehrfach vorkommende Baugruppen werden nur einmal aufgelistet. Die Baukastenstückliste erlaubt den Rückschluss auf den Erzeugnisbaum und ein schnelles Anpassen bei Änderungen. Bei komplexen Produkten ist die Verwaltung der Baukastenstückliste allerdings sehr aufwendig.

Baukastenstückliste M1

M1		A		B1		C1	
Bez.	Menge	Bez.	Menge	Bez.	Menge	Bez.	Menge
A	2	G	2	C1	1	I	7
B1	3	H	3	F	2	A	1
J	5						

Baukastenstückliste M2

M2		A		B2		C2	
Bez.	Menge	Bez.	Menge	Bez.	Menge	Bez.	Menge
B2	1	G	2	C2	1	I	4
E	9	H	3	F	1	A	3

Baukastenstückliste M3

M3	
Bez.	**Menge**
D	2
J	6

A	
Bez.	**Menge**
G	2
H	3

D	
Bez.	**Menge**
A	5
E	8

Lösung Aufgabe 2.2.14

Zur Bedarfsauflösung soll das Dispositionsstufenverfahren für die nächsten 6 Wochen angewendet werden, dessen Ergebnisse in der nachfolgenden Tabelle dargestellt sind.

Stufe	Bedarf	Pro-dukt	Wo-che 0	Wo-che 1	Wo-che 2	Wo-che 3	Wo-che 4	Wo-che 5	Wo-che 6
0	Brutto	1		50	80	30	20	-	40
	Disp. Bestand			70	120	40	10	-	-
	Netto			-	-	-	10	-	40
	Bedarf für Auflösung			-	-	10	-	40	
	Brutto	2		80	100	120	70	150	-
	Disp. Bestand			140	60	200	80	10	-
	Netto			-	40	-	-	140	-
	Bedarf für Auflösung			40	-	-	140	-	-
1	Brutto	3		-	-	30	-	20	-
	Sekundär (für E1/E2)			40	-	10	140	40	-
	Disp. Bestand			170	130	130	90	-	-
	Netto			-	-	-	50	60	-
	Bedarf für Auflösung			-	50	60	-	-	-

2	Sekundär 4 (für 1)	4			30		120	
	Sekundär 4 (für 3)		-	50	60	-	-	-
	Disp. Bestand		100	100	50	-	-	-
	Netto		-	-	40	-	120	-
			40	-	120	-	-	-
	Sekundär 5 (für 3)	5	-	100	120	-	-	-
	Disp. Bestand		180	180	80	-	-	-
	Netto		-	-	40	-	-	-
	Produktions-auftrag	(40)						

Beispielhaft soll die Erklärung der Bestimmung des Nettobedarfes von Endprodukt 1 und Baugruppe 3 erfolgen.

Gegeben ist der Bruttobedarf von Endprodukt 1. Dieser wird um den disponiblen (verfügbarer) Bestand, welcher sich aus Lagerbestand minus Sicherheitsbestand ergibt, vermindert:

Disponibler Bestand Endprodukt 1 (EP1) = Lagerbestand - Sicherheitsbestand = 90 - 20 = 70;

Nettobedarf EP1 / Woche 1 = Bruttobedarf EP1 / Woche 1 - disponibler Lagerbestand EP1 = 50 - 70 = -20

Da ein negativer Bedarf nicht zulässig ist, bedeutet dies, dass der Nettobedarf von EP1 der Woche 1 den Wert 0 erhält und somit ein disponibler Bestand von 20 für die nächste Periode besteht. Zu diesen 20 kommen die 100 ME aus offenen Produktionsaufträgen hinzu, so dass nun ein disponibler Bestand von 120 vorliegt. Der Bruttobedarf von 80 für Woche 2, verringert um die 120 disponibler Bestand, macht einen Nettobedarf von 0 und einen verbleibenden disponiblen Bestand von 40. Dieses Vorgehen wird auf alle weiteren Perioden angewendet.

Zur Bestimmung des Nettobedarfes für Baugruppe 3 (B3) muss neben dem Bruttobedarf von B3 auch der Sekundärbedarf für EP1 und EP2, als übergeordnete Erzeugnisse, beachtet werden. Zunächst ist die Vorlaufverschiebung von EP1 und EP2 zu berücksichtigen, wie in der Zeile „Bedarf für Auflösung" in der obigen Tabelle angegeben ist. Da beide Produkte eine Vorlaufverschiebung von 1 aufweisen, werden die Nettobedarfe von EP1 und EP2 jeweils um eine Periode nach links (also nach vorne) verschoben. Danach erfolgt die Zusammenfassung des gegebenen Bruttobedarfs von B3 mit den verschobenen Nettobedarfen von EP1 und EP2. Das weitere Vorgehen ist identisch mit der

Bestimmung des Nettobedarfes von EP1 und soll daher an dieser Stelle nicht weiter erläutert werden.

Alle Ergebnisse des Dispositionsstufenverfahrens sind in der obigen Tabelle zusammengefasst.

Können somit alle Bedarfe rechtzeitig bereitgestellt werden? Die Beantwortung dieser Frage lässt zwei Interpretationen zu:

Wird davon ausgegangen, dass Woche 1 die kommende Periode darstellt, muss ein Produktionsauftrag für den bei Produkt 5 in der 3. Periode auftretenden Nettobedarf von 40 ME jetzt, also in der aktuellen Periode (Woche 0), ausgelöst werden. Bedeutet allerdings der Begriff „Woche 1", es handelt sich bereits um die aktuelle Periode, so kann die Bereitstellung des bei Produkt 5 in der 3. Periode auftretenden Nettobedarfes von 40 ME nicht mehr rechtzeitig erfolgen. Ein eventueller Fremdbezug ist notwendig oder der Produktionsauftrag wird als Eilauftrag beschleunigt bearbeitet.

Deterministische Bestellmengenermittlung

Lösung Aufgabe 2.3.1

Die Verfahren der deterministischen Bestellmengenermittlung können anhand des Bedarfsverlaufs in statische und dynamische Modelle gegliedert werden. Bei den statischen Modellen wird ein konstanter Bedarfsverlauf unterstellt, während die dynamischen Modelle Schwankungen berücksichtigen. Zu den statischen Modellen gehört das klassische Bestellmengenmodell, auch als Economic Order Quantity (EOQ) Modell bekannt. Daneben können Fehlmengen, Mengenrabatte und Preiserhöhungen berücksichtigt werden. Das dynamische Modell (WAGNER-WHITIN-Modell) lässt sich exakt durch die Bestimmung eines kürzesten Weges mit dem Verfahren von BELLMAN und heuristisch mit den Verfahren der gleitenden wirtschaftlichen Losgröße, dem Stückperiodenausgleichsverfahren, dem SILVER-MEAL-Verfahren und dem Verfahren von GROFF lösen.

Lösung Aufgabe 2.3.2

a) Werden beim EOQ-Modell Fehlmengen zugelassen, erfolgt die Bedienung eines Teils des Bedarfes erst bei der nächsten Bestellung. Der theoretische Lagerbestand sinkt daher unter null. Es gibt eine Zeitspanne, in der das Lager liefern kann, und einen Zeitraum, in dem das Lager leer ist. Der maximale Lagerbestand S^* ist aufgrund der Fehlmengen nun nicht mehr mit der Bestellmenge q identisch, sondern kleiner als beim Modell ohne Fehlmengen.

EOQ-Modell mit Fehlmengen:

$$K\left(q_{FM}^{*}\right)=\sqrt{2c_0 dc_L}\cdot\sqrt{\frac{c_F}{c_L+c_F}}+dc_B \text{ mit } \sqrt{\frac{c_F}{c_L+c_F}}<1$$

EOQ-Modell ohne Fehlmengen: $K\left(q_{FM}^{*}\right)=\sqrt{2c_0 dc_L}+dc_B$

Da der Term $\sqrt{\dfrac{c_F}{c_L+c_F}}$ einen Wert kleiner als 1 aufweist (außer bei unendlich gro-

ßen Fehlmengenkosten), ist die Lösung mit Fehlmengen kostengünstiger als die Lösung ohne Fehlmengen.

b) EOQ-Modell mit Fehlmengen: $K\left(q_{FM}^{*}\right)=\sqrt{2c_0 dc_L}\cdot\sqrt{\dfrac{c_F}{c_L+c_F}}+dc_B$

Sind die Fehlmengen unendlich groß, ergibt sich der Term $\sqrt{\dfrac{c_F}{c_L+c_F}}$ zu 1. Somit

liegt eine dem EOQ-Modell ohne Fehlmengen identische Kostenfunktion vor:

$$K\left(q^{*}\right)=\sqrt{2c_0 dc_L}\cdot 1+dc_B$$

c) Bei Lieferfrist $\lambda=[0,T^{*}]$ gilt:

Die optimalen Bestellzeitpunkte sind $n\cdot T^{*}-\lambda$ mit $n=1,2,\dots$.

Der optimale Bestellpunkt ist bei Lagerbestand $-s^{*}+\lambda d=\lambda d+S^{*}-q^{*}$ erreicht.

(s^{*} = Fehlmenge; d = Bedarf; S^{*} = maximaler Lagerbestand)

d) Bei der Erfassung der Fehlmengenkosten kann danach unterschieden werden, ob der Kunde auf die Nachlieferung wartet (back order case) oder nicht (lost sale case). Wartet der Kunde und die Nachlieferung erfolgt durch eine Eilbestellung, entstehen Fehlmengenkosten in Höhe des zusätzlichen Aufwandes. Wird die Nachlieferung durch eine Lagerergänzungsbestellung realisiert, gibt es keine Fehlmengenkosten. Wenn der Kunde nicht auf die Nachlieferung wartet und in Zukunft wie bisher bestellt, sind die Fehlmengenkosten so hoch wie die entgangenen Deckungsbeiträge der Fehlbestellung. Kauft der Kunde in Zukunft weniger als bisher oder gar nichts mehr, entstehen zusätzlich Fehlmengenkosten in Höhe der zukünftigen entgangenen Deckungsbeiträge.

Lösung Aufgabe 2.3.3

a) Zur Berechnung der optimalen Losgröße wird die Formel des klassischen Losgrößenmodell (EOQ) verwendet:

$$q^{*}=\sqrt{\frac{2c_0 d}{c_L}}$$

Bis auf die Lagerkosten je Woche sind alle Werte gegeben. Die Lagerkosten berechnen sich aus dem Preis multipliziert mit dem Zinssatz pro Woche (hier: Zinssatz p.a./52):

$$c_L = \frac{100 \cdot 0{,}1}{52} = 0{,}192$$

Anschließend kann die optimale Bestellmenge berechnet werden:

$$q^* = \sqrt{\frac{2c_0 d}{c_L}} = \sqrt{\frac{2 \cdot 150 \cdot 50}{0{,}192}} = 279{,}51$$

Da es sich um Fahrradrahmen handelt, ist die Bestellmenge auf eine ganze Zahl zu runden, hier also 280 Stück.

b) Die optimale Bestellmenge unter Berücksichtigung von Mengenrabatten ist diejenige, bei welcher in der betreffenden Preiskategorie die geringsten Gesamtkosten anfallen.

Als Preise [€] je Kategorie ergeben sich:

Ab 200 Stück: $p = 100 \cdot 99\% = 99$

Ab 1.000 Stück: $p = 100 \cdot 97\% = 97$

Ab 2.000 Stück: $p = 100 \cdot 96\% = 96$

Für den Mengenrabatt in Höhe von 1% erfolgt stellvertretend die Bestimmung der Gesamtkosten, die anderen Ergebnisse sind der abschließenden Tabelle zu entnehmen.

Im ersten Schritt werden die Lagerkostensätze [€/Stück·Woche] neu berechnet:

$$c_{L_{99}} = \frac{99 \cdot 0{,}1}{52} = 0{,}1904$$

Die Losgrößenberechnung [Stück] je Preiskategorie erfolgt folgendermaßen:

$$q_{99} = \sqrt{\frac{2c_0 d}{c_L}} = \sqrt{\frac{2 \cdot 150 \cdot 50}{0{,}1904}} = 280{,}68$$

Für die anderen beiden Kategorien entspricht die Losgröße jeweils der Mindestbestellmenge, da sich bei der Berechnung jeweils ein kleinerer Wert als die Mindestbestellmenge ergibt. Als nächstes wird die Bestellanzahl berechnet, indem der Gesamtbedarf durch die Losgröße geteilt wird:

$$Gesamtjahresbedarf = 50 \cdot 52 = 2.600$$

$$Bestellanzahl_{99} = \frac{2.600}{280{,}68} = 9{,}26$$

Um die Gesamtkosten zu berechnen, müssen die Gesamtlagerkosten, die Gesamtbestellkosten und der Gesamtpreis der Ware für jede Kategorie berechnet werden.

Die Gesamtlagerkostenbestimmung wird wie folgt durchgeführt:

$$Lagerkosten_{99} = \frac{1}{2}q_{99}^{*} \cdot c_{L99} \cdot Wochen = \frac{1}{2} \cdot 280{,}68 \cdot 0{,}1904 \cdot 52 = 1.389$$

Die Gesamtbestellkosten [€] ergeben sich aus den Bestellkosten und der Bestellanzahl:

$$Bestellkosten = c_0 \cdot Bestellanzahl = 150 \cdot 9{,}26 = 1.389$$

Der Gesamtpreis [€] der Ware wird berechnet, indem der Gesamtbedarf jeweils mit dem Preis multiplizieren wird:

$$Gesamtpreis_{99} = 2.600 \cdot 99 = 257.400$$

Nun können die Gesamtkosten [€] jeder Kategorie ermittelt werden:

$$Gesamtkosten_{99} = 1.389 + 1.389 + 257.400 = 260.178$$

Die Ergebnisse für alle drei Preiskategorien sind in folgender Tabelle zusammengefasst:

Preis [€]	Lagerkostensatz [€/Stück·Woche]	Losgröße [Stück]	Bestellanzahl	Gesamtlagerkosten [€]	Gesamtbestellkosten [€]	Warenpreis [€]	Gesamtkosten [€]
99	0,1904	280,68	9,26	1.389	1.389	257.400	260.178
97	0,1865	1.000	2,6	4.849	390	252.200	257.439
96	0,1846	2.000	1,3	9.599	195	249.600	259.396

Die geringsten Gesamtkosten ergeben sich bei einer optimalen Bestellmenge von $q^{*} = 1.000$ Fahrradrahmen.

Hinweis: Da die Gesamtkosten auf Jahresbasis bestimmt werden, kommt es bei der Bestellanzahl zu gebrochenen Zahlen. Soll jedoch genau nur für ein Jahr beschafft werden, ist die Bestellanzahl n auf eine ganze Zahl zu runden und die Losgröße sowie die davon betroffenen Kosten sind dementsprechend anzupassen.

c) Die Bestellmenge q sollte so gewählt werden, dass die Differenz zwischen Einkaufsersparnis und Lagerhaltungskosten maximiert wird. Die Formel für die optimale Bestellmenge ergibt sich wie folgt:

$$G = E_S - K_L = (c_B^n - c_B^a)q - c_B^a\left(\frac{z}{2d} - 1\right)q^2 \rightarrow \max$$

$$q^{*} = \left(c_B^n - c_B^a\right)\frac{d}{c_B^a \cdot z} = \left(\frac{c_B^n}{c_B^a} - 1\right)\frac{d}{z}$$

Nach Einsetzen der Werte ergibt sich folgender Wert:

$$q^* = \left(\frac{102}{100} - 1\right)\frac{50}{0{,}1/52} = 520$$

Die gewinnmaximale Bestellmenge beträgt 520 Rahmen.

Lösung Aufgabe 2.3.4

a) Das Modell von WAGNER-WHITIN kann in ein Kürzestes-Wege-Problem übertragen werden, auf das anschließend der Algorithmus von BELLMAN Anwendung findet. Am Beispiel erfolgt nun eine kurze Erklärung der Vorgehensweise:

Darstellung des Entscheidungsproblems als Digraph, wobei die Knoten Bestellzeitpunkte sind; dabei bedeutet ein Pfeil von *i* nach *j*, dass in *i* so viel bestellt wird, dass der Bedarf bis *j-1* gedeckt ist, eine erneute Bestellung also zum Zeitpunkt *j* erfolgt.

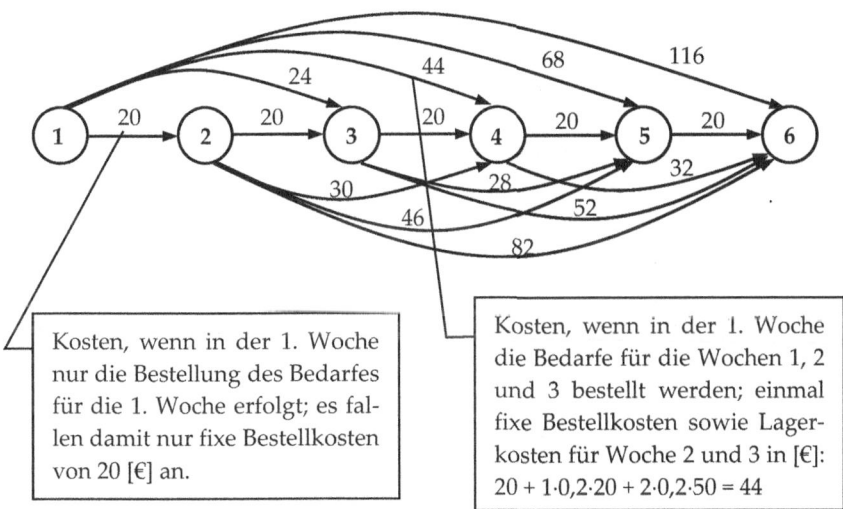

Kosten, wenn in der 1. Woche nur die Bestellung des Bedarfes für die 1. Woche erfolgt; es fallen damit nur fixe Bestellkosten von 20 [€] an.

Kosten, wenn in der 1. Woche die Bedarfe für die Wochen 1, 2 und 3 bestellt werden; einmal fixe Bestellkosten sowie Lagerkosten für Woche 2 und 3 in [€]:
$20 + 1 \cdot 0{,}2 \cdot 20 + 2 \cdot 0{,}2 \cdot 50 = 44$

Die Kosten je Pfeil sind in folgender Tabelle zusammengefasst:

	2	3	4	5	6
1	20	24	44	68	116
2		20	30	46	82
3			20	28	52
4				20	32
5					20

Zur Bestimmung der kostenminimalen Bestellstrategie erfolgt die Lösung des im Graph vorliegenden Kürzeste-Wege-Problems unter Anwendung des Algorithmus von Bellman. Nachfolgendes Tableau zeigt die Lösungsschritte:

Zielknoten j	Entfernung d	Vorgänger von j
1	0	1
2	20	1
3	24	1
4	44	1, 3
5	52	3
6	72	5

Durch rekursives Ablesen ergibt sich als kürzester Weg: 1 – 3 – 5 – 6. Das bedeutet, dass die Bestellungen in den Wochen 1, 3 und 5 ausgelöst werden, wobei in der ersten und dritten Woche jeweils der Bedarf für die folgende Woche mitbestellt wird. Die Bestellgrößen betragen demnach $q_1 = 50$, $q_3 = 90$, $q_5 = 60$ und die Gesamtkosten ergeben sich zu 72 €.

b)   Verfahren der gleitenden wirtschaftlichen Losgröße:

Die Idee dieses Verfahrens ist, dass im klassischen stationären Modell der Losgrößenbestimmung die Funktion der durchschnittlichen Kosten an der Stelle der optimalen Losgröße ein Minimum aufweist. Die Bestellmenge in einer Periode t wird so lange um künftige Bedarfe erweitert, wie dadurch die durchschnittlichen Kosten je Mengeneinheit (durchschnittliche Stückkosten) k_{ts} verringert werden.

$$k_{ts} = \frac{c_0 + c_L \cdot \sum\limits_{i=t+1}^{s} d_i \cdot (i-t)}{\sum\limits_{i=t}^{s} d_i} = \frac{Bestellkosten + Lagerkosten}{Stückzahl}$$

Folgende Iterationsschritte ergeben sich:

t=1: $\quad k_{11} = \dfrac{20}{30} = \dfrac{2}{3} = 0{,}67$

$\qquad k_{12} = \dfrac{20 + 0{,}2 \cdot 20 \cdot 1}{50} = 0{,}48 \qquad\qquad\qquad < k_{11}$

$\qquad k_{13} = \dfrac{20 + 0{,}2 \cdot 20 \cdot 1 + 0{,}2 \cdot 50 \cdot 2}{100} = 0{,}44 \qquad < k_{12}$

$$k_{14} = \frac{20 + 0{,}2 \cdot 20 \cdot 1 + 0{,}2 \cdot 50 \cdot 2 + 0{,}2 \cdot 40 \cdot 3}{140} = 0{,}49 \quad > k_{13}$$

Abbruch, da $k_{14} > k_{13}$. Daraus folgt $q_1 = 100$, d. h. in Woche 1 findet die Bestellung für Wochen 1, 2 und 3 statt. Als neuer Startwert ergibt sich k_{44}.

t=4: $\quad k_{44} = \dfrac{20}{40} = 0{,}5$

$$k_{45} = \frac{20 + 0{,}2 \cdot 60 \cdot 1}{100} = 0{,}32 \qquad\qquad < k_{44}$$

Abbruch, da alle Perioden betrachtet wurden. In Woche 4 erfolgt die Bestellung der Bedarfe für die Wochen 4 und 5 ($q_4 = 100$).

Gesamtkosten $= \Sigma$ (Bestellkosten+Lagerkosten)

$$= 2 \cdot 20 + 0{,}2 \cdot \left(20 \cdot 1 + 50 \cdot 2 + 60 \cdot 1\right) = 76$$

c)   SILVER-MEAL-Verfahren:

Diesem Verfahren liegt der Ansatz zugrunde, dass bei optimaler Losgröße des klassischen Modells die durchschnittlichen Kosten pro Zeiteinheit k_{ts} ihr Minimum annehmen. Die Bestellmenge in einer Periode t wird solange um künftige Bedarfe erweitert, wie dadurch die durchschnittlichen Kosten je Zeiteinheit (durchschnittliche Stückkosten) k_{ts} verringert werden.

$$k_{ts} = \frac{c_0 + c_L \cdot \sum\limits_{i=t+1}^{s} d_i \cdot (i - t)}{s - t + 1} = \frac{Bestellkosten + Lagerkosten}{Eindeckzeit}$$

t=1: $\quad k_{11} = \dfrac{20}{1} = 20$

$$k_{12} = \frac{20 + 0{,}2 \cdot 20 \cdot 1}{2} = 12 \qquad\qquad < k_{11}$$

$$k_{13} = \frac{20 + 0{,}2 \cdot 20 \cdot 1 + 0{,}2 \cdot 50 \cdot 2}{3} = 14{,}67$$

Abbruch, da $k_{13} > k_{12}$, $q_1 = 50$, d. h. Zusammenfassung der Bedarfe aus Woche 1 und 2 zu einer Bestellung; fortfahren mit k_{33}.

t=3: $k_{33} = \dfrac{20}{1} = 20$

$k_{34} = \dfrac{20 + 0{,}2 \cdot 40 \cdot 1}{2} = 14$ $\qquad\qquad\qquad < k_{33}$

$k_{35} = \dfrac{20 + 0{,}2 \cdot 40 \cdot 1 + 0{,}2 \cdot 60 \cdot 2}{3} = 17{,}33$

Abbruch, da $k_{35} > k_{34}$, $q_3 = 90$, d. h. Zusammenfassung der Bedarfe aus Woche 3 und 4 zu einer Bestellung; fortfahren mit k_{55}. Da allerdings nur noch eine Woche zu betrachten ist, kann das Verfahren abgebrochen werden; $q_5 = 60$.

Gesamtkosten = Σ (Bestellkosten+Lagerkosten)

$$= 3 \cdot 20 + 0{,}2 \cdot \left(20 \cdot 1 + 40 \cdot 1\right) = 72$$

d) Beim Stückperiodenausgleichsverfahren (engl. part period balancing) wird dem Sachverhalt Rechnung getragen, dass im klassischen stationären Modell an der Stelle der optimalen Bestellmenge q^* die durchschnittlichen Lagerkosten und die fixen Bestellkosten übereinstimmen. Somit schneiden sich an der Stelle der optimalen Bestellmenge die Funktion der durchschnittlichen Fixkosten mit der Funktion der fixen Bestellkosten. Deshalb wird in diesem Verfahren die Bestellmenge in einer Periode t solange um zusätzliche Bedarfe erhöht, wie die Lagerkosten die fixen Bestellkosten nicht überschreiten. Es gilt der folgende formale Zusammenhang:

$$c_0 \geq c_L \cdot \sum_{i=t+1}^{s^*} d_i \cdot (i-t) \text{ aber } c_0 < c_L \cdot \sum_{i=t+1}^{s^*+1} d_i \cdot (i-t)$$

Die konstanten fixen Bestellkosten c_0 und der konstante Lagerhaltungskostensatz c_L können zusammengefasst werden, sodass gilt:

$$\frac{c_0}{c_L} \geq \sum_{i=t+1}^{s} d_i(i-t) =: V_{ts}$$

Mit dem Kostenquotienten $\frac{c_0}{c_L} = \frac{20}{0{,}2} = 100$ als Vergleichskriterium ergeben sich folgende Iterationsschritte:

t=1 $V_{11} = 0$ $\qquad\qquad\qquad\qquad \leq 100$

  $V_{12} = 20$ $\qquad\qquad\qquad\qquad \leq 100$

  $V_{13} = 20+2 \cdot 50 = 120$ $\qquad\quad > 100$

Abbruch, da $V_{13} > 100$, d. h. Zusammenfassung der Bedarfe aus Woche 1 und 2 zu einer Bestellung $q_1 = 50$; fortfahren zum Zeitpunkt $t = 3$.

t=3 $V_{33} = 0$ ≤ 100

       $V_{34} = 40$ ≤ 100

       $V_{45} = 40 + 2 \cdot 60 = 160$ > 100

Abbruch, da $V_{45} > 100$, d. h. Zusammenfassung der Bedarfe aus Woche 3 und 4 zu einer Bestellung $q_3 = 90$; fortfahren zum Zeitpunkt $t = 5$. Da nur noch eine Woche zu betrachten ist, kann das Verfahren an dieser Stelle abgebrochen werden; $q_5 = 60$.

Gesamtkosten $= \sum (\text{Bestellkosten} + \text{Lagerkosten})$

$$= 3 \cdot 20 + 0{,}2 \cdot (20 \cdot 1 + 40 \cdot 1) = 72$$

Nach dem Stückperiodenausgleichsverfahren ergeben sich Bestellungen in den Perioden 1 ($q_1 = 50$), 3 ($q_3 = 90$) und 5 ($q_5 = 60$) zu Gesamtkosten von 72 €.

e) Das Verfahren von GROFF basiert auf der Eigenschaft, dass im klassischen EOQ-Modell an der Stelle der optimalen Bestellmenge q^* die marginale Verringerung der durchschnittlichen bestellfixen Kosten pro Periode gleich dem marginalen Anstieg der durchschnittlichen Lagerkosten ist. An dieser Stelle haben also die beiden Kostenfunktionen den gleichen (betragsmäßigen) Anstieg. Es wird nach der GROFF-Heuristik ausgehend von einer Periode t die Losgröße q_1 dieser Periode solange um zukünftige Nachfragemengen erhöht, bis der Anstieg der Grenzlagerkosten größer ist, als die Verringerung der Grenzrüstkosten:

$$\max_{\tau} \left\{ \tau \,\middle|\, d_{t+\tau} \cdot \tau(\tau+1) \leq \frac{2c_0}{c_L} \right\}$$

Mit $\dfrac{2c_0}{c_L} = \dfrac{2 \cdot 20}{0{,}2} = 200$ ergeben sich folgende Iterationsschritte:

t=1 $\tau = 0$: $d_1 \cdot 0 \cdot 1 = 30 \cdot 0 \cdot 1 = 0$ < 200

       $\tau = 1$: $d_2 \cdot 1 \cdot 2 = 20 \cdot 1 \cdot 2 = 40$ < 200

       $\tau = 2$: $d_3 \cdot 2 \cdot 3 = 50 \cdot 2 \cdot 3 = 300$ > 200

Abbruch, da $d_{1+2} \cdot 2(2+1) > 200$; es erfolgt eine Zusammenfassung der Bedarfe aus Woche 1 und 2 zu einer Bestellung $q_1 = 50$; fortfahren zum Zeitpunkt $t = 3$.

t=3 $\tau = 0$: $d_3 \cdot 0 \cdot 1 = 50 \cdot 0 \cdot 1 = 0$ < 200

       $\tau = 1$: $d_4 \cdot 1 \cdot 2 = 40 \cdot 1 \cdot 2 = 80$ < 200

       $\tau = 2$: $d_5 \cdot 2 \cdot 3 = 60 \cdot 2 \cdot 3 = 360$ > 200

Abbruch, da $d_{3+5} \cdot 2(2+1) > 200$; es erfolgt eine Zusammenfassung der Bedarfe aus Woche 3 und 4 zu einer Bestellung $q_3 = 90$; mit dem Verfahren wird nun zum Zeitpunkt $t = 5$ fortgefahren. Da jedoch nur noch eine Woche zu betrachten ist, kann das Verfahren abgebrochen werden und es ergibt sich eine Bestellmenge für Periode 5 von $q_5 = 60$.

Gesamtkosten = $\sum$ (Bestellkosten + Lagerkosten)

$$= 3 \cdot 20 + 0{,}2 \cdot (20 \cdot 1 + 40 \cdot 1) = 72$$

Nach dem Verfahren von GROFF ergeben sich Bestellungen in den Perioden 1 ($q_1 = 50$), 3 ($q_3 = 90$) und 5 ($q_5 = 60$) zu Gesamtkosten von 72 €.

Stochastische Bestellmengenermittlung

Lösung Aufgabe 2.4.1

a) Stochastische Verfahren der Bestellmengenermittlung gliedern sich in Bestellpunkt- und Bestellrhythmusverfahren. Bei Bestellpunktverfahren löst eine bestimmte Bestandshöhe, der Bestellpunkt, eine Bestellung aus. Der Bestellpunkt, auch Meldebestand genannt, ist die Menge des Materials, die benötigt wird, damit zwischen der Bestellauslösung und der Lagerauffüllung ausreichend Einheiten zur Verfügung stehen. Dieser Meldebestand beinhaltet auch den Sicherheitsbestand. Die Höhe des Meldebestandes ist abhängig vom durchschnittlichen Verbrauch pro Periode (Lagerabgangsgeschwindigkeit), von der Lieferzeit (Wiederbeschaffungszeit) und von dem Risiko, dass die Lagerabgangsgeschwindigkeit und/oder die Lieferzeit sich ändern (Sicherheitsbestand).

Beim Bestellrhythmusverfahren erfolgen die Bestellungen in bestimmten Zeitintervallen, d. h. Auslöser für eine Bestellung ist also nicht das Erreichen bzw. Unterschreiten einer bestimmten Menge, sondern der Ablauf einer vorgegebenen Zeitspanne.

Daraus resultieren folgende Bestellpolitiken für die stochastische Lagerhaltung:

Bestellmenge q	Bestellintervall t	
	fix	**variabel**
fix	(t, q)-Politik	(s, q)-Politik
variabel	(t, S)-Politik	(s, S)-Politik

s : Meldebestand, S : Sollbestand, q : Bestellmenge, t : Bestellintervall

Bestellpolitik	Beispiel
(t,q)-Politik	alle 4 Wochen werden 100 Mengeneinheiten bestellt
(t,S)-Politik	alle 2 Wochen wird der Lagerbestand auf den Sollbestand 200 Stück aufgefüllt

(s,q)-Politik	sobald der Lagerbestand den Meldebestand 20 unterschreitet, werden 150 Stück bestellt
(s,S)-Politik	sobald der Lagerbestand den Meldebestand 15 unterschreitet, wird auf den Sollbestand 300 aufgefüllt

b) Kennziffern zur Messung des Servicegrades sind z. B. der α-Servicegrad und der β-Servicegrad. Der α-Servicegrad gibt die Wahrscheinlichkeit an, dass in einem Lieferzyklus keine Fehlmengen auftreten, sagt aber nichts über die Höhe der Fehlmenge aus.

$$\alpha - Servicegrad = \frac{Anzahl\ der\ Perioden\ ohne\ Fehlmengen}{Anzahl\ Perioden}$$

Der β-Servicegrad misst den Anteil der bedienten Bedarfe am Gesamtbedarf. Er beinhaltet somit die Höhe der Fehlmengen, gibt aber keinen Aufschluss darüber, in welchen Perioden diese auftreten.

$$\beta - Servicegrad = \frac{erwartete,\ vom\ Bestand\ gedeckte\ Nachfrage\ pro\ ZE}{erwartete\ gesamte\ Nachfrage\ pro\ ZE}$$

$$= 1 - \frac{E(Fehlmenge)}{E(Gesamtnachfrage)}$$

Lösung Aufgabe 2.4.2

a) Mithilfe der BROWN'schen Servicefunktion $S(k) = \frac{q}{\sigma_R} \cdot (1 - \beta)$ kann der Servicegrad β bestimmt werden. Als optimale Losgröße ergibt sich:

$$q^* = \sqrt{\frac{2c_0 d}{c_L}} = \sqrt{\frac{2 \cdot 100 \cdot 20.000}{0,0025}} = 40.000,$$

wobei die Lagerkosten c_L in [€/Stück·Monate] sich wie folgt berechnen:

$$c_L = \frac{0,3 \cdot 0,1}{12} = 0,0025$$

Der Risikozeitraum R beträgt 0,5 Monate, da die Lieferzeit 2 Wochen ist.

Die Standardabweichung des Risikozeitraumes σ_R wird über die Formel $\sigma_R = \sigma \cdot \sqrt{R}$ bestimmt, wobei die Standardabweichung die Wurzel aus der Varianz ist: $\sigma = \sqrt{640.000} = 800$

Zur Ermittlung von s erfolgt zunächst die Berechnung von k über $SB = k \cdot \sigma_R = k \cdot \sigma \cdot \sqrt{R}$:

$$k = \frac{SB}{\sigma \cdot \sqrt{R}} = \frac{100}{800 \cdot \sqrt{0,5}} \approx 0,18$$

Aus einer Vertafelung der BROWN'schen Servicefunktion (siehe Anhang) kann für $S^{-1}(k)$ bei $k = 0,18$ der Wert $0,3154$ abgelesen werden.

$$0,3154 = \frac{40.000}{800 \cdot \sqrt{0,5}} \cdot (1 - \beta) \rightarrow \beta = 0,9955$$

Der Servicegrad beträgt rund 99,6%.

b)   Meldepunkt $s = SB + R \cdot d = 100 + 0,5 \cdot 20.000 = 10.100$

Der Meldepunkt liegt bei 10.100 Stück.

Lösung Aufgabe 2.4.3

Die Addition von Lieferzeit $\lambda = 4$ Wochen und Bestellzyklus $t = 1$ Woche ergibt den Risikozeitraum R: $R = \lambda + t = 4 + 1 = 5$ [Wochen].

Durchschnittlicher Bedarf pro Woche d [Stück]:

$$d = \frac{1}{6} \cdot (480 + 432 + 416 + 408 + 432 + 452) = 436,67$$

Erwartungswert des Bedarfs [Stück] im Risikozeitraum:

$$E(R) = R \cdot d = 5 \cdot 436,67 = 2.183$$

Die Standardabweichung σ wird über die Formel $\sigma \approx 1,25 \cdot MAD$ geschätzt: $\sigma = 1,25 \cdot 50 = 62,5$

Standardabweichung im Risikozeitraum: $\sigma_R = \sqrt{\lambda + t} \cdot \sigma = \sqrt{5} \cdot 62,5 = 139,75$

$$S(k) = \left(\frac{t \cdot d}{\sigma_R} \cdot (1 - \beta) \right) = \left(\frac{1 \cdot 436,67}{139,75} \cdot (1 - 0,95) \right) = 0,1562$$

Aus einer Vertafelung der BROWN'schen Servicefunktion (siehe Anhang) kann für $S(k) = 0,1562$ der Wert $k = 0,65$ abgelesen werden.

$$Sicherheitsbestand: SB = \sigma_R S^{-1}\left(\frac{t \cdot d}{\sigma_R} \cdot (1 - \beta)\right) = \sigma_R k = 139{,}75 \cdot 0{,}65 = 90{,}84$$

Sollbestand: $S = SB + (\lambda + t) \cdot$ d$=90{,}84 + 5 \cdot 436{,}67 = 2.274{,}19 \approx 2.274$

Der Sicherheitsbestand beträgt 91 Teile, der Sollbestand 2.274 Teile.

Lösung Aufgabe 2.4.4

a) Es handelt sich um eine (t, S)-Politik, da alle 4 Wochen eine Bestellung ausgelöst wird und jeweils eine Auffüllgrenze S erreicht werden soll.

Gegeben: $d = 25$, $c_0 = 100$, $c_L = 2$, $q = 100$ (Bedarf von 4 Wochen), $\lambda = 1$

Mit Hilfe der Gleichung zur Ermittlung der Gesamtkosten kann der Sicherheitsbestand (SB) berechnet werden:

Gesamtkosten = Lagerkosten + Bestellkosten + Lagerkosten für den Sicherheitsbestand:

$$K = c_L \cdot \frac{q}{2} + c_0 \cdot \frac{d}{q} + c_L \cdot SB(q)$$

$$145 = 2 \cdot \frac{100}{2} + 100 \cdot \frac{25}{100} + 2 \cdot SB$$

$$SB = 10$$

Die Auffüllgrenze wird nun folgendermaßen berechnet:

$$S = SB + (\lambda + t) \cdot d \qquad (\lambda - \text{Lieferzeit})$$

$$S = 10 + (1 + 4) \cdot 25 = 135$$

Der maximale Sicherheitsbestand beträgt 10 Stück und die Auffüllgrenze liegt bei 135 Stück.

b) Gegeben: Standardabweichung $\sigma = 10$, Lieferzeit $\lambda = 1$, Bestellintervall $t = 4$

$$SB = k \cdot \sqrt{\lambda + t} \cdot \sigma$$

$$k = \frac{SB}{\sqrt{\lambda + t} \cdot \sigma} = \frac{10}{\sqrt{5} \cdot 10} = 0{,}447$$

$$k = S^{-1}\left(\frac{t \cdot d}{\sqrt{\lambda + t} \cdot \sigma}(1 - \beta)\right)$$

$$0{,}45 = S^{-1}\left(\frac{t \cdot d}{\sqrt{\lambda + t} \cdot \sigma}(1 - \beta)\right)$$

Aus einer Vertafelung der BROWN'schen Servicefunktion kann für S^{-1} bei k = 0,45 der Wert 0,2137 abgelesen werden.

$$\frac{t \cdot d}{\sqrt{\lambda + t \cdot \sigma}}(1 - \beta) = 0{,}2137$$

$$\frac{4 \cdot 25}{\sqrt{1 + 4 \cdot 10}} \cdot (1 - \beta) = 0{,}2137$$

$$\beta = 0{,}9522$$

Der β-Servicegrad beträgt rund 95,2%.

Qualitätssicherung

Lösung Aufgabe 2.5.1

a) Die Qualitätssicherung beinhaltet diejenigen produktionsbezogenen Aktivitäten des Qualitätsmanagements, die dem Nachweis der Erfüllung von Qualitätsanforderungen dienen. Bei der statischen Qualitätssicherung erfolgt die Verwendung von Stichproben, aus denen Aussagen über eine Grundgesamtheit abgeleitet werden. Aus Zeit- und Kostengründen kann keine Vollprüfung durchgeführt werden.

   Qualitätssicherung als Teilfunktion des Total Quality Management begreift Qualität als Schlüsseldeterminante für den Unternehmenserfolg, verpflichtet jeden Mitarbeiter der permanenten Qualitätsverbesserung und weist der Unternehmensleitung die Formulierung und Durchsetzung einer offensiven Qualitätspolitik zu.

b) Die Annahmewahrscheinlichkeit $L(p) = P(X \le c | p)$ in Abhängigkeit vom Fehleranteil p des Loses heißt Annahmekennlinie des durch (N, n, c) bestimmten Stichprobenverfahrens. Dabei bezeichnet N die Grundgesamtheit, n den Stichprobenumfang und c die Annahmezahl. $L(p)$ ist streng monoton fallend in p, d. h. mit wachsendem p geht die Wahrscheinlichkeit für die Annahme des Loses zurück. Je steiler $L(p)$ verläuft, desto trennschärfer ist der Test.

c) Fehler 1. Art („blinder Alarm"): Los wird abgelehnt, obwohl $p \le p_0$ (p_0 = akzeptable Fehlerrate); entspricht dem Produzentenrisiko, d. h. ein akzeptables Los wird zurückgewiesen.

   Fehler 2. Art („unterlassener Alarm"): Los wird angenommen, obwohl $p > p_0$; entspricht dem Konsumentenrisiko, d. h. ein nichtakzeptables Los wird angenommen.

d) Eine zählende Prüfung ist eine Gut/Schlecht-Prüfung für jedes Stichprobenelement; bei einer messenden Prüfung werden konkrete Messwerte erfasst, da die Qualitätsmerkmale stetig verteilt sind.

e) Ein Vorteil der messenden Prüfung gegenüber der zählenden Prüfung ist, dass bei gleicher OC-Funktion ein geringerer Stichprobenumfang benötigt wird. Des Weiteren ist ein besserer Rückschluss auf den Fertigungsprozess möglich und es kann ein genaueres Bild bzgl. der Lage der Einzelwerte innerhalb des Toleranzbereichs aufgezeigt werden. Die Validität ist von der Gültigkeit der unterstellten Normalverteilungsannahmen abhängig und damit ein Nachteil der messenden Prüfung. Sollen mehrere Qualitätsmerkmale überwacht werden, ist für jedes Merkmal eine eigene Stichprobe notwendig. Nachteilig ist außerdem, dass die fixen Prüfkosten höher liegen können und Lose zurückgewiesen werden, obwohl sich kein einziger Messwert in der Stichprobe jenseits der Toleranzgrenze befindet.

Lösung Aufgabe 2.5.2

a) Gesucht ist die Annahmekennzahl c. Bei gegebenem Stichprobenumfang $n = 100$ und Ausschussanteil $p = 0{,}05$ kann die Anzahl der Freiheitsgrade mit $\lambda = n \cdot p = 100 \cdot 0{,}05 = 5$ ermittelt werden. Jetzt wird unter Berücksichtigung der Ablehnungsgrenze $L_{\lambda,c}^{-1}(p) = 0{,}1$ und den Freiheitsgraden $\lambda = 5$ aus der Vertafelung der Verteilungsfunktion $F(x)$ der Poisson-Verteilung (siehe Anhang) der Wert für die Annahmekennzahl c abgelesen: $c = 1$

Es darf maximal ein Pullover der Stichprobe defekt sein.

b) Es ist die Annahmewahrscheinlichkeit unter Verwendung der Poisson-Approximation $L_{n,c}^{*}(p) = \sum_{x=0}^{c} \frac{(n \cdot p)^{x}}{x!} \cdot e^{-np} = F_{\lambda}(p)$ zu ermitteln. Durch Verwendung der Vertafelung der Verteilungsfunktion $F(x)$ der Poisson-Verteilung (siehe Anhang) und unter Einbeziehung der Werte ($c = 1$ und Freiheitsgrad $\lambda = n \cdot p = 100 \cdot 0{,}03 = 3$) ergibt sich eine Annahmewahrscheinlichkeit $F_{1}(3) = 0{,}1991$, also rund 19,9 %.

c) Sinnvoll ist die zählende Prüfung vor allem dann, wenn die betrachteten Waren von geringem Wert sind (C-Artikel). Bei diesen Artikeln ist eine messende Prüfung zu aufwendig oder deshalb nicht sinnvoll, weil sie nur in einwandfreiem Qualitätszustand weiter zu bearbeiten sind.

d) Eine Stichprobenprüfung ist weniger aufwendig, kostengünstiger und der Transport zur Qualitätssicherung ist einfacher. Wenn Teile durch eine Prüfung unbrauchbar werden (sogenannte zerstörende Prüfung), ist eine Stichprobenprüfung ebenfalls von Vorteil.

Lösung Aufgabe 2.5.3

a) Zur Konstruktion eines Prüfplans werden zwei Koordinatenpaare auf der OC-Funktion benötigt. Das geschieht, indem für einen Fehleranteil p_1 der maximale

Fehler 1. Art (α) und für ein bestimmtes p_2 der maximale Fehler 2. Art (β) festgelegt werden:

$1 - L^*_{n,c}(p_1) \leq \alpha$ und $L^*_{n,c}(p_2) \leq \beta$, wobei α das Produzentenrisiko und β das Konsumentenrisiko ist.

Es gibt jedoch nicht nur *einen* Prüfplan, der die Bedingungen $1 - L^*_{n,c}(p_1) \leq \alpha$ und $L^*_{n,c}(p_2) \leq \beta$ erfüllt. Deshalb wird unter allen zulässigen Prüfplänen derjenige gewählt, der die kleinste Stichprobe n verwendet. Somit kann eine Minimierung des Prüfaufwandes erfolgen. Mit Hilfe der Approximation der Poisson-Verteilung durch die X^2-Verteilung ($L^*_{n,c}(p) = 1 - F(2n \cdot p)$) ergibt sich aus den α- und β-Bedingungen durch Umformen in wenigen Schritten folgende Gleichung:

$$n_{\min} = \frac{F^{-1}_{2(c+1)}(1 - \beta)}{2 p_2} \leq \frac{F^{-1}_{2(c+1)}(\alpha)}{2 p_1} = n_{\max}$$

Da für niedrige Werte für c diese Bedingung (meistens) noch nicht erfüllt ist, wird c solange erhöht, ausgehend von $c = 0$, bis $n_{\min} \leq n_{\max}$ gilt. Dieses Vorgehen zeigt folgende Tabelle, wobei die Werte für $F^{-1}_v(0{,}9)$ und $F^{-1}_v(0{,}1)$ aus der Vertafelung der X^2-Verteilung (siehe Anhang) abgelesen werden.

c	$v = 2(c+1)$	$F^{-1}_v(0{,}9)$	$\dfrac{F^{-1}_v(0{,}9)}{2 \cdot 0{,}08}$	$F^{-1}_v(0{,}1)$	$\dfrac{F^{-1}_v(0{,}1)}{2 \cdot 0{,}02}$	
0	2	4,605	28,78	0,211	5,28	28,78 > 5,28
1	4	7,779	48,62	1,064	26,6	48,62 > 26,6
2	6	10,64	66,5	2,204	55,1	66,5 > 55,1
3	8	13,36	83,5	3,49	87,25	83,5 < 87,25

Bei $c = 3$ ist die Bedingung zum ersten Mal erfüllt. Aus dem gefunden Intervall [$n_{\min} = 83{,}5$; $n_{\max} = 87{,}25$] wird die kleinste natürliche Zahl als Resultat für den Stichprobenumfang n ausgewählt. Es erfolgt somit die Prüfung von 84 Stück, von denen höchstens 3 Stück defekt sein dürfen, wenn das Los akzeptiert werden soll.

b) Der maximale mittlere Durchschlupf AOQL gibt die Qualitätslage p an, bei der trotz der Abnahmeprüfung die (unbekannte) maximale Anzahl an Schlechtteilen unentdeckt durch die Qualitätssicherung gelangen. Dieses „Durchschlüpfen" liegt daran, dass nur die Stichprobe einer Prüfung unterzogen wird und nicht die Grundgesamtheit. Als Annahmen liegen dem AOQL zugrunde:

- Der Hersteller liefert Lose mit konstanter Qualitätslage p,
- ein bestimmter Prüfplan (N, n, c) wird laufend angewandt,
- zurückgewiesene Parteien werden vollständig kontrolliert und
- defekte Stücke werden durch intakte ersetzt.

Lösung Aufgabe 2.5.4

Die Entscheidung, ein Los anzunehmen oder abzulehnen, erfolgt anhand eines Vergleichs des Mittelwerts $\bar{y}$ des Merkmals in der Stichprobe mit dem vorher festgelegten Toleranzbereich, der die Grenzen T_u und T_o besitzt:

Annahme: $\qquad \bar{y} - k \cdot s \geq T_u \qquad$ und $\qquad \bar{y} + k \cdot s \leq T_o$

Ablehnung: $\qquad \bar{y} - k \cdot s \leq T_u \qquad$ oder $\qquad \bar{y} + k \cdot s \geq T_o$

Der Mittelwert $\bar{y}$ der Messungen beträgt 8,0125.

Da der Betrieb die tatsächliche Fertigungsvarianz nicht bestimmen kann, wird mit der Standardabweichung der Stichprobe gerechnet:

$$s = \sqrt{\frac{1}{7} \sum_{i=1}^{8} (y_i - 8{,}0125)^2} = 0{,}18851$$

Gegeben ist weiterhin $k = 2$.

$\bar{y} - k \cdot s = 8{,}0125 - 2 \cdot 0{,}18851 = 7{,}635 \geq 7{,}5 = T_u \rightarrow$ keine Unterschreitung der Grenze

$\bar{y} + k \cdot s = 8{,}0125 + 2 \cdot 0{,}18851 = 8{,}389 \leq 8{,}5 = T_o \rightarrow$ keine Überschreitung der Grenze

Keine Toleranzgrenze wird überschritten, weshalb die Annahme des Loses erfolgt.

Lösung Aufgabe 2.5.5

Alle Werte sind dem im Anhang beigefügten Nomogramm zu entnehmen. Im Einzelnen ergibt sich:

a) $L = 85\%$

b) $p = 0{,}425\%$

c) Der Indifferenzpunkt (Annahme 50%) liegt bei 2,25%.

d) $k = 1{,}55$

Lösung Aufgabe 2.5.6

a) Das Nomogramm (siehe Anhang) liefert folgende Werte: $n = 10$ und $k = 1,7$.

Zur Umsetzung des Stichprobenplans wird eine Stichprobe vom Umfang $n = 10$ gezogen.

Die Entscheidung, das Los anzunehmen oder abzulehnen, erfolgt anhand des Vergleichs des Mittelwerts $\bar{y}$ des Merkmals in der Stichprobe mit dem vorher festgelegten Toleranzbereich, der die Grenze $T_u = 0,9$ besitzt. Das Los wird angenommen, wenn gilt: $\bar{y} - k \cdot \delta \geq T_u$, also $\bar{y} - 1,7 \cdot \delta \geq 0,9$.

b) Berechne Mittelwert: $\bar{y} = 0,968$

Berechne Stichprobenstandardabweichung: $s = 0,0704$

$$\Rightarrow 0,968 - 1,7 \cdot 0,0704 = 0,848 < T_u = 0,9$$

Das Los wird aufgrund der Stichprobe abgelehnt.

3   Produktionslogistik

Die Produktionslogistik umfasst alle Tätigkeiten im Zusammenhang mit dem Material- und Informationsfluss von Einsatzgütern, vom Rohmateriallager zur Produktion sowie von Halbfabrikaten und Zukaufteilen durch die Stufen des Produktionsprozesses, einschließlich aller Zwischenlagerungen, über die Montage bis zum Fertigwarenlager. Es werden innerhalb der Produktionslogistik Transport-, Umschlags- und Lagerleistungen sowie logistische Informationsleistungen erbracht. Der Begriff „innerbetriebliche Logistik" wird meist nur in Bezug auf die mit der Produktion verbundenen Lager- und Transportprozesse verwendet. Aufgabe innerbetrieblicher Transportsysteme ist die Raumüberwindung von Objekten innerhalb des Unternehmens. Unter Lagerung versteht man allgemein die Zeitüberbrückung zwischen der Warenverfügbarkeit und dem Bedarf, wobei es zu einer gewollten Unterbrechung des Materialflusses kommt.

Eine besondere Rolle innerhalb der Produktionslogistik kommt der Produktionsplanung und -steuerung (PPS) zu. Unter PPS wird der Einsatz rechnergestützter Systeme zur organisatorischen Planung, Steuerung und Überwachung der betriebswirtschaftlichen Abläufe von der Absatzplanung bis hin zum Versand unter Mengen-, Termin- und Kapazitätsaspekten verstanden. Hauptaufgabe der PPS sind die Produktionsprogrammplanung, die Mengen-, Termin- und Kapazitätsplanung sowie die Auftragsveranlassung. Diese funktionale Gliederung zeigt, dass hier ein sukzessives Planungskonzept mit zunehmendem Detaillierungsgrad und abnehmendem Planungshorizont zur Anwendung kommt.

Im Rahmen der Produktionsprogrammplanung werden die zu erstellenden Erzeugnisse (Primärbedarf) nach Art, Menge und Termin geplant. Es handelt sich hierbei um den voraussichtlichen Bedarf des Marktes an Enderzeugnissen und Ersatzteilen, der sich aus bereits erteilten und prognostizierten Aufträgen zusammensetzen kann.

Die Mengenplanung umfasst alle Entscheidungen zur Ermittlung des Materialbedarfs und der Produktionsaufträge. Aufgabe der Bruttobedarfsermittlung ist die Ableitung der Roh-, Hilfs- und Betriebsstoffe, Einzelteile und Baugruppen aus dem Primärbedarf. Unter Berücksichtigung verschiedener Bestände wird aus dem Bruttobedarf der Nettobedarf bestimmt, der anschließend in Produktionsaufträge (Lose) unterteilt wird. Zur Planung deterministischer Lose kommen statische und dynamische Losgrößenplanungsmodelle zur Anwendung.

Bei der Terminplanung werden für jeden Arbeitsgang eines Auftrags früheste und späteste Anfangs- und Endzeiten ohne Einbeziehung von Kapazitätsrestriktionen ermittelt. Auf der Grundlage der errechneten Starttermine bestimmt die Kapazitäts-

© Springer Fachmedien Wiesbaden GmbH, ein Teil von Springer Nature 2022
R. Lasch, C. G. Janker, *Übungsbuch Logistik*, https://doi.org/10.1007/978-3-658-37186-9_3

planung den Kapazitätsbedarf, der in den zukünftigen Perioden für jede einzelne Ressource benötigt wird.

Die Auftragsveranlassung beinhaltet die Steuerungsphase der PPS und umfasst die Verfügbarkeitsprüfung, die Fertigungsauftragsfreigabe sowie die Maschinenbelegungsplanung. Zur differenzierten Steuerung verschiedener Erzeugnisse werden Konzepte der Fertigungssteuerung, wie z.B. Kanban, das Fortschrittszahlenkonzept oder die Belastungsorientierte Auftragsfreigabe eingesetzt.

Kapitel 3.1 befasst sich mit Aufgabenstellungen zu innerbetrieblichen Transportsystemen. Aufgaben zu Lager- und Kommissioniersystemen sind Gegenstand von Kapitel 3.2. Anschließend werden in Kapitel 3.3 Produktionsorganisationen, wie Werkstattfertigung und Fließfertigung oder beispielsweise die CIM-Fertigungstechnologie sowie die Produktionsplanung und -steuerung (PPS) behandelt. Nachdem der erste Teil eher qualitativer Art ist, beinhalten die Kapitel 3.4 bis 3.6 quantitative Planungsaufgaben zur Produktionslogistik. Die Losgrößenplanung ist Gegenstand des Kapitels 3.4. Planungsaufgaben im Rahmen der Feinplanung, welche die Durchlaufterminierung, die Kapazitätsrechnung und die Maschinenbelegung enthält, werden in Kapitel 3.5 behandelt. Verschiedene Ansätze zur Fertigungssteuerung, wie das Fortschrittszahlenkonzept und die Belastungsorientierte Auftragsfreigabe sind Bestandteil von Kapitel 3.6.

Lernziele:

▨ Aufgabenbereiche und Strategien von Förder-, Lager- und Kommissioniersystemen

▨ Analyse von Produktionstechnologien und des Stufenkonzepts zur Produktionsplanung und -steuerung

▨ Lösung verschiedener Planungsprobleme im Bereich der Losgrößenplanung, Feinplanung und Fertigungssteuerung

3.1 Innerbetriebliche Transportsysteme

Bei der Planung innerbetrieblicher Transportsysteme gilt es, einerseits die steigenden Anforderungen an Durchlaufzeitverkürzung und Bestandsminimierung zu erfüllen und andererseits die entstehenden Kosten möglichst gering zu halten.

Aufgabe 3.1.1 - Fördersysteme

Die Aufgabe von innerbetrieblichen Transportsystemen ist es, die Raumüberwindung von Objekten innerhalb eines Unternehmens sicherzustellen. Fördermittel lassen sich unter anderem in Stetig- und Unstetigförderer unterteilen.

a) Geben Sie jeweils drei Beispiele für Stetigförderer und Unstetigförderer an.

b) Nennen und erläutern Sie drei weitere Kriterien, anhand derer Fördermittel systematisiert werden können.

c) Bei der Auswahl von innerbetrieblichen Transportsystemen sind verschiedene Rahmenbedingungen bzw. Einflussfaktoren zu beachten, die gleichzeitig Auswahlkriterien für die Fördermittel darstellen. Welche sind das? Erläutern Sie diese kurz.

d) Drei klassische Organisationsformen der Fertigung sind Einzel-, Serien- und Massenfertigung. Leiten Sie für jede dieser drei Formen Auswirkungen auf die einzusetzenden Fördermittel ab.

Aufgabe 3.1.2 - Auswahl Fördermittel

Der Transport innerhalb eines Unternehmens für ein bestimmtes Bauteil, welches in großen Stückzahlen hergestellt wird, erfolgt überwiegend auf einem ebenen, fest vorgegebenen Weg. Welche Fördermittel lösen diese innerbetriebliche Transportaufgabe am besten? Welche Vor- und Nachteile birgt diese Organisation des Warentransportes?

Literaturhinweis:
Schulte C. (2017): Logistik – Wege zur Optimierung der Supply Chain, 7. Auflage, Vahlen

Kap. 4.1   Förderhilfsmittel zur Bildung von Ladeeinheiten

Kap. 4.2   Innerbetriebliche Transportsysteme

3.2 Lager- und Kommissioniersysteme

Neben der Bestimmung der Art des Lagers mit seinen spezifischen Funktionen ist die Auswahl einer geeigneten Lagerstrategie entscheidend für eine effiziente Lagerung. Auch für die effektive und effiziente Gestaltung von Kommissioniersystemen spielen die richtige Wahl der Organisationsform und der Kommissionierstrategie eine wichtige Rolle.

Aufgabe 3.2.1 - Lagerfunktionen

Einen wichtigen Aspekt im Bereich der Produktionslogistik stellt die Lagerung dar.

a) Erläutern Sie, warum eine Lagerung im Unternehmen notwendig ist.

b) Nennen Sie fünf Funktionen, die durch Lager erfüllt werden und verdeutlichen Sie Ihre Aussage jeweils an einem Beispiel.

c) Was wird unter den Lagerkennzahlen Zugriffsgrad, Servicegrad, Sicherheitskoeffizient und Lagerreichweite verstanden?

Aufgabe 3.2.2 - Lagerstrategien

a) Ein Getränkehandelsunternehmen, welches Gaststätten und Supermärkte mit Getränken unterschiedlicher Art und Sorten beliefert, hat ein neues großes Lager errichtet, für das dynamische Lagerstrategien festzulegen sind. Zu beachten ist, dass die Warenströme am Wareneingang und -ausgang sehr schwanken. Ferner variiert die Umschlagshäufigkeit der Artikel stark. Erklären Sie, welche dynamischen Lagerstrategien allgemein und welche im vorliegenden Fall angewendet werden können?

b) Beschreiben Sie kurz folgende Strategien einer Lagerplatzvergabe: Feste Lagerplatzvergabe, Zonung, Querverteilung und chaotische Lagerung. Gehen Sie dabei auch auf deren Vorteile ein.

Aufgabe 3.2.3 - Kommissionierung

Die Kommissionierung in einem Warenverteilzentrum dauert derzeit zu lange. Es wurde ein Projektteam gebildet, das für eine neue Organisationsform des Kommissionierlagers sowie der Änderung der bisherigen Kommissioniermethode verantwortlich ist.

a) Erklären Sie den Begriff „Kommissionierung".

b) Charakterisieren Sie ein Kommissionierlager, indem Sie kurz auf Definition, Aufgaben, Lagerplatzvergabe und mögliche zugrunde liegende Lagertypen eingehen.

c)   Welche verschiedenen Methoden der Kommissionierung stehen dem Unternehmen zur Verfügung?

d)   Was ist unter der Kommissionierleistung zu verstehen? Beschreiben Sie die mittlere Kommissionierzeit und die einzelnen Elemente.

Literaturhinweis:
Schulte C. (2017): Logistik – Wege zur Optimierung der Supply Chain, 7. Auflage, Vahlen

Kap. 5.1   Lagersysteme

Kap. 5.2   Kommissioniersysteme

3.3   Produktionsorganisation und Produktionsplanung

In Abhängigkeit von der räumlichen Anordnung der Produktiveinheiten und dem Einsatz der Computertechnologie können verschiedene klassische und flexible Organisationsformen der Fertigung unterschieden werden. Die im Rahmen der Produktionsplanung und -steuerung anfallenden Planungsaufgaben werden aufgrund der zunehmenden Individualisierung der Produkte und der Konzentration auf die Kernkompetenzen immer komplexer, so dass in vielen Unternehmen entsprechende rechnergestützte Produktionsplanungs- und -steuerungssysteme im Einsatz sind.

Aufgabe 3.3.1 - Organisationsformen der Fertigung

Ein Unternehmen der Metallverarbeitungsbranche, die SCHROTTY GmbH, organisiert seine Produktion in einigen Fertigungsbereichen nach dem Prinzip der Werkstattfertigung und in anderen Bereichen nach dem Prinzip der Fließfertigung.

a)   Definieren Sie die Begriffe „Werkstattfertigung" und „Fließfertigung".

b)   Stellen Sie stichpunktartig Vor- und Nachteile beider Organisationsformen gegenüber.

Die SCHROTTY GmbH denkt über eine zunehmende Automatisierung der Fertigung nach. Als Schlagworte haben sich dabei in letzter Zeit die Begriffe „FFS" und „CIM" herauskristallisiert.

c)   Was ist unter einem Bearbeitungszentrum, einer flexiblen Fertigungszelle, einem flexiblen Fertigungssystem, einer Fertigungsinsel sowie unter einer flexiblen Transferstraße zu verstehen?

d)   Wodurch zeichnet sich das Konzept „Computer Integrated Manufacturing" (CIM) aus? Nennen und erläutern Sie Komponenten, die in CIM-Konzepten idealtypischerweise enthalten sind. Welche Auswirkungen könnten sich bei der Implementierung von CIM für die SCHROTTY GmbH ergeben?

Die SCHROTTY GmbH hat kürzlich ein neues Produkt auf den Markt gebracht. Dafür wurde ein Prototyp (Nullserie) gefertigt ($x_0 = 1$). Die Kosten des Prototyps betrugen 200 €. Bis heute wurden 1.000 Stück gefertigt. Die momentanen Stückkosten belaufen sich auf 50 €.

e) Bestimmen Sie die Lernrate L für die Herstellung des Produktes unter Verwendung des funktionalen Zusammenhangs des Erfahrungskurveneffekts!

f) Wie kann die in Teilaufgabe e) ermittelte Lernrate interpretiert werden?

g) Welche Gesamtkosten ergeben sich für die bisher gefertigten Produkte? Wie hoch sind die durchschnittlichen Stückkosten?

h) Welche Folgerungen bzw. welche Einschränkungen müssen bei genauer Betrachtung der Aussage des Erfahrungskurveneffektes beachtet werden?

Aufgabe 3.3.2 - Aufbau und Eignung klassischer PPS-Systeme

Eines der wichtigsten Konzepte der Produktionsplanung und -steuerung ist unter dem Namen PPS-Standard-Konzept bekannt.

a) Gehen Sie auf die Notwendigkeit von PPS-Systemen ein und beschreiben Sie den schematischen Ablauf dieses Konzeptes, indem Sie die einzelnen Verfahrensschritte benennen und jeweils kurz erläutern.

b) Welche Kritikpunkte lassen sich gegen das PPS-Standard-Konzept vorbringen?

c) Unter welchen Voraussetzungen können PPS-Systeme sinnvoll eingesetzt werden?

Literaturhinweise:
Kiener, S.; Maier-Scheubeck, N.; Obermaier, R.; Weiß, M. (2017): Produktions-Management, 11. Auflage, Oldenbourg

Kap. 2.2.5   Fertigungsorganisation und -prozesse
Kap. 2.2.6   Planung der Fertigungsorganisation
Kap. 4.2   Produktionsplanung und -steuerung (PPS)

Bloech, J.; Bogaschewsky R.; Buscher U.; Daub A.; Götze U.; Roland F. (2014): Einführung in die Produktion, 7. Auflage, Springer Gabler

Kap. 7.2   Computer Integrated Manufacturing (CIM)

3.4 Losgrößenplanung

Die Losgröße beeinflusst die Höhe der durchschnittlich in einer Periode anfallenden losfixen Rüstkosten und die variablen Lagerhaltungskosten. Diese beiden Kostenarten entwickeln sich bei Veränderung der Losgröße gegenläufig, so dass entschieden werden muss, ob eine Zusammenfassung von Fertigungsaufträgen zu Losen sinnvoll ist.

Aufgabe 3.4.1 - Deterministische Losgrößenmodelle

Die Losgrößenplanung beschäftigt sich bei bekannten Nettobedarfsmengen eines Erzeugnisses mit der Frage, zu welchen Terminen die Produkte hergestellt bzw. zum Verbrauch bereitzustellen sind. Ein zentrales Problem der Produktionslogistik stellt deshalb die Planung der Losgrößen dar.

a) Was ist unter dem Begriff „Losgröße" zu verstehen?

b) Deterministische Verfahren zur Losgrößenplanung lassen sich hinsichtlich ihrer Einsatzmöglichkeiten im stationären oder dynamischen Fall bzw. bei Einprodukt- oder Mehrproduktproblemen sowie nach ihrer Lösungsart (exakt bzw. heuristisch) klassifizieren. Welche Verfahren lösen das Einprodukt- bzw. Mehrproduktproblem im stationären Fall?

c) Auf welche Verfahren kann bei der Lösung eines dynamischen Einprodukt- bzw. Mehrproduktproblems zurückgegriffen werden?

d) Welche drei Schritte müssen beim heuristischen Lösungsmodell für das dynamische Mehrproduktproblem in jeder Periode durchgeführt werden?

e) Was ist im Einproduktfall bei endlicher Produktionsgeschwindigkeit unter „geschlossener Produktweitergabe" zu verstehen? Geben Sie für diesen Fall die Formel zur Berechnung der optimalen Losgröße an und erklären Sie die Bedeutung der verwendeten Variablen.

Aufgabe 3.4.2 - EOQ-Modell

In einer Sägerei muss entschieden werden, in welcher Losgröße Bretter im Rahmen einer offenen Produktweitergabe zu sägen sind. Der Bedarf pro Monat beträgt ca. 100.000 Stück. Der Lagerhaltungskostensatz beträgt 0,3 € pro Stück und Monat und pro Rüstvorgang fallen 40 € an. Die Produktionsrate beträgt 150.000 Stück pro Monat.

a) Bestimmen Sie die optimale Losgröße, die dabei entstehenden Kosten und den optimalen Produktionszyklus.

b) Wie hoch ist der maximale Lagerbestand?

c) Nach dem Sägen werden die Bretter drei Mal lackiert, wobei pro Brett insgesamt ein Liter Farbe benötigt wird. Die benötigte Holzschutzfarbe wird in einer Mischanlage hergestellt, für die jeweils Rüstkosten von 40 € anfallen. Der Lagerhaltungskostensatz beträgt 0,3 € pro Liter Farbe und Monat. Die Produktionsrate der Mischanlage beträgt 150.000 Liter pro Monat. Bestimmen Sie die optimale Losgröße, die entstehenden Kosten, den optimalen Produktionszyklus und den maximalen Lagerbestand.

Aufgabe 3.4.3 - Stationäre Mehrproduktlosgrößenplanung

Ein Unternehmen stellt ein bestimmtes Produkt her, das durch Montage von drei noch zu lackierenden Komponenten entsteht. Die Losgrößenbildung in der Lackierabteilung soll hier genauer betrachtet werden:

Für die Lackierung steht nur eine Maschine zur Verfügung, auf der abwechselnd die drei Komponenten bearbeitet werden können. Auf dieser Anlage sind ein Produkt- und ein Farbwechsel gleichermaßen aufwendig. Von Teil I werden pro Woche 20 Stück, von der rot lackierten Baugruppe 40 Stück und von der silberfarbenen Baugruppe 20 Stück (jeweils pro Woche) benötigt. Weitere Daten sind in folgender Tabelle zusammengefasst:

Komponente	Teil I	BG rot	BG silber
Produktionsrate p_i **[Stück/Woche]**	100	100	100
Lagerkosten c_i **[€/(Stück·Woche)]**	1	2	2
Rüstkosten R_i **[€]**	80	60	160

Die Wochenarbeitszeit beträgt 40 Stunden.

a) Berechnen Sie unter Berücksichtigung variabler Auflagehäufigkeiten die optimale gemeinsame Zykluslänge und die optimalen Losgrößen.

b) Welche Kostennachteile ergeben sich, wenn jede Komponente genau einmal im Zyklus aufgelegt wird?

c) Ermitteln Sie für die erhaltenen Auflagehäufigkeiten einen zulässigen Produktionsplan mit Hilfe der „Power-of-Two"-Politik, wobei die Basisperiode zwei Wochen betragen soll.

Aufgabe 3.4.4 - Dynamische Einproduktlosgrößenplanung I

Ein Metall verarbeitendes Unternehmen fertigt Blechteile für die Fahrzeugindustrie. Pro Rüstvorgang fallen 50 € an. Der Produktwert beträgt 5 € pro Mengeinheit und als kalkulatorischer Zinssatz werden 12% pro Jahr angesetzt. Für die nächsten zwölf Monate sind folgende Nettobedarfe bekannt:

Monat t	1	2	3	4	5	6	7	8	9	10	11	12
Nettobedarf d_t [ME]	50	70	100	120	110	100	100	80	120	70	60	40

Ermitteln Sie für jede der unter a) bis e) genannten Verfahrensweisen für jeden Monat die Losgrößen q_t, die Lagerbestände l_t sowie die Gesamtsumme der durch die Losbildung beeinflussbaren Kosten (Lagerkostenermittlung: Bewertung der Monatsendbestände).

a) Lot-for-lot-Produktion, d. h. $q_t = d_t$ für alle t

b) Produktion nur in Periode 1, d. h. $q_t = 0$ für $t > 1$

c) Produktion von Losen mit einer festen Eindeckungszeit von zwei Monaten

d) Produktion nach der Heuristik „gleitende wirtschaftliche Losgröße"

e) Produktion nach der Heuristik von GROFF

Aufgabe 3.4.5 - Dynamische Einproduktlosgrößenplanung II

Ein Fertigungsunternehmen hat für das nächste halbe Jahr die in der folgenden Tabelle angegebenen Aufträge erhalten. Die fertigen Produkte werden zu einem Preis von 100€ pro ME verkauft. Als kalkulatorischer Zinssatz kann 12% pro Jahr angenommen werden und die die Rüstkosten betragen 150 €. Für die nächsten sechs Monate sind folgende Nettobedarfe bekannt:

Monat t	1	2	3	4	5	6
Nettobedarf d_t [ME]	200	70	80	150	80	200

a) Berechnen Sie die optimalen Losgrößen und die Gesamtkosten unter Verwendung des exakten Verfahrens.

b) Berechnen Sie die Losgrößen und die Gesamtkosten mit der Heuristik von SILVER/MEAL.

c) Berechnen Sie die Losgrößen und die Gesamtkosten mit dem Stückperiodenausgleichsverfahren.

Aufgabe 3.4.6 - Dynamische Mehrproduktlosgrößenplanung

Auf einer Maschine werden zwei Produkte ($i = 1,2$) hergestellt. Im zu betrachtenden Planungshorizont von sechs Monaten ($t = 1,...,6$) steht die Maschine aufgrund von Wartungsmaßnahmen jeweils unterschiedlich lange zur Verfügung (Kapazität κ_t).

Weitere Angaben sind der nachfolgenden Tabelle zu entnehmen:

Periode t	1	2	3	4	5	6
Bedarf d_{1t} [ME]	20	30	50	70	10	30
Bedarf d_{2t} [ME]	10	40	80	30	20	20
Kapazität κ_t [KE]	220	110	200	240	0	50

An Rüstkosten R_i fallen für Produkt 1 20 [GE] und für Produkt 2 100 [GE] an. Der Lagerhaltungskostensatz c_i beträgt für beide Produkte 2 [GE/(ME·Periode)] und die Produktionskoeffizienten sind $a_1 = 1$ [KE/ME] und $a_2 = 2$ [KE/ME].

Um welches Modell handelt es sich? Führen Sie eine Losgrößenplanung für alle Perioden mit einem geeigneten Verfahren durch.

Literaturhinweise:

Kiener, S.; Maier-Scheubeck, N.; Obermaier, R.; Weiß, M. (2017): Produktions-Management, 11. Auflage, Oldenbourg

Kap. 4.4.2   Losgrößenplanung

Herrmann F. (2009): Logik der Produktionslogistik, Oldenbourg

Kap. 4.1   Losgrößenmodell mit konstantem Bedarf

Kap. 4.2   Losgrößenmodelle mit deterministisch-dynamischem Bedarf

Domschke, W.; Scholl, A.; Voß, S. (1997): Produktionsplanung, 2. Auflage, Springer

Kap. 3.3   Dynamisch-deterministische Modelle

3.5   Feinplanung

Im Rahmen der Feinplanung werden die Produktionsaufträge detailliert eingeplant und freigegeben. Hierzu zählen die Maschinenbelegungsplanung und die Reihenfolgeplanung, wobei Restriktionen, beispielsweise hinsichtlich beschränkter Einsatzmittel und Wünsche nach möglichst gleichmäßiger Kapazitätsauslastung, zu beachten sind.

Aufgabe 3.5.1 - Grundbegriffe der Netzplantechnik

Zur Durchlaufterminierung wird auf das Verfahren der Netzplantechnik zurückgegriffen.

a)   Erklären Sie die Begriffe „Netzplan", „Vorgang", „Ereignis" und „Projekt".

b)   Beschreiben Sie zwei Darstellungsformen für Netzpläne.

c)   Was sind Scheinvorgänge und wozu werden sie benötigt?

d)   Was ist unter einem kritischen Weg in Vorgangspfeilnetzen zu verstehen und wie wird er bestimmt?

Aufgabe 3.5.2 - Planung von Projektkapazitäten

Eine wichtige Aufgabe im Rahmen der Feinplanung ist die Planung der Projektkapazitäten, da Beschränkungen unterschiedlicher Art in praxi nahezu immer gegeben sind.

a)   Welche Zielsetzungen werden bei der Planung von Projektkapazitäten verfolgt?

b)   Nennen Sie zwei Verfahren zur Planung von Projektkapazitäten und beschreiben Sie jeweils kurz deren Vorgehensweise.

Aufgabe 3.5.3 - Vorgangspfeilnetz: Beschränkte Einsatzmittelheuristik

Zur Herstellung eines Speziallacks werden zunächst zwei Grundstoffe miteinander vermischt (Vorgang A) und anschließend ruhen gelassen (Vorgang B). Während beider Vorgänge wird der Brennofen vorgeheizt (Vorgang C). Im Anschluss wird ein Teil der Mischung langsam erwärmt (Vorgang D), während der restliche Teil zunächst schnell erhitzt wird (Vorgang E) und anschließend einen Zusatz erhält (Vorgang F). Abschließend werden beide Flüssigkeiten vermengt (Vorgang G).

Für die Abarbeitung dieser Arbeitsfolge stehen mehrere Mitarbeiter täglich insgesamt sechs [EH] zur Verfügung. Die Dauer der Vorgänge sowie der Personalbedarf pro Vorgang können der folgenden Tabelle entnommen werden:

Vorgang	A	B	C	D	E	F	G
Dauer	3	1	5	2	2	1	0
Personalbedarf [EH]	2	1	4	5	3	2	0

a) Setzen Sie obige Angaben in ein Vorgangspfeilnetz um.

b) Bestimmen Sie alle frühesten und spätesten Zeitpunkte FZ_i und SZ_i und tragen Sie diese in Ihren Netzplan ein.

c) Ermitteln Sie den Gesamtpuffer GP_B für Vorgang B. Geben Sie den kritischen Weg sowie die Projektdauer an.

d) Bestimmen Sie die Anfangszeiten aller Vorgänge unter Verwendung der beschränkten Einsatzmittel-Heuristik. Um wie viel Prozent verlängert sich die ursprüngliche Projektdauer?

Aufgabe 3.5.4 - Vorgangspfeilnetz: Kritischer Weg, Pufferzeiten

Gegeben sind die folgenden Arbeitsgänge, einschließlich ihrer Dauer sowie den zwischen ihnen zu beachtenden Reihenfolgebeziehungen:

Vorgang	Dauer [Stunden]	Vorgänger	Nachfolger
A	70	-	B; C
B	50	A	D; F
C	30	A	E
D	110	B	H
E	40	C	F
F	60	E; B	G
G	5	F	H
H	20	D; G	I
I	40	H	-

a) Erstellen Sie das zugehörige Vorgangspfeilnetz.

b) Bestimmen Sie den kritischen Weg und die resultierende Gesamtdauer.

c) Wie groß ist ... c1) ... die späteste Anfangszeit von Vorgang G?

   c2) ... der Gesamtpuffer von Vorgang F?

   c3) ... der unabhängige Puffer von Vorgang C?

d) Welche allgemeine Bedeutung hat die unabhängige Pufferzeit eines Vorgangs?

Aufgabe 3.5.5 - GANTT- / Belastungsdiagramm, Nivellierungsheuristik

Das Problem der Neuerrichtung eines Auslieferungslagers einer großen Firma wird wie folgt angegangen:

Zunächst werden drei Projektteams gebildet (1 Zeiteinheit (ZE), 2 Kapazitätseinheiten (KE)), deren Aufgabe es ist, potenzielle Standorte zu besichtigen und eine Abschlusspräsentation zu erarbeiten. Anschließend begutachtet Team I den potenziellen Standort x (5 ZE, 6 KE), während Team II den potenziellen Standort y (3 ZE, 3 KE) und Team III den potenziellen Standort z (5 ZE, 5 KE) besichtigt.

Bei der Besichtigung von Standort z durch Team III treten jedoch Unstimmigkeiten auf. Deshalb wird das aus erfahrenen Fachleuten bestehende Team II zum Standort z gerufen (7 ZE, 2 KE), das diese Besichtigung sofort nach der „ihres" Standortes y durchführt. Anschließend setzen sich die Teams II und III zusammen, um eine gemeinsame Präsentation zu erarbeiten (3 ZE, 5 KE), die dann auf der Abschlusskonferenz (2 ZE, 2 KE) neben der von Team I erarbeiteten Präsentation (5 ZE, 3 KE) diskutiert wird.

a)   Setzen Sie obige Angaben in ein Vorgangspfeilnetz um.

b)   Erstellen Sie das zugehörige GANTT- und Belastungsdiagramm.

c)   Verteilen Sie den Einsatzmittelbedarf (an KE) über die gesamte Projektdauer möglichst gleichmäßig.

Aufgabe 3.5.6 - Maschinenbelegungsplanung: Flow-Shop, zwei/drei Maschinen

Vor der endgültigen Auftragsfreigabe ist die detaillierte Planung der Maschinenbelegung durchzuführen.

a)   Womit beschäftigt sich die Ablaufplanung?

b)   Was ist unter dem „Dilemma der Ablaufplanung" zu verstehen? Wo liegen dessen Ursachen begründet? Was bedeutet das „Polylemma der Ablaufplanung"?

In der Abteilung eines Werkes gilt es, folgendes Maschinenbelegungsproblem zu lösen: Auf zwei Maschinen A, B sind sechs Aufträge I, ..., VI zu bearbeiten, wobei eine Minimierung der Zykluszeiten stattfinden soll. Die Bearbeitungszeiten können der folgenden Tabelle entnommen werden:

Auftrags- Nr.	Bearbeitungszeit Maschine A	Bearbeitungszeit Maschine B
I	24	12
II	9	15
III	6	18
IV	3	9
V	9	6
VI	15	6

c) Ermitteln Sie für dieses Flow-Shop-Problem die Reihenfolge der Aufträge mit Hilfe des Algorithmus von JOHNSON und geben Sie die Zykluszeit an. Zeichnen Sie auch ein Maschinenbelegungsdiagramm.

d) Die sechs Aufträge I, ..., VI sind zusätzlich noch auf einer dritten Maschine C zu bearbeiten. Folgende Bearbeitungszeiten müssen dabei beachtet werden: I: 18, II: 21, III: 19, IV: 23, V: 25 und VI: 30. Prüfen Sie, ob bei dem vorliegenden Drei-Maschinen-Problem das Verfahren von JOHNSON auch optimale Ergebnisse liefert und ermitteln Sie die Auftragsreihenfolge.

e) Welche Kritik lässt sich am Verfahren von JOHNSON anbringen?

Aufgabe 3.5.7 - Maschinenbelegungsplanung: Flow-Shop, *n* Maschinen

Innerhalb der Herstellung von Wafern, die das Rohmaterial für die Fertigung von Halbleiterbauelementen darstellen, muss zunächst ein Siliziumingot mit Hilfe des Czochralski-Verfahrens hergestellt werden. Das Unternehmen „Hightech Slices" hat einen weltweiten Kundenstamm. Da z. B. 150 mm-, 200 mm-, 300 mm- und für Forschungseinrichtungen auch 450 mm-Wafer gefertigt werden, sind Umrüstungen des Tiegels, in dem das polykristalline Silizium geschmolzen wird, erforderlich. Die Umrüstzeiten (ZE) für die fünf Aufträge (A1 bis A5) sind folgender Tabelle zu entnehmen.

Auftrags-Nr.	A1	A2	A3	A4	A5
A1	0	6	5	7	1
A2	6	0	4	6	5
A3	5	4	0	4	9
A4	7	6	4	0	4
A5	1	5	9	4	0

a) Ermitteln Sie die Auftragsreihenfolge der Tiegel-Anlage mit Hilfe des Verfahrens bester Nachfolger, so dass die Summe der Rüstzeiten zwischen den Aufträgen minimiert wird und beachten Sie dabei, dass das Unternehmen mit Auftrag 1 des wichtigsten Kunden starten möchte! Geben Sie auch die Summe der Rüstzeiten an!

Der anschließende Bereich der mechanischen Herstellung umfasst folgende Fertigungsschritte: Zunächst werden die Siliziumingots zur besseren Handhabung mit einer Innenlochsäge in etwa 30 cm lange Stücke gesägt. Im zweiten Fertigungsschritt werden die Stücke auf den exakten Solldurchmesser rundgeschliffen. Danach werden die einzelnen Scheiben (Wafer) herausgesägt. Für die Kunden sind kürzeste Lieferzeiten von hoher Bedeutung. Die Bearbeitungszeiten (ZE) sind folgender Tabelle zu entnehmen.

Auftrags-Nr.	Schneidemaschine M1	Schleifmaschine M2	Sägemaschine M3
I	5,3	4,4	6,7
II	6,3	3	7,1
III	4,8	2,9	6
IV	8,5	6	5,8

b) Bestimmen Sie bitte die Reihenfolge der Aufträge auf den Maschinen der mechanischen Fertigung mit dem Verfahren von CAMPELL, DUDECK UND SMITH, so dass die Zykluszeit minimiert wird und ermitteln Sie die Zykluszeit!

Aufgabe 3.5.8 - Maschinenbelegungsplanung: Job-Shop

Die SCHROTTY GmbH produziert für einen Maschinenhersteller acht verschiedene Blechvarianten I, …, VIII. Die Umformung der Bleche erfolgt auf zwei verschiedenen Maschinentypen je einmal: Gesenkbiegepresse (GBP) und Schwenkbiegemaschine (SBM).

Blechart	Anzahl der Bleche je Blechart	Zuerst auf GBP	Zuerst auf SBM	Dauer eines Bleches auf der GBP	Dauer eines Bleches auf der SBM
I	10	X		20 min	15 min
II	10	X		8 min	12 min
III	10	X		10 min	14 min
IV	10		X	5 min	10 min

Blechart	Anzahl der Bleche je Blechart	Zuerst auf GBP	Zuerst auf SBM	Dauer eines Bleches auf der GBP	Dauer eines Bleches auf der SBM
V	10		X	6 min	12 min
VI	10		X	8 min	6 min
VII	10		nur SBM	-	5 min
VIII	10	nur GBP		15 min	-

Die Reihenfolge, in der die Aufträge auf den einzelnen Maschinen bearbeitet werden, variiert je nach Blechart. Für die Umformung stehen jeweils eine Gesenkbiegepresse und eine Schwenkbiegemaschine zur Verfügung. Für einen Großauftrag muss die Maschinenbelegungsplanung für die zur Verfügung stehenden Maschinen durchgeführt werden. Nähere Daten sind der oben stehenden Tabelle zu entnehmen.

a) Grenzen Sie die beiden Fertigungsformen Flow Shop und Job Shop anhand der zugrundeliegenden Charakteristika voneinander ab!

b) Ermitteln Sie für dieses Job-Shop-Problem die Reihenfolge der Aufträge mit Hilfe des Algorithmus von JACKSON, geben Sie die Zykluszeit an und zeichnen Sie ein Auftragsfolgediagramm.

Literaturhinweise:
Neumann, K.; Morlock, M. (2002): Operations Research, 2. Auflage, Hanser

Kap. 2.5.2   *CPM-Netzpläne*

Kap. 3.6   *Maschinenbelegungsplanung*

Kap. 3.7   *Ressourcenplanung bei Projekten*

Kiener, S.; Maier-Scheubeck, N.; Obermaier, R.; Weiß, M. (2017): Produktions-Management, 11. Auflage, Oldenbourg

Kap. 4.7.2   *Reihenfolgeplanung*

3.6   Neuere Konzepte der Fertigungssteuerung

Zu den jüngeren Konzepten der Fertigungssteuerung zählen das aus Japan stammende Kanban-Prinzip, das Fortschrittszahlenkonzept und die Belastungsorientierte Auftragsfreigabe. Jedes dieser Konzepte beruht dabei auf unterschiedlichen Grundgedanken zur Produktionssteuerung, die im Folgenden behandelt werden.

Aufgabe 3.6.1 - Kanban-Prinzip

Ein Unternehmen überlegt, seine gesamte Fertigungssteuerung nach dem Kanban-Prinzip zu organisieren. Zuvor möchte das Management jedoch einige grundlegende Fragen zu diesem Konzept beantwortet wissen und wendet sich daher an Sie.

a)   Fassen Sie die Grundidee des Kanban-Prinzips in einem Satz zusammen.

b)   Welche allgemeinen Ablaufregeln müssen beim Einsatz eines Kanban-Systems eingehalten werden?

c)   Zu den wichtigsten Elementen eines Kanban-Systems gehören unter anderem die sogenannten Kanban-Karten als Informationsträger. Dabei wird zwischen einem Ein-Karten- und einem Zwei-Karten-System unterschieden.

c1) Worin besteht der Unterschied zwischen den beiden Systemen?

c2) Erläutern Sie exemplarisch die Funktionsweise des Ein-Karten-Systems.

d)   Diskutieren Sie allgemein die Eignung eines Kanban-Systems, indem Sie insbesondere auf Einsatzvoraussetzungen sowie Vor- und Nachteile eines Kanban-Systems eingehen.

Aufgabe 3.6.2 - Fortschrittszahlenkonzept

Sie sind Unternehmensberater bei der Firma KNOW4U. Ein Kunde möchte seine Fertigungssteuerung nach dem Konzept der Fortschrittszahlen organisieren und hat dazu einige grundsätzliche Fragen.

a)   Fassen Sie die Grundidee des Fortschrittszahlenkonzepts kurz zusammen.

b)   Welche Voraussetzungen müssen erfüllt sein, um eine Fertigungssteuerung nach dem Fortschrittszahlenkonzept durchführen zu können?

c)   Welche Vorteile bietet das Fortschrittszahlensystem?

d)   Nennen Sie drei Kenngrößen, die sich bei Verwendung des Fortschrittszahlen-Systems berechnen lassen und geben Sie jeweils die entsprechende Formel zur Berechnung an.

Der überzeugte Kunde plant nun seine Bedarfsrechnung mittels des Konzepts der Fortschrittszahlen. Dabei kann - stark vereinfacht - von folgenden Strukturen ausgegangen werden:

Produktionslogistik

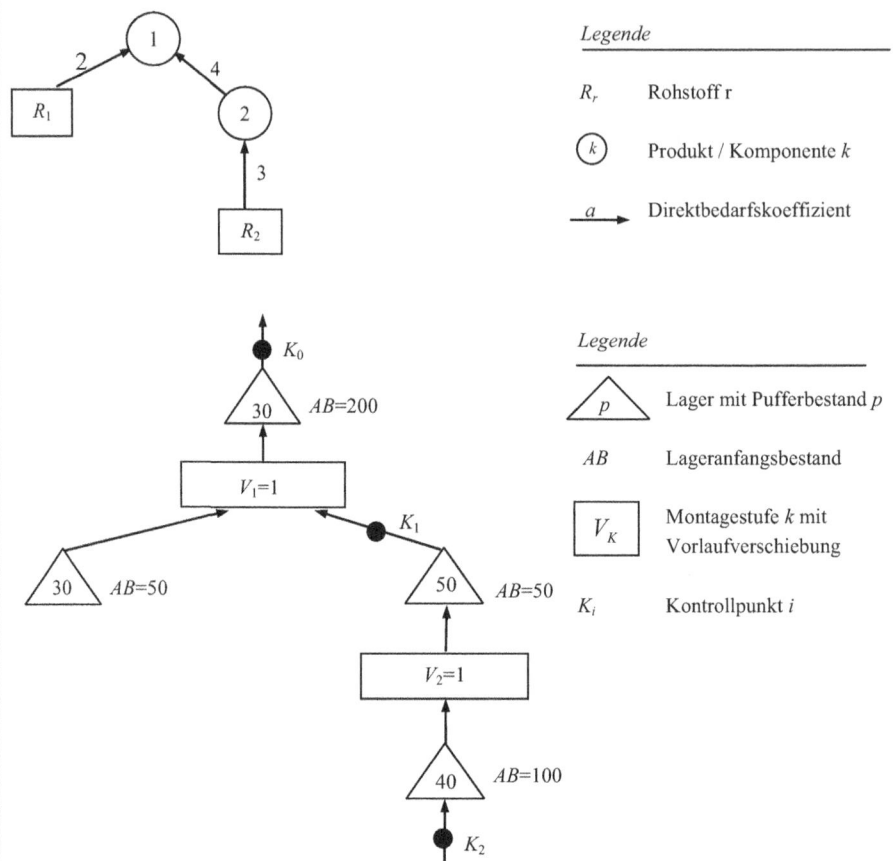

Legende

R_r	Rohstoff r
(k)	Produkt / Komponente k
$\xrightarrow{a}$	Direktbedarfskoeffizient

Legende

$\triangle p$	Lager mit Pufferbestand p
AB	Lageranfangsbestand
V_K	Montagestufe k mit Vorlaufverschiebung
K_i	Kontrollpunkt i

Ferner sei bekannt:

t	1	2	3	4
$SollFZ_0(t)$	90	250	400	500

e) Berechnen Sie $SollFZ_1(t)$ für t = 1, ..., 3.

f) Berechnen Sie $SollFZ_2(2)$.

g) Berechnen Sie $IstFZ_2$, wenn sich momentan 100 Einheiten in der Endmontage (Knoten 1) und 200 Einheiten in der Vormontage (Knoten 2) befinden.

h) Wie hoch ist der Nettobedarf von Rohstoff 2 im Intervall [1; 2]?

i) Welche Aussage kann getroffen werden, falls gilt: $SollFZ_i(t_0) > IstFZ_i$?

Aufgabe 3.6.3 - Belastungsorientierte Auftragsfreigabe

In einer Werkstatt, die mechanische Bauelemente herstellt, existieren die vier Arbeitsstationen Zuschneiden, Bohren, Schleifen und Biegen. Die Produktion soll für die nächsten drei Tage geplant werden. Der Vorgriffshorizont beträgt vier Tage.

Die Kapazitäten in Stunden je Station und Tag sowie die Einlastungsprozentsätze [EPS] sind in nachfolgender Tabelle gegeben:

Station	Zuschneiden	Bohren	Schleifen	Biegen
Kap. [h] Tag 1	2	3	3	4
Kap. [h] Tag 2	1	7	2	5
Kap. [h] Tag 3	2	4	5	5
EPS [%]	200	300	400	300

Derzeit liegen dem Unternehmen vier Aufträge mit unterschiedlichen Lieferterminen vor. In der Fertigung gibt es keine Restbestände. Folgende Daten zu den vier Aufträgen sind gegeben:

Auftrag	1	2	3	4
Menge [Stück]	45	30	60	50
spätester Starttermin [Tage]	4	1	2	6

Auftrag 1 (45 Stück):

Stationsfolge	Zuschneiden	Schleifen	Biegen
Bearbeitungszeit [min/Stück]	4	6,66	2
Rüstzeit [h]	8	3	2

Auftrag 2 (30 Stück):

Stationsfolge	Biegen	Schleifen	Bohren	Zuschneiden
Bearbeitungszeit [min/Stück]	4	10	3	6
Rüstzeit [h]	5	3	4	8

Auftrag 3 (60 Stück):

Stationsfolge:	Zuschneiden	Bohren	Schleifen	Biegen
Bearbeitungszeit [min/Stück]	3	1,5	5	1
Rüstzeit [h]	8	4	3	0

3

Auftrag 4 (50 Stück):

Stationsfolge:	Zuschneiden	Bohren
Bearbeitungszeit [min/Stück]	3,6	1,8
Rüstzeit [h]	8	4

Wenden Sie das Verfahren der Belastungsorientierten Auftragsfreigabe an, um die im Planungszeitraum freizugebenden Aufträge zu bestimmen.

Literaturhinweise:
Schulte C. (2017): Logistik – Wege zur Optimierung der Supply Chain, 7. Auflage, Vahlen

Kap. 9.2.2.4   KANBAN-System

Buzacott J. A.; Corsten H.; Gössinger R.; Schneider H. M. (2010): Produktionsplanung und -steuerung, Oldenbourg

Kap. 3.1.3   Fortschrittzahlenkonzept

Kap. 3.2.3   Belastungsorientierte Auftragsfreigabe

Bloech, J.; Bogaschewsky R.; Buscher U.; Daub A.; Götze U.; Roland F. (2014): Einführung in die Produktion, 7. Auflage, Springer Gabler

Kap. 6.5.3   Belastungsorientierte Auftragsfreigabe

Vahrenkamp R.. (2008): Produktionsmanagement, 6. Auflage, Oldenbourg

Kap. 23   Das Fortschrittzahlenkonzept

3.7 Lösungen

Innerbetriebliche Transportsysteme

Lösung Aufgabe 3.1.1

a) Wird nach der Art des Fördergutstromes unterschieden, so können Fördermittel in Stetig- und Unstetigförderer unterteilt werden.

   Beispiele für Stetigförderer: Rutsche, Fallrohr, Bandförderer, Kreisförderer, Unterflurschleppkettenförderer.

   Beispiele für Unstetigförderer: Gabelstapler, Regalbediengerät, Aufzug, Kanalfahrzeug, Elektro-Hängebahn.

b) Weitere Kriterien zur Systematisierung von Fördermitteln sind:

   - die Art der Flurbindung (Unterscheidung zwischen flurgebunden, aufgeständert, flurfrei),
   - die Art der Beweglichkeit (ortsfest, geführt fahrbar, frei fahrbar),
   - der Automatisierungsgrad (manuell, maschinell, automatisiert) und
   - die Art des Antriebs (Zugmittel, Schwerkraft, Muskelkraft, Einzelantrieb).

c) Einflussfaktoren bzw. Auswahlkriterien bzgl. eines geeigneten Transportsystems stellen der Markt oder der Kunde, die Einsatzaufgabe, die Fahrzeugfunktion, die Umgebungsbedingung, das Transportgut selbst, das eingesetzte Ladehilfsmittel, die Technik und die EDV, der Investitionsbedarf und der Wartungsaufwand, die zu bewältigenden Transportwege, die Transportintensität und der Fahrkurs dar.

   - Markt/Kunde: Aus Sicht des Kunden bzw. Marktes ist es von Bedeutung, dass die bestellte Ware schnell und zuverlässig angeliefert werden kann. Daher muss ein Transportsystem eine hohe Verfügbarkeit und Geschwindigkeit gewährleisten, um die Aufträge gemäß den Vorgaben durchzuführen und um der Forderung nach einer kurzen Durchlaufzeit des Auftrags gerecht zu werden.

   - Aufgabenbereich: Es muss festgelegt werden, in welchem Aufgabenbereich ein Transportsystem eingesetzt werden soll. Hierbei kann es sich beispielsweise um Lager-, Transport-, Kommissionier- oder Produktionsaufgaben handeln, die durchgeführt oder vom System unterstützt werden sollen.

   - Fahrzeugfunktionen: Unter Fahrzeugfunktionen sind zum einen Merkmale zu verstehen, die ein Transportsystem aufweist (z. B. Handhabung, Geschwindigkeit, Funktionalität). Zum anderen ist aber auch zu betrachten, welche Aufgaben (z.B. transportieren, puffern) mit Hilfe des Fahrzeugs erfüllt werden können.

   - Umgebungsbedingungen: Neben einer Spezifikation des Aufgabenbereichs muss auch geprüft werden, welchen Bedingungen das Transportsystem bei dessen Einsatz ausgesetzt ist. Dazu zählen u. a. Temperatur, Luft (-feuchtigkeit) oder Schmutz, die bei ungünstigen Bedingungen zu Schäden am Fahrzeug führen können.

- Transportgut: Bei der Betrachtung der zu transportierenden Güter spielen vor allem Abmessungen, Gewicht und Gestalt eine Rolle, da diese die Auswahl direkt beeinflussen. Außerdem müssen besondere Eigenschaften von Gütern, wie z. B. Stoßempfindlichkeit oder Zerbrechlichkeit berücksichtigt werden.
- Eingesetzte Ladehilfsmittel: Werden Güter mit Ladehilfsmitteln (z. B. Paletten, Gitterboxen, Container) transportiert, so sind auch hier wieder Abmessungen und Gewicht der Ladehilfsmittel zu überprüfen.
- Technik/EDV: In vielen Fällen wird ein Transportsystem als Ergänzung oder Erweiterung bestehender Produktionsanlagen eingesetzt. Um sicherzustellen, dass eine Kombination dieser Systeme möglich ist, sollte bei der Anschaffung von Transportsystemen auf deren Integrations- und Systemfähigkeit sowie auf Möglichkeiten zur Erweiterung geachtet werden. Soll das Transportsystem in einem voll- oder teilautomatisierten Transport- und Produktionssystem eingesetzt werden, dann ist auch der Automatisierungsgrad der Fahrzeuge ein wichtiges Beurteilungskriterium.
- Investitionsbedarf und Wartungsaufwand: Diese beiden Kriterien beziehen sich auf diejenigen Kosten, die durch den Einsatz eines Transportsystems entstehen. Zunächst sind die einmaligen Anschaffungskosten zu betrachten, die bei Fahrzeugen mit entsprechender Komplexität und Automatisierungsgrad sowie großem Funktionsumfang sehr hoch ausfallen können. Allerdings sind durch den automatisierten Transport auch Einsparungen im Transport- und Produktionssystem möglich, z. B. bei den Personalkosten. Weiterhin können durch eine mögliche Steigerung der Zuverlässigkeit mit Hilfe der Automatisierung die Kosten für notwendige Nacharbeiten durch fehlerhafte Transporte gesenkt werden. Neben den Investitionskosten sind auch die laufenden Betriebsaufwendungen sowie die Kosten für Wartung und Reparatur zu berücksichtigen.
- Transportwege: Bei den Transportwegen sind die zur Verfügung stehenden Wege und deren Beschaffenheit sowie die zu überwindenden Entfernungen zu betrachten.
- Transportintensität: Auch an der Intensität des Güterstromes, welcher u. a. durch den Fertigungstyp (z. B. Werkstattfertigung oder Fließfertigung) determiniert wird, ist das Fördermittel auszurichten.
- Fahrkurs: Zu beachten ist, dass nicht alle Fördermittel jeden Kurs absolvieren können. Es muss beispielsweise berücksichtigt werden, ob die Förderung nur in der Ebene stattfindet, oder ob auch Höhenunterschiede zu überwinden sind.

d) Werden die einzusetzenden Fördermittel anhand des Fertigungstyps ausgewählt, so stellt die produzierte Stückzahl ein wichtiges Kriterium dar. Je größer die Stückzahl an produzierten Gütern ist, desto besser sind Stetigförderer als Fördermittel geeignet. Für die Einzelfertigung sollten also aufgrund der geringen Stückzahlen in der Regel nur Flurförderer und Hebezeuge zum Einsatz kommen. Mit zunehmender Stückzahl in der Serienfertigung steigt auch die Tendenz hin zu Stetigfördersystemen. Bei der Massenfertigung müssen Förder- und Fertigungsvorgang zeitlich genau aufeinander abgestimmt werden, demnach sind hier Stetigförderer am besten geeignet.

Lösung Aufgabe 3.1.2

Da es sich um einen ebenen und fest vorgegebenen Transportweg handelt und eine große Stückzahl gefertigt wird, sind flurgebundene Stetigförderer, wie Band-, Ketten- oder Rollenförderanlagen am besten für den Warentransport geeignet.

Vorteilhaft bei einer solchen Gestaltung des Transportsystems sind dessen Schnelligkeit und die relativ geringen Betriebskosten. Außerdem werden wenig Personal und auch keine hohe Personalqualifikation benötigt.

Nachteilig an Stetigförderern ist, dass sie hohe Investitionskosten verursachen sowie ortsgebunden und somit inflexibel sind. Ein weiterer Nachteil sind die beträchtlichen Konsequenzen eines Störfalls, so dass unter Umständen die gesamte Produktion still steht.

Lager- und Kommissioniersysteme

Lösung Aufgabe 3.2.1

a) Eine Lagerung ist für die Zeitüberbrückung zwischen der Warenverfügbarkeit und dem Bedarf notwendig, wobei eine bewusste Unterbrechung des Materialflusses erfolgt. Die Lagerung kann also auch als ein geplantes Liegen, verbunden mit einem Übergang in einen Lagerbereich, aufgefasst werden. Allgemeine Aufgabe eines Lagers ist die wirtschaftliche Abstimmung unterschiedlich dimensionierter Güterströme.

b) Lagerfunktionen:

- Ausgleichs-/ Pufferfunktion

  o zeitliche Dissonanz: z. B. wenn die Verarbeitung (z. B. Obsternte) oder der Absatz (z. B. Badebekleidung, Feuerwerkskörper) nur innerhalb bestimmter Zeiträume möglich ist

  o mengenmäßige Dissonanz: z. B. Erfüllung von Mindestabnahmemengen oder Transportmindestmengen

- Sicherungs-/ Vorratsfunktion

  o Ausgleich verspäteter Lieferungen für die Beschaffung

  o unvorhergesehene Schwankungen der Absatzmengen

  o Risiken in der Produktion: z. B. Maschinenausfall, Krankheit von Mitarbeitern

- Veredelungsfunktion

  o zur Erreichung von Qualitätsänderungen

  o z. B. Gärungs- oder Reifeprozesse von Wein und Käse

- Spekulationsfunktion

  o bei erwarteten Preiserhöhungen

  o bei befürchteten Qualitätsverschlechterungen

- Assortierungs-/ Darbietungsfunktion

  o zur Sortimentsbildung im Handel

  o zur Sortenbildung in Industriebetrieben

c) Lagerfunktionen:

- Zugriffsgrad: Anteil der sofort auslagerbereiten Artikel vom gesamten Sortiment

- Servicegrad: Prozentsatz, zu dem eine Bedarfsanforderung in der betrachteten Periode gedeckt werden kann

- Sicherheitskoeffizient: Versorgungssicherheit bei Beschaffungszeit- und Entnahmeüberziehung sowie bei Fehlern in der Bestandsführung und Fehllieferungen
- Lagerreichweite: Zeit, die der Lagerbestand bei durchschnittlichem Verbrauch ausreicht

Lösung Aufgabe 3.2.2

a) Dynamische Lagerstrategien:

- Schnellläuferstrategie: Abstand des Lagerortes zum Auslagerungspunkt verhält sich umgekehrt proportional zur Umschlagsfrequenz des Artikels
- freie Doppelspielstrategie: Lagerplatz wird so gewählt, dass eine Kombination von Ein- und Auslagerungen durch das Regalbediengerät möglich ist
- Fahrwegoptimierung (Doppelspielstrategie): Kombination von Ein- und Auslagerungen im gleichen Fahrbereich
- Fahrzeugoptimierung: bei hoher Umschlagsanforderung (viele Ein- und Auslagerungen je Zeiteinheit) wählt das Regalbediengerät dem Übergabepunkt nahegelegene Plätze zur Ein- bzw. Auslagerung, bei geringer Umschlagsanforderung entferntere Plätze

Im vorliegenden Anwendungsfall sollte eine Kombination aus Schnellläuferstrategie (da die Umschlagshäufigkeit je Artikel stark variiert) und Fahrzeugoptimierung (da die Warenströme am Wareneingang und -ausgang sehr schwanken) gewählt werden.

b) Bei der festen Lagerplatzvergabe erfolgt die feste Zuordnung eines Lagerplatzes für jeden Artikel. Vorteilhaft bei dieser Strategie ist die Zugriffssicherheit bei Ausfall des Verwaltungssystems.

Bei der Zonung erfolgt die Wahl des Lagerplatzes entsprechend der Artikelumschlaghäufigkeit. Durch die Verringerung der mittleren Weglänge ist eine erhöhte Umschlagleistung möglich.

Die Lagerung mehrerer Einheiten eines Artikels verteilt über mehrere Lagerbediengänge wird auch als Querverteilung bezeichnet. Vorteile dieser Strategie sind die Verfügbarkeit des Artikels bei Ausfall des Fördermittels und die Erhöhung der Umschlagleistung durch Parallelisierung.

Bei der chaotischen Lagerung erfolgt die Lagerung der Artikel auf beliebigen freien Lagerplätzen. Dies führt zu einer maximalen Ausnutzung der Lagerkapazität.

Lösung Aufgabe 3.2.3

a) Unter Kommissionieren ist die Tätigkeit zu verstehen, bei der aus einer Gesamtmenge („Sortiment") bestimmte Teilmengen zusammengestellt werden. Diese Auswahl erfolgt anhand von Bedarfsinformationen („Auftrag"). Es liegt also ein Auftrag über bestimmte Mengen einzelner Produkte vor, der aus dem Lager bedient werden soll. Diese Bedarfsinformationen können von Kunden oder einer anderen betrieblichen Stelle, z. B. der Fertigung, ausgelöst werden und stehen auf einem Kommissionierauftrag.

b) Ein Kommissionierlager ist ein Lager für alle Artikel, die Gegenstand eines Kommissionierauftrages sein können. Aufgabe des Kommissionierlagers ist die Erfüllung der Präsenz- und Nachschubfunktion. Die Lagerplätze können fest oder chaotisch vergeben sein. Als mögliche Lagertypen kommen Bodenlager, Regallager, Umlauflager, Durchlaufregallager oder Fachbodenlager in Frage.

c) Das Unternehmen kann zwischen folgenden Kommissioniermethoden wählen:

  ▪ Sequenzielles Kommissionieren: Hierbei werden die (evtl. umgeordneten) Positionen des Kundenauftrages nacheinander abgearbeitet.

  ▪ Paralleles Kommissionieren: Ein Kundenauftrag wird in mehrere Kommissionieraufträge geteilt; die Kommissionierung erfolgt deshalb parallel, z. B. in mehreren Lagerzonen. Durch dieses Vorgehen sinken die Durchlaufzeiten der Kommissionierung, allerdings steigt der Aufwand durch das nachträgliche Zusammenführen der Waren.

  ▪ Artikelweises Kommissionieren: Die Kundenaufträge werden in interne Sammelaufträge umgewandelt; die Kommissionierung erfolgt artikelweise für mehrere Kundenaufträge gleichzeitig (parallel). Es ist eine nachträgliche Teilung der entnommenen Mengen und Zusammenführung der Teilmengen zu einzelnen Kundenaufträgen notwendig, wodurch ein zusätzlicher Aufwand entsteht.

d) Die Kommissionierleistung umfasst die mengenmäßige Entnahme pro Zeiteinheit, bezogen auf die durchschnittliche Auftragsgröße.

Mittlere Kommissionierzeit: $t_{Kom} = t_{Basis} + t_{Weg} + t_{Greif} + t_{Tot}$

  • Basiszeit t_{Basis}: ca. 5-10% von t_{Kom}, umfasst Belegaufarbeitung, Bereitstellung der Hilfsmittel, Abgabe der Waren
  • Wegezeit t_{Weg}: ca. 40-60% von t_{Kom}, umfasst Fortbewegung von der Basis bis zum Abgabepunkt
  • Greifzeit t_{Greif}: ca. 15-35% von t_{Kom}, umfasst das Entnehmen der Artikel vom Bereitstellplatz und das Ablegen im Kommissionierbehälter
  • Totzeit t_{Tot}: ca. 20-30% von t_{Kom}, umfasst das Suchen und Finden sowie Identifizieren von Artikeln, Zählen, Vergleichen und Kontrollieren der Position

Produktionsorganisation und Produktionsplanung

Lösung Aufgabe 3.3.1

a) Bei der Fließfertigung und der Werkstattfertigung handelt es sich um zwei klassische Organisationsformen der Produktion, die sich wie folgt charakterisieren lassen:

Werden gleichartige Maschinen oder Arbeitsplätze mit gleicher Verrichtung in Werkstätten als abgeschlossene Einheiten zusammengefasst, so wird von Werkstattfertigung gesprochen. So können z. B. die Drehmaschinen in einem eigenen Raum aufgestellt sein, wogegen ein anderer Bereich die Fräserei enthält.

Bei der Fließfertigung sind die Betriebsmittel und Arbeitsplätze in der Reihenfolge des Produktionsablaufs angeordnet, d. h. die Arbeitsgänge folgen einem zeitlich festgelegten, örtlich fortschreitenden und lückenlosen Ablauf. Alle Produkte durchlaufen die gleiche Bearbeitungsreihenfolge, der Durchfluss des Materials vom Rohstoff bis zum Fertigprodukt erfolgt ohne Unterbrechung. Bei einer getakteten Fertigung (Fließbandfertigung) werden die Zwischenprodukte in bestimmten Zeitintervallen von einer Bearbeitungsstation zur nächsten gegeben. Dazu müssen, bezogen auf ein Produkt, die Bearbeitungszeiten auf allen Stationen gleich, bzw. für langwierige Arbeitsschritte entsprechende Parallelkapazitäten vorhanden sein. Bei der ungetakteten Fließfertigung (Reihenfertigung) wird auf die direkte zeitliche Bindung verzichtet und die unterschiedlich schnellen Arbeitsgänge innerhalb der Fließfertigung werden durch Puffer verbunden, in denen die (Zwischen-) Produkte kurzfristig gelagert werden können.

b) Aufgrund der Gegensätzlichkeit der beiden Organisationsformen lassen sich Vorteile der einen Form als Nachteile der anderen Organisationsform und umgekehrt interpretieren.

Vorteile der Werkstattfertigung sind eine hohe qualitative (d. h. die Fähigkeit verschiedene Produkte mit den gleichen Maschinen herzustellen) und quantitative (d. h. geringer Stückkostenanstieg bei Abweichung von der optimalen Produktionsmenge) Flexibilität. Die Werkstattfertigung ist somit für eine variantenreiche Produktion in Einzel-, Kleinserien- und Serienfertigung geeignet, die z. B. im Maschinenbau oder in der elektrotechnischen oder in der optischen Industrie zur Anwendung kommt. Die Maschinen sind nicht bestimmten Produkten zugeordnet, weshalb der Ausfall einer Maschine vergleichsweise geringe Auswirkungen hat. Auf spezielle Kundenwünsche kann flexibel reagiert werden. Durch die Aufteilung in einzelne abgeschlossene Einheiten entstehen bei der Werkstattfertigung längere Transportwege und -zeiten, die somit die Durchlaufzeit verlängern. Nachteilig sind außerdem der hohe Raumbedarf, ein wenig transparenter Materialfluss und die hohen Kapitalbindungskosten aufgrund notwendiger Zwischenlager. Bei nicht abgestimmten Kapazitäten erfolgt eine ungleichmäßige Auslastung der

Werkstätten und durch einen ständigen Wechsel der Produkte auf den Maschinen fallen u. U. hohe Rüstkosten an. Ferner kann sich die Produktionssteuerung hier schwierig gestalten.

Die Einrichtung einer Fließfertigung erfordert einen hohen Investitionsbedarf. Als weitere Nachteile können die geringe qualitative und quantitative Elastizität, hohe Kosten bei Produktvariationen und die negativen Folgen eines technischen Störfalls an einzelnen Maschinen auf den gesamten Fließprozess genannt werden. Vorteile der Fließfertigung sind in dem transparenten Produktionsablauf, den geringen Durchlaufzeiten verbunden mit einer niedrigen Kapitalbindung (aufgrund kleiner Bestände), den niedrigen Förderkosten und dem geringen Raumbedarf zu sehen. Durch die festgelegte Reihenfolge bei der Fließfertigung ist auch die Steuerung relativ einfach. Die Fließfertigung kommt beispielsweise in der Fahrzeug-, Bau- und Süßwarenindustrie, der chemischen Industrie sowie dem Verlags- und Druckgewerbe zum Einsatz.

Die Vor- und Nachteile beider Fertigungsarten sind nochmals in nachstehender Übersicht zusammengefasst:

Fließfertigung	Werkstattfertigung
geringe Elastizität	hohe Elastizität
kurze DLZ	längere DLZ
einfache Steuerung	schwierige Steuerung
geringer Flächenbedarf	hoher Flächenbedarf
geringe Kapitalbindungskosten	hohe Kapitalbindungskosten

c)   Ein Bearbeitungszentrum ist eine NC-Maschine (engl. Numerical Controlled), die sich durch einen selbstständig getätigten Werkzeugwechsel auszeichnet, wodurch das Ausführen verschiedener Bearbeitungsoperationen in stetigem Fortgang realisiert wird. Daher weisen NC-Maschinen kurze Rüstvorgänge sowie eine hohe Einsatzflexibilität auf.

Eine flexible Fertigungszelle entsteht durch die Integration mehrerer gleichartiger Bearbeitungszentren mit einem Transportsystem, einem Materialpuffer und automatisierten Vorrichtungen zum Rüsten und Bestücken der Maschine. Der Integrationsgedanke besteht durch die Einbeziehung des Werkstücktransports und der Maschinenbeladung in den automatischen Ablauf.

Im Unterschied zu einer flexiblen Fertigungszelle werden bei flexiblen Fertigungssystemen eine Gruppe von sich ergänzenden, automatisierten Bearbeitungszentren zusammengefasst. Ein computergesteuertes flexibles Fertigungssystem verfügt über eine integrierte Rechnersteuerung mit einem Leitrechner und zeichnet sich durch ein vollautomatisiertes Materialflusssystem aus, das den Werkzeugwechsel und die Werkstückversorgung mit einschließt. Da diese Systeme auch eine Komplettbearbeitung von Montageteilen ermöglichen, werden oftmals auch Prüffunktionen integriert.

Eine Fertigungsinsel stellt eine Erweiterung des flexiblen Fertigungssystems dar, sodass die Produktion kompletter Baugruppen bzw. Teilefamilien autonom ablaufen kann. Dazu werden die für die Produktion benötigten Ressourcen räumlich zusammengefasst.

Durch eine Flexibilisierung ganzer Fertigungsstraßen mit Hilfe der Computersteuerung von Fertigung und Transportsystem sowie automatisierten Rüstvorgängen entsteht eine flexible Transferstraße. Die verschiedenen Bearbeitungsstationen werden entsprechend dem Materialfluss angeordnet und es erfolgt eine zeitliche Abstimmung der einzelnen Arbeitsvorgänge. Durch automatische Werkzeugwechsel können die Umrüstvorgänge schnell und kostengünstig erfolgen.

d) CIM steht für Computer-Integrierte Fertigung und hat die integrierte Informationsverarbeitung von betriebswirtschaftlichen und technischen Aufgaben der Produktion im Industriebetrieb zum Gegenstand.
CIM setzt sich dabei aus den Komponenten CAE, CAD, CAP, CAM, CAQ und PPS zusammen. Unter CAE (Computer Aided Engineering) wird der computerunterstützte Entwurf von Produkten inklusive Simulationen und Tests verstanden. Als CAD (Computer Aided Design) wird die Produktkonstruktion (Gestaltung und Detaillierung) mittels computerunterstützter Grafikerstellung bezeichnet. Die Komponente CAP (Computer Aided Planning) beinhaltet die Erstellung von Arbeitsplänen basierend auf den von der Komponente CAD gelieferten geometrischen Daten. CAM (Computer Aided Manufacturing) befasst sich mit der automatisierten und rechnergesteuerten Fertigung, beispielsweise mit Flexiblen Fertigungssystemen und automatisierten Lagersystemen. Weiterer wichtiger Bestandteil von CIM ist die Integration des Kontrollvorgangs in den Fertigungsvorgang, die als CAQ (Computer Aided Quality Ensurance) bezeichnet wird. Die Produktionsplanung und -steuerung PPS stellt die betriebswirtschaftliche Komponente des CIM-Konzepts zur organisatorischen Planung, Steuerung und Überwachung der betriebswirtschaftlichen Abläufe von der Absatzplanung bis zum Versand unter Ressourcen-, Kosten- und Terminaspekten dar.

Um CIM bei der SCHROTTY GmbH zu implementieren, müssen die betriebswirtschaftlichen und technischen Funktionen verbunden werden. Dies beinhaltet u. U. die Umstellung der Organisation. Weiterhin ist eine einheitliche Datenbasis nötig. Bei der Einführung des CIM-Konzepts sind hohe Investitionen im Hard- und Softwarebereich durchzuführen. Ferner sind die Produktionsverfahren und Organisationsformen an das CIM-Konzept anzupassen, so dass für die Umsetzung ein hoher Finanz- und Zeitbedarf besteht. Entscheidend ist darüber hinaus eine hohe

Qualifikation der Mitarbeiter, weshalb sich CIM nicht an jedem Standort realisieren lässt (z. B. Billiglohnländer). Da CIM zu einer höheren Flexibilität und somit zu umfangreichen Produktionsprogrammen führt, muss mit Kapazitätserweiterungen und evtl. mit einer Betriebsgrößenerweiterung gerechnet werden.

e) Der Erfahrungskurveneffekt basiert auf Lerneffekte, Kapazitätssteigerungseffekte und Degressionseffekte und gibt den funktionalen Zusammenhang zwischen den Stückkosten k_t und der kumulierten Produktionsmenge x_t wieder:

$$k_t = ax_t^{-b} \; ; \quad \text{mit } a = \text{Stückkosten der ersten produzierten Einheit (Nullserie)}$$

Dabei gilt allgemein der folgende Zusammenhang zwischen dem Degressionsfaktor b und der Lernrate L:

$$-b = \frac{\ln(L)}{\ln(2)}$$

Bei aktuellen Stückkosten von 50 €, Stückkosten der Nullserie von 200 € und einer kumulierten Produktionsmenge von 1.000 Stück gilt folglich:

$$k_t = ax_t^{-b}$$
$$50 = 200 \cdot 1.000^{-b}$$
$$0,25 = 1.000^{-b}$$
$$\ln(0,25) = -b \cdot \ln(1.000)$$
$$-b = \frac{\ln(0,25)}{\ln(1.000)}$$
$$b = 0,2$$

Durch das Einsetzen in den funktionalen Zusammenhang zwischen dem Degressionsfaktor b und der Lernrate L ergibt sich:

$$-b = \frac{\ln(L)}{\ln(2)}$$
$$\ln(L) = -b \cdot \ln(2)$$
$$L = 2^{-b} = 2^{-0,2} = 0,87$$

Die Lernrate beträgt folglich 0,87 bzw. 87%.

f) Die Lernrate von 87% gibt an, dass die direkten Produktionskosten mit einer Verdopplung der kumulierten Produktionsmenge nur noch 87% des ursprünglichen Wertes betragen. Die Lernrate gibt also das Niveau an, auf das die Stückkosten mit einer Verdopplung des Outputs sinken.

g) Die Gesamtkosten ergeben sich aus der Fläche unter der Lernkurve zwischen dem ersten produzierten Stück (Nullserie) x_0 und der aktuellen Produktionsmenge x_N:

$$K_{Gesamt} = \int_{x_0}^{x_N} a \cdot x^{-b} dx = \frac{a}{(1-b)} \cdot \left[x_N^{(1-b)} - x_0^{(1-b)} \right]$$

$$K_{Gesamt} = \frac{200€}{(1-0,2)} \cdot \left[1.000^{(1-0,2)} - 1^{(1-0,2)} \right] = 62.547,16€$$

Die Durchschnittskosten K_{Durch} ergeben sich aus dem Verhältnis der Gesamtkosten und der aktuellen kumulierten Produktionsmenge:

$$K_{Durch} = \frac{K_{Gesamt}}{x_N} = \frac{62.547,16€}{1.000\,Stk} = 62,55€ / Stk$$

h) Die Hypothese der Erfahrungskurve ist nur dann richtig, wenn die kumulierte Produktionsmenge alle anderen Kosteneinflussgrößen so dominiert, dass diese ohne Fehler vernachlässigt werden können. Existieren neben der kumulierten Produktionsmenge noch weitere Kosteneinflussgrößen (wie zum Beispiel Preisentwicklungen des Rohmaterials, Energiekosten, Personalkosten, etc.), so kann die „reine" Erfahrungskurve nicht verifiziert werden.

Lösung Aufgabe 3.3.2

a) Der Wandel vom Verkäufer- zum Käufermarkt, produktionstechnologische Veränderungen und die Produktion kundenspezifischer Produktvarianten erfordern eine Veränderung der Produktionsstruktur. Es liegen nicht mehr lineare, sondern wesentlich komplexere Fertigungsabläufe vor. Außerdem hat der Zeitaspekt (z. B. kurze Lieferzeiten, hohe Termintreue) und die Bestandssteuerung enorm an Bedeutung gewonnen. Um diesen Anforderungen gerecht zu werden, kommen in der Produktionsplanung und -steuerung (PPS) rechnergestützte Systeme zur organisatorischen Planung, Steuerung und Kontrolle der betriebswirtschaftlichen Abläufe zum Einsatz. Dabei werden alle Schritte von der Absatzplanung bis zum Versand an den Kunden unter Ressourcen-, Kosten- und Zeitgesichtspunkten betrachtet. Ziel dieser PPS-Systeme ist, die Bestände im Umlaufvermögen abzubauen, Durchlaufzeiten zu verkürzen und eine hohe Liefertreue bei gleichzeitig optimaler Kapazitätsauslastung zu gewähren.

Heutige PPS-Systeme setzen sich aus fünf Stufen zusammen:

Die erste Stufe umfasst die **Programmplanung**. Dabei werden über den Master Production Schedule (MPS) die Primärbedarfe ermittelt. Der MPS gibt an, welche Produkte in welcher Menge und in welcher Reihenfolge hergestellt werden.

Außerdem enthält der MPS Informationen zu Fertigstellungsterminen und zur Auftragsart (Kunden- oder Lagerauftrag). Es wird in dieser ersten Stufe also eine Primärbedarfsermittlung vorgenommen, womit gleichzeitig eine mengen- und terminorientierte Grobplanung erfolgt.

Die Ermittlung des Produktionsprogramms wird in der Regel nicht von PPS-Systemen unterstützt. Die Systeme helfen dem Disponenten somit nicht bei der

Optimierung des Fertigungsprogramms. Es erfolgt lediglich eine Speicherung und Verwaltung der Auftragsdaten. Die Aufträge bzw. Produktionsmengen des MPS stellen deshalb eine Inputgröße für PPS-Systeme dar.

Die zweite Stufe beinhaltet die **Bedarfsrechnung,** in der die Bestimmung der Sekundärbedarfe erfolgt. Für jedes Produkt werden zunächst die Nettobedarfe berechnet und diese zu Produktionslosen zusammengefasst. Nach Berücksichtigung der Vorlaufzeitverschiebung und der Bedarfsauflösung in Vorgängerprodukte auf der Grundlage von Stücklisten liegen als Ergebnis Produktionsaufträge mit grober zeitlicher Zuordnung vor.

Bei der **Durchlaufterminierung** (dritte Stufe) werden mittels Vorwärts- und Rückwärtsterminierung die frühesten und spätesten Anfangs- und Endzeiten je Arbeitsgang und Produktionsauftrag sowie mögliche Pufferzeiten berechnet. Dazu müssen mittlere Solldurchlaufzeiten der Aufträge gegeben sein und die Personal- und Maschinenkapazitäten zu den ermittelten Terminen auch tatsächlich zur Verfügung stehen.

Die **Kapazitätsrechnung** stellt die vierte Stufe im PPS-Konzept dar. Hier werden Belastungsprofile (z.B. kumulierte Maschinenbelastung) erstellt und Kapazitäten abgeglichen. Als mögliche Maßnahmen kommen Kapazitäts- (Erweitern oder Verringern der Kapazitäten), Termin- (Aufträge vorziehen oder zeitlich zurückverlagern), Auftrags- (Aufträge annehmen oder fremdvergeben) oder Verfahrensanpassungen (z. B. Arbeitskräfte umsetzen, Reihenfolge der Arbeitsgänge ändern) in Frage.

Im letzten Schritt, der Steuerungsphase des PPS-Systems, findet die **Auftragsveranlassung** statt. Neben der Ablaufplanung, die sowohl die Maschinenbelegungsplanung und die Reihenfolgeplanung (mit Hilfe von Prioritätsregeln) umfasst, erfolgt in diesem Schritt auch die Auftragsfreigabe. Ein Auftrag kann allerdings nur dann freigegeben werden, wenn der Starttermin für die Auftragsfertigung gegeben ist, alle benötigten Daten verfügbar sind sowie das erforderliche Material und die benötigte Kapazität vorhanden sind.

b)   Ein wesentlicher Kritikpunkt am Stufenkonzept des PPS-Systems ist, dass die knappen Kapazitäten erst zu spät und mangelhaft einbezogen werden. Bereits beim MPS sollte eine Kapazitätsgrobplanung stattfinden. Auch bei der Losbildung und Terminierung müssen die Kapazitäten in die Überlegungen einbezogen werden. Einen weiteren Mangel stellt die Terminierung auf Basis geschätzter Solldurchlaufzeiten dar (Durchlaufzeit-Syndrom). Ferner wird die Losgrößenplanung lediglich isoliert für jedes einzelne Produkt durchgeführt, somit werden horizontale wie auch vertikale Abhängigkeiten zwischen den Produkten vernachlässigt. Es können auch Interdependenzen bei der Einzel- und Variantenfertigung in der Werkstattsteuerung nicht berücksichtigt werden.

c)   Die heutigen PPS-Systeme sind dann gut geeignet, wenn die Durchlaufzeiten und Operationszeiten der Aufträge sicher prognostizierbar sind, keine Produktionsengpässe und geringe Ausfallzeiten vorherrschen und wenn das Produktionsprogramm mit genügend zeitlichem Vorlauf bekannt ist. PPS-Systeme können vorwiegend für die Serienfertigung hauptsächlich standardisierter Produkte eingesetzt werden, wie dies beispielsweise in der Automobilindustrie der Fall ist.

Losgrößenplanung

Lösung Aufgabe 3.4.1

a) Ein Fertigungslos (Losgröße) ist die Menge eines Produktes, die zwischen zwei Umrüstvorgängen einer Anlage von einer Sorte (Produktart) hergestellt wird. Unter Umrüsten ist die Neukonfiguration der benötigten Maschinen für den bevorstehenden Produktionsschritt, also z. B. das Einspannen bestimmter Werkzeuge und das Justieren gemäß den Anforderungen der folgenden Produktart, zu verstehen.

b) Bei der deterministischen Losgrößenplanung kann nach dem Verlauf der Bedarfe unterschieden werden. Sind die Bedarfsverläufe gleichmäßig, so handelt es sich um stationäre Modelle. Bei stark schwankendem Bedarfsverlauf kommen dynamische Losgrößenmodelle zum Einsatz.

Im stationären Fall wird das Einproduktproblem mit dem klassischen Modell der optimalen Losgröße EOQ (Economic Order Quantity) gelöst. Dabei existiert jeweils eine Variante für die offene und geschlossene Produktweitergabe.

Das Mehrproduktproblem im stationären Fall kann mittels sogenannter stationärer Mehrproduktlosgrößenplanungsmodelle, die einen gemeinsamen Produktionszyklus T für alle Produkte bestimmen, gelöst werden.

c) Das Einproduktproblem bei stark schwankendem Bedarfsverlauf wird mit dem Grundmodell von WAGNER-WHITIN formuliert. Eine exakte Lösung kann durch Übertragung des WAGNER-WHITIN-Modells in ein Kürzeste-Wege-Problem und der Ermittlung eines kürzesten Weges berechnet werden. Das Verfahren der gleitenden wirtschaftlichen Losgröße (GWL), das SILVER-MEAL-Verfahren, das Stückperiodenausgleichsverfahren (Part-Period-Verfahren) und das Verfahren von GROFF sind heuristische Lösungsmodelle für dieses Problem. Das dem Mehrproduktfall bei dynamischem Bedarf zugrunde liegende Modell ist das CLSP (capacitated lot-sizing problem). Heuristisch lässt sich dieses Problem mit dem Verfahren von DIXON-SILVER lösen.

d) Bei der Heuristik von DIXON-SILVER werden in jeder Periode folgende drei Schritte durchgeführt:

Zunächst wird für jedes einzelne Produkt der Nettobedarf der aktuellen Periode, d. h. der noch nicht in früheren Perioden eingeplante Restbedarf, gedeckt.

Stehen nach diesem Schritt noch Kapazitätsreserven zur Verfügung, so muss geprüft werden, ob eine Vorausproduktion aus Kostengründen sinnvoll ist. Es können also die Lose einzelner Produkte um zukünftige vollständige Bedarfsmengen erhöht werden, falls sich dadurch die Kosten senken lassen.

Im dritten Schritt erfolgt die Prüfung, ob aus Kapazitätsgründen eine Vorausproduktion notwendig ist. Sind nach dem zweiten Schritt immer noch Kapazitätslücken vorhanden, d. h. die kumulierte Restkapazität der Folgeperioden reicht nicht aus, um den kumulierten zukünftigen Nettobedarf aller Produkte zu befriedigen, so müssen nun auch kostenungünstige Lose gebildet werden. Hierbei können im Gegensatz zum zweiten Schritt auch Teilmengen zukünftiger Bedarfe vorgezogen werden.

e)   Ist die Produktionsgeschwindigkeit endlich und ist das Produktionslos erst nach kompletter Bearbeitung verfügbar, handelt es sich um eine geschlossene Produktweitergabe.

Im EOQ-Modell mit geschlossener Produktweitergabe berechnet sich die optimale Losgröße wie folgt:

$$q^* = \sqrt{\frac{2Rd}{c(1+\dfrac{d}{p})}}$$

mit $R =$ Rüstkosten [€], $d =$ Nachfragerate [ME/ZE], $p =$ Produktionsrate [ME/ZE], $c =$ Lagerhaltungskostensatz [€/(ME·ZE)], $q^* =$ optimale Losgröße.

Lösung Aufgabe 3.4.2

a)   Gesucht ist hier die Lösung des EOQ-Modells bei offener Produktweitergabe (statischer Bedarfsverlauf, 1 Produkt):

$$q^* = \sqrt{\frac{2Rd}{c(1-\dfrac{d}{p})}} = \sqrt{\frac{2\cdot 100.000\cdot 40}{0,3\cdot\left(1-\dfrac{100.000}{150.000}\right)}} = \sqrt{\frac{8.000.000}{0,3\cdot\dfrac{1}{3}}} \approx 8.944$$

Bei der optimalen Losgröße von 8.944 Brettern entstehen Kosten in Höhe von 894,45 €:

$$K(q^*) = \frac{1}{2}cq^*\left(1-\frac{d}{p}\right) + R\frac{d}{q^*} = \frac{1}{2}0,3\cdot 8.944\cdot\left(1-\frac{100.000}{150.000}\right) + 40\frac{100.000}{8.944} \approx 894,45$$

Der optimale Produktionszyklus von 0,08944 Monaten berechnet sich folgendermaßen:

$$t^* = \sqrt{\frac{2R}{cd\left(1-\dfrac{d}{p}\right)}} = \sqrt{\frac{2\cdot 40}{0,3\cdot 100.000\left(1-\dfrac{100.000}{150.000}\right)}} = 0,08944$$

b) Der maximale Lagerbestand von 2.981 Brettern ergibt sich aus der Differenz von Gesamtproduktionsmenge und Entnahme während der Produktionszeit:

$$L_{max} = q^* \cdot \left(1 - \frac{d}{p}\right) = 8.944 \cdot \frac{1}{3} = 2.981$$

c) Da die Farbe erst nach Fertigstellung des Mischvorgangs verwendet werden kann, ist nun die optimale Losgröße für den Fall einer geschlossenen Produktweitergabe gesucht:

$$q^* = \sqrt{\frac{2Rd}{c(1 + \frac{d}{p})}} = \sqrt{\frac{2 \cdot 100.000 \cdot 40}{0,3 \cdot (1 + \frac{100.000}{150.000})}} = 4.000 \text{ Liter}$$

Für den optimalen Produktionszyklus gilt:

$$t^* = \sqrt{\frac{2R}{cd\left(1 + \frac{d}{p}\right)}} = \sqrt{\frac{2 \cdot 40}{0,3 \cdot 100.000 \cdot \left(1 + \frac{100.000}{150.000}\right)}} = 0,04 \text{ Monate}$$

Somit ergeben sich durchschnittliche Gesamtkosten pro Monat von 2.000 €:

$$K(q^*) = \frac{1}{2}cq^*\left(1 + \frac{d}{p}\right) + R\frac{d}{q^*} = \frac{1}{2} \cdot 0,3 \cdot 4.000 \cdot \left(1 + \frac{100.000}{150.000}\right) + 40 \cdot \frac{100.000}{4.000}$$

$$= 2000€$$

Lösung Aufgabe 3.4.3

a) In diesem Fall handelt es sich um eine Losgrößenplanung im Mehrproduktmodell. Der optimale Produktionszyklus T_p unter Beachtung variabler Auflagehäufigkeiten h_j für jede Komponente j berechnet sich wie folgt:

$$T_p = \sqrt{\frac{R}{A}} = \sqrt{\frac{\sum h_j R_j}{\sum \frac{A_j}{h_j}}} \qquad \text{mit} \qquad A_j = \frac{1}{2}c_j d_j\left(1 - \frac{d_j}{p_j}\right)$$

$$A_1 = \frac{1}{2} \cdot 1 \cdot 20 \cdot \left(1 - \frac{20}{100}\right) = 8; \quad A_2 = 24; \quad A_3 = 16$$

$$\sqrt{\frac{A_1}{R_1}} = 0,316; \quad \sqrt{\frac{A_2}{R_2}} = 0,632; \quad \sqrt{\frac{A_3}{R_3}} = 0,316$$

Da die Auflagehäufigkeiten ganzzahlig und proportional zu $\sqrt{\dfrac{A_j}{R_j}}$ sein müssen,

werden h_1 und h_3 auf den Wert 1 und h_2 auf den Wert 2 gesetzt.

Die optimale gemeinsame Zykluslänge beträgt 3,16 Wochen:

$$T_p^* = \sqrt{\frac{\sum h_j R_j}{\sum \dfrac{A_j}{h_j}}} = \sqrt{\frac{1 \cdot 80 + 2 \cdot 60 + 1 \cdot 160}{\dfrac{8}{1} + \dfrac{24}{2} + \dfrac{16}{1}}} = \sqrt{10} \approx 3,16$$

Mit der Formel $q_j^* = d_j \dfrac{T_p^*}{h_j}$ erfolgt die Bestimmung der dazugehörigen optima-

len Losgrößen: $q_1^* = 63,2 = q_2^* = q_3^*$

Dabei entstehen Kosten in Höhe von 227,68 Euro:

$$K(T_p^*) = 2\sqrt{AR} = 2\sqrt{36 \cdot 360} \approx 227,68$$

b) Wird jedes Produkt genau einmal je Zyklus aufgelegt, so entspricht das einer Auflagehäufigkeit von 1 für jedes Produkt:

Somit ergeben Kosten in Höhe von 240 Euro:

$$K(t) = 2\sqrt{AR} = 2\sqrt{48 \cdot 300} \approx 240 \quad \text{mit} \quad A = \sum_j A_j = 48 \quad \text{und} \quad R = \sum_j R_j = 300$$

Mit dem gemeinsamen Produktionszyklus T_p^* kann also ein Kostenvorteil von 12,32 Euro erreicht werden.

c) Um einen zulässigen Produktionsplan mittels der Power-of-Two-Politik zu bestimmen, muss zunächst die Dauer des Produktionszyklus T^{POT} ermittelt werden. Dazu wird die optimale gemeinsame Zykluslänge T_p^* (3,16 Wochen) auf eine

2-er Potenz der Basisperiode T^{BP} (2 Wochen) gerundet:

$\Rightarrow T^{POT} = 4$ Wochen

Nun kann über $t_j = \dfrac{T^{POT}}{h_j}$ die Bestimmung des Zyklus für jede Komponente erfolgen:

$t_1 = 4 ; \ t_2 = 2 ; \ t_3 = 4$

$t_{p_j} = \dfrac{d_j}{p_j} \cdot \dfrac{T^{POT}}{h_j}$ gibt die benötigte Produktionszeit je Los an: $t_{p_1} = 0,8 = t_{p_2} = t_{p_3}$

Als Produktionsplan ergibt sich, dass Teil I und die silberne Baugruppe alle 4 Wochen und die rote Baugruppe alle 2 Wochen aufgelegt werden.

Lösung Aufgabe 3.4.4

Die Gesamtkosten setzen sich aus den durch die Losbildung entstehenden Lager- und Rüstkosten zusammen:

$$K(l,\delta,q) = \sum_t (\underbrace{c \cdot l_t}_{\substack{Lager-\\kosten}} + \underbrace{R \cdot \delta(q_t)}_{R\ddot{u}stkosten})$$

mit c = Lagerhaltungskostensatz, l_t = Lagerbestand am Ende der Periode t, q_t = Losgröße in Periode t, R = Rüstkosten, $\delta(q_t)$ = Binärvariable (d. h. falls in Periode t produziert wird, so nimmt sie den Wert 1 an, sonst 0)

Der Lagerhaltungskostensatz c berechnet sich aus dem Produktwert und dem Kalkulationszinssatz pro Monat. Bei einem Zinssatz von 12 % pro Jahr beträgt der Zinssatz pro Monat 1 %.

Somit ergibt sich als Lagerhaltungskostensatz $c = 5 \cdot 0,01 = 0,05$ [€/ (ME·Monat)].

a) Lot-for-lot-Produktion bedeutet, dass in jeder Periode genau der geforderte Bedarf produziert wird. Es erfolgt keine Vorproduktion und somit findet keine Lagerung statt. Dafür muss in jeder Periode einmal gerüstet werden, d. h. die Variable $\delta(q_t)$ nimmt in jeder Periode den Wert 1 an. Demnach beinhalten die Gesamtkosten nur die Rüstkosten und setzen sich wie folgt zusammen:

$$K(l,\delta,q) = \sum_{t=1}^{12} R \cdot \delta(q_t) = 12 \cdot 50 = 600$$

Die Zeitreihen für die Losgrößen q_t und die Monatsendbestände l_t sind nachfolgender Tabelle zu entnehmen. Die resultierenden Gesamtkosten betragen 600 €.

Periode t	1	2	3	4	5	6	7	8	9	10	11	12
Losgröße q_t	50	70	100	120	110	100	100	80	120	70	60	40
Lagerbestand l_t	0	0	0	0	0	0	0	0	0	0	0	0

b) Wenn nur in Periode 1 produziert wird, muss die gesamte Nachfrage vorgezogen werden. Demzufolge findet nur in Periode 1 ein Rüstvorgang statt, die vorproduzierten Güter müssen bis zum jeweiligen Nachfragetermin gelagert werden.

Die Gesamtkosten betragen 318 €:

$$K(l,\delta,q) = \sum_t (c \cdot l_t + R \cdot \delta(q_t)) = 50 + c \cdot \sum_{t=1}^{12} l_t$$

$$= 50 + 0,05 \cdot (970 + 900 + 800 + 680 + 570 + 470 + 370 + 290 + 170 + 100 + 40 + 0)$$

$$= 50 + 0,05 \cdot 5.360 = 318$$

Für diesen Fall ergeben sich folgende Werte für die Losgröße und die Monatsend-bestände:

Periode t	1	2	3	4	5	6	7	8	9	10	11	12
Losgröße q_t	1.020	0	0	0	0	0	0	0	0	0	0	0
Lagerbestand l_t	970	900	800	680	570	470	370	290	170	100	40	0

c)   Wird mit einer festen Eindeckungszeit von zwei Monaten produziert, so werden jeweils die nächsten beiden Bedarfe vorgezogen. Somit erfolgen in den Perioden 1, 4, 7 und 10 Rüstvorgänge, wodurch sich unter Berücksichtigung der Lagerungen Gesamtkosten in Höhe von 252 € ergeben:

$$K(l,\delta,q) = \sum_t \left(c \cdot l_t + R \cdot \delta(q_t) \right) = 4 \cdot 50 + c \cdot \sum_{t=1}^{12} l_t$$

$$= 4 \cdot 50 + 0{,}05 \cdot \left(170 + 100 + 210 + 100 + 200 + 120 + 100 + 40 \right)$$

$$= 200 + 0{,}05 \cdot 1.040 = 252$$

Die resultierenden Losgrößen und Lagerbestände sind in folgender Tabelle gegeben:

Periode t	1	2	3	4	5	6	7	8	9	10	11	12
Losgröße q_t	220	0	0	330	0	0	300	0	0	170	0	0
Lagerbestand l_t	170	100	0	210	100	0	200	120	0	100	40	0

d)   Die Idee bei der Heuristik „gleitende wirtschaftliche Losgröße" (GWL) basiert darauf, dass im klassischen stationären Modell der Losgrößenbestimmung (EOQ) die Funktion der durchschnittlichen Stückkosten an der Stelle der optimalen Losgröße ein Minimum aufweist. Demnach ergibt sich für die GWL-Heuristik folgende Verfahrensweise:

Die aktuelle Produktionsmenge wird solange um zukünftige Bedarfe erhöht, wie dadurch die durchschnittlichen Stückkosten $k_{t\tau}$ verringert werden können.

$$k_{t\tau} = \frac{R + c \cdot \sum_{i=t}^{\tau} d_i \cdot (i - t)}{\sum_{i=t}^{\tau} d_i}$$

Der Parameter τ erhält zunächst den Wert der aktuellen Periode t und wird in jeder Iteration um eine Periode erhöht, solange sich die durchschnittlichen Stück-kosten weiter verringern. Erhöhen sich aber die durchschnittlichen Stückkosten in der Periode τ, so erfolgt die Zusammenfassung aller vorherigen Bedarfe der Perioden t bis $\tau - 1$ zu einem Los:

$t = 1$: $\tau = 1$: $k_{11} = \dfrac{R}{d_1} = \dfrac{50}{50} = 1$

$\tau = 2$: $k_{12} = \dfrac{50 + 0,05 \cdot 70 \cdot 1}{50 + 70} = \dfrac{53,5}{120} = 0,446 \qquad < k_{11}$

$\tau = 3$: $k_{13} = \dfrac{50 + 0,05 \cdot (70 \cdot 1 + 100 \cdot 2)}{50 + 70 + 100} = \dfrac{63,5}{220} = 0,289 \qquad < k_{12}$

$\tau = 4$: $k_{14} = \dfrac{50 + 0,05 \cdot (70 \cdot 1 + 100 \cdot 2 + 120 \cdot 3)}{50 + 70 + 100 + 120} = \dfrac{81,5}{340} = 0,240 \qquad < k_{13}$

$\tau = 5$: $k_{15} = \dfrac{50 + 0,05 \cdot (70 \cdot 1 + 100 \cdot 2 + 120 \cdot 3 + 110 \cdot 4)}{50 + 70 + 100 + 120 + 110}$

$\qquad = \dfrac{103,5}{450} = 0,230 \qquad < k_{14}$

$\tau = 6$: $k_{16} = \dfrac{50 + 0,05 \cdot (70 \cdot 1 + 100 \cdot 2 + 120 \cdot 3 + 110 \cdot 4 + 100 \cdot 5)}{50 + 70 + 100 + 120 + 110 + 100}$

$\qquad = \dfrac{128,5}{550} = 0,234$

$\Rightarrow \quad k_{16} > k_{15} \quad \Rightarrow \quad q_1 = \sum\limits_{i=1}^{5} d_i = 50 + 70 + 100 + 120 + 110 = 450$

$t = 6$: $\tau = 6$: $k_{66} = \dfrac{R}{d_6} = \dfrac{50}{100} = 0,5$

$\tau = 7$: $k_{67} = \dfrac{50 + 0,05 \cdot 100 \cdot 1}{100 + 100} = \dfrac{55}{200} = 0,275 \qquad < k_{66}$

$\tau = 8$: $k_{68} = \dfrac{50 + 0,05 \cdot (100 \cdot 1 + 80 \cdot 2)}{100 + 100 + 80} = \dfrac{63}{280} = 0,225 \qquad < k_{67}$

$\tau = 9$: $k_{69} = \dfrac{50 + 0,05 \cdot (100 \cdot 1 + 80 \cdot 2 + 120 \cdot 3)}{100 + 100 + 80 + 120} = \dfrac{81}{400} = 0,203 \qquad < k_{68}$

$\tau = 10$: $k_{6,10} = \dfrac{50 + 0,05 \cdot (100 \cdot 1 + 80 \cdot 2 + 120 \cdot 3 + 70 \cdot 4)}{100 + 100 + 80 + 120 + 70}$

$\qquad = \dfrac{95}{470} = 0,202 \qquad < k_{69}$

$$\tau = 11: \quad k_{6,11} = \frac{50 + 0{,}05 \cdot \left(100 \cdot 1 + 80 \cdot 2 + 120 \cdot 3 + 70 \cdot 4 + 60 \cdot 5\right)}{100 + 100 + 80 + 120 + 70 + 60}$$

$$= \frac{110}{530} = 0{,}208$$

$$\Rightarrow \quad k_{6,11} > k_{6,10} \quad \Rightarrow \quad q_6 = \sum_{i=6}^{10} d_i = 100 + 100 + 80 + 120 + 70 = 470$$

$$t = 11: \tau = 11: \quad k_{11,11} = \frac{R}{d_{11}} = \frac{50}{60} = 0{,}8\overline{33}$$

$$\tau = 12: \quad k_{11,12} = \frac{50 + 0{,}05 \cdot 40 \cdot 1}{60 + 40} = \frac{52}{100} = 0{,}52 \quad < k_{11,11}$$

$$\Rightarrow \quad q_{11} = \sum_{i=11}^{12} d_i = 60 + 40 = 100$$

Somit erfolgen in den Perioden 1, 6 und 11 Rüstvorgänge, wodurch sich unter Berücksichtigung der Lagerungen Gesamtkosten in Höhe von 250,50 € ergeben:

$$K(l,\delta,q) = \sum_t \left(c \cdot l_t + R \cdot \delta(q_t)\right) = 3 \cdot 50 + c \cdot \sum_{t=1}^{12} l_t$$

$$= 150 + 0{,}05 \cdot \left(400 + 330 + 230 + 110 + 370 + 270 + 190 + 70 + 40\right)$$

$$= 150 + 0{,}05 \cdot 2.010 = 250{,}50$$

Die resultierende Losgrößenpolitik und die entsprechende Entwicklung der Lagerbestände sind in folgender Tabelle zusammengefasst:

Periode t	1	2	3	4	5	6	7	8	9	10	11	12
Losgröße q_t	450	0	0	0	0	470	0	0	0	0	100	0
Lagerbestand l_t	400	330	230	110	0	370	270	190	70	0	40	0

e) Das Verfahren von GROFF basiert auf der Idee, dass die Grenzrüstkosten und die Grenzlagerkosten bei der optimalen Losgröße im EOQ-Modell identisch sind, d. h. die marginale Verringerung der durchschnittlichen Rüstkosten pro Periode (Annäherung durch $\dfrac{R}{\tau(\tau+1)}$) ist gleich dem marginalen Anstieg der durchschnittlichen Lagerkosten je Periode (angenähert durch $\dfrac{d_{t+\tau}}{2} \cdot c$).

Die Vorgehensweise nach der GROFF-Heuristik sieht also vor, dass ausgehend von einer bestimmten Periode t die Losgröße q_t dieser Periode solange um zukünfti-

ge Nachfragemengen erhöht wird, bis der Anstieg der durchschnittlichen Lagerkosten pro Periode größer ist als die Verringerung der durchschnittlichen Rüstkosten je Periode:

$$\max\left\{\tau \,\middle|\, d_{t+\tau}\cdot\tau(\tau+1)\le\frac{2R}{c}\right\}$$

$$\frac{2R}{c}=\frac{2\cdot50}{0,05}=2.000$$

$t=1:$ $\tau=0:$ $d_1\cdot0\cdot1=0$ <2.000

$\qquad\tau=1:$ $d_2\cdot1\cdot2=140$ <2.000

$\qquad\tau=2:$ $d_3\cdot2\cdot3=600$ <2.000

$\qquad\tau=3:$ $d_4\cdot3\cdot4=1.440$ <2.000

$\qquad\tau=4:$ $d_5\cdot4\cdot5=2.200$ >2.000

$\Rightarrow\quad q_1=\sum_{i=1}^{4}d_i=50+70+100+120=340$

$t=5:$ $\tau=0:$ $d_5\cdot0\cdot1=0$ <2.000

$\qquad\tau=1:$ $d_6\cdot1\cdot2=200$ <2.000

$\qquad\tau=2:$ $d_7\cdot2\cdot3=600$ <2.000

$\qquad\tau=3:$ $d_8\cdot3\cdot4=960$ <2.000

$\qquad\tau=4:$ $d_9\cdot4\cdot5=2.400$ >2.000

$\Rightarrow\quad q_5=\sum_{i=5}^{8}d_i=110+100+100+80=390$

$t=9:$ $\tau=0:$ $d_9\cdot0\cdot1=0$ <2.000

$\qquad\tau=1:$ $d_{10}\cdot1\cdot2=140$ <2.000

$\qquad\tau=2:$ $d_{11}\cdot2\cdot3=360$ <2.000

$\qquad\tau=3:$ $d_{12}\cdot3\cdot4=480$ <2.000

$$\Rightarrow \quad q_9 = \sum_{i=9}^{12} d_i = 120 + 70 + 60 + 40 = 290$$

Somit erfolgen in den Perioden 1, 5 und 9 Rüstvorgänge, wodurch sich unter Berücksichtigung der Lagerungen Gesamtkosten in Höhe von 224 € ergeben:

$$K(l,\delta,q) = \sum_{t} \left(c \cdot l_t + R \cdot \delta(q_t) \right) = 3 \cdot 50 + c \cdot \sum_{t=1}^{12} l_t$$

$$= 150 + 0{,}05 \cdot \left(290 + 220 + 120 + 280 + 180 + 80 + 170 + 100 + 40 \right)$$

$$= 150 + 0{,}05 \cdot 1.480 = 224$$

Die resultierende Losgrößenpolitik und die entsprechende Entwicklung der Lagerbestände sind in folgender Tabelle zusammengefasst:

Periode t	1	2	3	4	5	6	7	8	9	10	11	12
Losgröße q_t	340	0	0	0	390	0	0	0	290	0	0	0
Lagerbestand l_t	290	220	120	0	280	180	80	0	170	100	40	0

Lösung Aufgabe 3.4.5

a) Zunächst muss der Lagerhaltungskostensatz c_L pro Monat berechnet werden:

$$c_L = \frac{100\,\frac{€}{ME \cdot Jahr}}{12\,\frac{Monate}{Jahr}} \cdot 0{,}12 = 1\,\frac{€}{ME \cdot Monat}$$

Mit Hilfe dieses Lagerhaltungskostensatzes kann nun die Kostenmatrix mit folgenden beiden Formeln berechnet werden:

$$k_{t,\tau} = R_t + c_L \cdot \sum_{i=t+1}^{\tau-1} d_i \cdot (i-t) \text{ oder rekursiv } k_{t,\tau+1} = k_{t,\tau} + c_L * d_\tau * (t-\tau)$$

$k_{t,\tau}$	2	3	4	5	6	7
1	150	220	380	830	1150	2150
2		150	230	530	770	1570
3			150	300	460	1060
4				150	230	630
5					150	350
6						150

Zur Bestimmung der kostenminimalen Produktionslosgrößen erfolgt die Lösung des Kürzesten-Wege-Problems mit dem Algorithmus von BELLMAN. Nachfolgende Tabelle zeigt die Lösungsschritte:

Zielknoten	Entfernung	Vorgänger
1	0	1
2	150	1
3	min {300; 220} = 220	1
4	min {370; 380; 380} = 370	3
5	min {520; 520; 680; 830} = 520	4
6	min {670; 600; 680; 920, 1150} = 600	4
7	min {750; 870; 1000; 1280; 1720; 2150} = 750	6

Somit ergibt sich folgender kürzester Weg: 1 – 3 – 4 – 6 – 7

Dies bedeutet, dass folgende Produktionslose in den Monaten 1, 3, 4 und 6 aufgelegt werden:

t	1	2	3	4	5	6
q_t^*	270	-	80	230	-	200

Die resultierenden Gesamtkosten werden wie folgt berechnet:

$$K = 150€ \cdot 4 + 1€ \cdot 70 + 1€ \cdot 80 = 750€$$

b) Heuristik von SILVER/MEAL:

Die Idee bei der Heuristik von SILVER/MEAL basiert darauf, dass im klassischen stationären Modell der Losgrößenbestimmung (EOQ) die Funktion der durchschnittlichen je Zeiteinheit an der Stelle der optimalen Losgröße ein Minimum aufweist. Die durchschnittlichen Kosten pro Zeiteinheit werden wie folgt berechnet:

$$k_{t,\tau} = \frac{R_t + c_L \cdot \sum_{i=t+1}^{\tau} d_i \cdot (i\text{-}t)}{\tau\text{-}t + 1}$$

$t = 1$: $\tau = 1$ $k_{11} = \frac{150}{1} = 150$

$\qquad \tau = 2$ $k_{12} = \frac{150+70*1*1}{2} = 110$

$\qquad \tau = 3$ $k_{13} = \frac{150+70*1*1+80*1*2}{3} = 126{,}67 > 150$ → $q_1 = 270$

$t = 3$: $\tau = 3$ $k_{33} = \frac{150}{1} = 150$

$\qquad \tau = 4$ $k_{34} = \frac{150+150*1*1}{2} = 150$

$\qquad \tau = 5$ $k_{35} = \frac{150+150*1*1+80*1*2}{3} = 153{,}33 > 150$ → $q_3 = 230$

$t = 5: \quad \tau = 5 \quad k_{55} = \frac{150}{1} = 150$

$\tau = 6 \quad k_{56} = \frac{150 + 200 \cdot 1 \cdot 1}{2} = 175 > 150 \qquad \rightarrow q_5 = 80$

Dies bedeutet, dass folgende Produktionslose in den Monaten 1, 3, 5 und 6 aufgelegt werden:

t	1	2	3	4	5	6
q_t	270	-	230	-	80	200

Es ergeben sich die folgenden Gesamtkosten:

$$K = 4 \cdot 150€ + 1€ \cdot (70 \cdot 1 + 150 \cdot 1) = 820 €$$

c) Stückperiodenausgleichsverfahren:

Das Stückperiodenausgleichsverfahren (engl. part period balancing) basiert auf der Eigenschaft des EOQ-Modells, dass an der Stelle der optimalen Bestellmenge q^* die durchschnittlichen Lagerkosten und die Rüstkosten übereinstimmen und sich somit beide Kostenfunktionen schneiden. Wenn in Periode t ein Los aufgelegt wird, dann bestimme diejenige Periode τ, sodass gilt:

$$max\{\tau | R_t \geq c \cdot \sum_{i=t+1}^{\tau} d_i(i\text{-}t)\} \text{ oder } max\left\{\tau \left| \frac{R_t}{c} \geq \sum_{i=t+1}^{\tau} d_i(i\text{-}t)\right.\right\}$$

Es gilt: $\frac{R_t}{c} = \frac{150}{1} = 150$

$t = 1: \quad \tau = 1 \quad 0 \leq 150$
$\qquad \tau = 2 \quad 70 \leq 150$
$\qquad \tau = 3 \quad 70 + 80 \cdot 2 > 150 \qquad \rightarrow q_1 = 270$

$t = 3: \quad \tau = 3 \quad 0 \leq 150$
$\qquad \tau = 4 \quad 150 \leq 150$
$\qquad \tau = 5 \quad 150 + 80 \cdot 2 > 150 \qquad \rightarrow q_3 = 230$

$t = 5: \quad \tau = 5 \quad 0 \leq 150$
$\qquad \tau = 6 \quad 200 > 150 \qquad \rightarrow q_5 = 80$

Dies bedeutet, dass folgende Produktionslose in den Monaten 1, 3, 5 und 6 aufgelegt werden:

t	1	2	3	4	5	6
q_t	270	-	230	-	80	200

Es ergeben sich die folgenden Gesamtkosten:

$$K = 4 \cdot 150€ + 1€ \cdot (70 \cdot 1 + 150 \cdot 1) = 820 €$$

Lösung Aufgabe 3.4.6

Es werden zwei Produkte mit schwankendem Bedarfsverlauf auf einer Maschine mit begrenzter Kapazität hergestellt. Demnach handelt es sich um ein dynamisches, kapazitiertes Mehrproduktlosgrößenproblem, welches mittels des CLSP-Modells beschrieben werden kann. Heuristisch kann eine Lösung der Problemstellung durch das Verfahren von DIXON-SILVER erfolgen.

Zunächst ist bei der Heuristik von DIXON-SILVER zu prüfen, ob das Problem überhaupt lösbar ist. Dazu muss gelten, dass der kumulierte Nettobedarf niemals die kumulierte Kapazität übersteigt:

$$\underbrace{\sum_{s\leq t} a_i \cdot d_{is}}_{=D_t} \leq \sum_{s\leq t} \kappa_s \quad \text{für} \quad t = 1,...,6$$

Anschließend kann der notwendige Produktionsfortschritt $\tilde{D}_t$ je Periode rekursiv mit

$$\tilde{D}_T = D_T, \ \tilde{D}_{t-1} = \max\left\{D_{t-1}; \tilde{D}_t - \kappa_t\right\} \text{ für } t = 6,...,2 \text{ bestimmt werden.}$$

t	1	2	3	4	5	6
d_{1t}	20	30	50	70	10	30
d_{2t}	10	40	80	30	20	20
κ_t	220	110	200	240	0	50
$\sum_{s\leq t}\kappa_s$	220	330	530	770	770	820
D_t	40	150	360	490	540	610
$\tilde{D}_t$	50	160	360	560	560	610

Da das Problem sich als lösbar erwiesen hat, kann nun mit der Aufstellung des Produktionsplanes begonnen werden. Dazu sind in jeder Periode drei Schritte durchzuführen:

[A]   Zunächst wird für jedes Produkt i der aktuelle Periodenbedarf (d. h. der noch nicht in früheren Perioden gedeckte Restbedarf) eingeplant.

[B]   Stehen nach Schritt [A] noch Kapazitätsreserven zur Verfügung, so muss geprüft werden, ob eine Vorausproduktion vollständiger zukünftiger Bedarfe aus Kostengründen sinnvoll ist.

[C]   Bestehen nach Schritt [B] immer noch Kapazitätslücken, so müssen auch Lose gebildet werden, die sich negativ auf die Kosten niederschlagen. Hierbei können jetzt auch Teilmengen der zukünftigen Bedarfe vorgezogen werden.

Die früheste Periode, in der für Produkt 1 und Produkt 2 Nachfrage besteht ($d_{is} > 0$), ist Periode 1 ($r_1 = r_2 = 1$): $\tilde{d}_1 = 20$, $\tilde{d}_2 = 10$. Zu Beginn sind noch keine Kapazitäten verbraucht: $CV = 0$.

Mit der Formel $CF_t = \max\left\{0; \sum_i a_i d_t - \kappa_t - CV_t\right\}$ ergeben sich Fehlkapazitäten für die Perioden 3, 5 und 6:

t	1	2	3	4	5	6
CF_t	0	0	10	0	50	20

Für die erste Periode mit Fehlkapazität gilt $t_f = 3$.

Periode $t = 1$:

[A] Da für beide Produkte $i = 1,2$ die Reichweite r_i gleich der betrachteten Periode $t = 1$ ist, wird zunächst für beide der Nettobedarf der ersten Periode eingeplant.

Produkt 1: $q_{11} = \tilde{d}_1 = 20$

Damit ergibt sich für die bisher verbrauchte Kapazität und für die Restkapazität:

$CV = CV + a_1 \cdot q_{11} = 0 + 1 \cdot 20 = 20$

$RC = \kappa_t - a_i \cdot q_{11} = 220 - 1 \cdot 20 = 200$

Produkt 2: $q_{21} = \tilde{d}_2 = 10$

Kapazitätsverbrauch und Restkapazität:

$CV = CV + a_2 \cdot q_{21} = 20 + 2 \cdot 10 = 40$

$RC = \kappa_t - \sum_{i=1}^{2} a_i q_{i1} = 220 - 1 \cdot 20 - 2 \cdot 10 = 180$

[B] Die nächste Periode, in der für Produkt 1 ein Bedarf vorliegt, ist Periode 2 ($r_1 = 2$) mit $\tilde{d}_1 = d_{12} = 30$.

Die durchschnittlichen Kosten pro Zeiteinheit errechnen sich wie folgt:

$SM(q_{11}) = \dfrac{R_1}{1} = \dfrac{20}{1} = 20$

Produkt 2 wird wie Produkt 1 wieder in der nächsten Periode ($r_2 = 2$) nachgefragt: $\tilde{d}_2 = d_{22} = 40$

Auch hier enthalten die durchschnittlichen Kosten pro Zeiteinheit nur die Rüstkosten: $SM(q_{21}) = \dfrac{R_2}{1} = \dfrac{100}{1} = 100$

Da noch eine Restkapazität von 180 Einheiten vorhanden ist wird überprüft, ob eine Vorausproduktion aus Kostengründen sinnvoll ist.

Als Kriterium bzgl. der Entscheidung weitere vollständige Periodenbedarfe vorzuziehen oder nicht, erfolgt die Verwendung einer Prioritätszahl unter Verwendung der SILVER-MEAL-Werte (SM):

$$P_i(\delta_i) = \frac{SM\,(q_{it}) - SM(q_{it} + \delta_i)}{a_i \cdot \delta_i}$$

Dabei entspricht $SM(q_{it})$ den durchschnittlichen Kosten pro Zeiteinheit.

Es wird dasjenige Produkt zur Vorausproduktion ausgewählt, dessen Prioritätszahl am höchsten ist:

$$\max_i P_i(\tilde{d}_i) > 0 \ \text{(mit } a_i \tilde{d}_i \leq RC \text{ und } r_i \leq t_c \text{)}.$$

Dabei muss darauf geachtet werden, dass nicht zu weit vorausproduziert wird. Die Hilfsgröße t_c erhält deshalb entweder den Wert t_f, falls die bisher benötigte Kapazität kleiner als der kumulierte Produktionsbedarf ist ($CV < \tilde{D}_t$), oder ansonsten den Wert $T = 6$:

$$CV = 40 < 50 = \tilde{D}_t \quad \Rightarrow \quad t_c = t_f = 3$$

Sowohl für Produkt 1 als auch für Produkt 2 liegt der nächste Bedarf in Periode 2 vor. Die Reichweite r_i liegt also bei beiden Produkten unterhalb der Grenze t_c und somit kann bei beiden Produkten der Bedarf aus Periode 2 vorgezogen werden. $r_1 = r_2 = 2 \leq t_c = 3$

Produkt 1: Die Nachfrage für Periode 2 beträgt 30 ME und da nur vollständige Bedarfe vorgezogen werden dürfen, wird $\delta_1 = 30$ gesetzt.

SILVER-MEAL-Wert: $SM(q_{11} + \delta_1) = \dfrac{R_1 + c_1 d_{12}}{2 - 1 + 1} = \dfrac{20 + 2 \cdot 30}{2} = 40$

Prioritätszahl: $P_1(\delta_1) = \dfrac{SM\,(q_{11}) - SM(q_{11} + \delta_1)}{a_1 \cdot \delta_1} = \dfrac{20 - 40}{1 \cdot 30} = -\dfrac{2}{3}$

Produkt 2:   Der Bedarf der nächsten Periode beträgt 40 ME ($\delta_2 = 40$).

$$\text{Silver-Meal-Wert: } SM(q_{21} + \delta_2) = \frac{R_2 + c_2 d_{22}}{2 - 1 + 1} = \frac{100 + 2 \cdot 40}{2} = 90$$

$$\text{Prioritätszahl: } P_2(\delta_2) = \frac{SM(q_{21}) - SM(q_{21} + \delta_2)}{a_2 \cdot \delta_2} = \frac{100 - 90}{2 \cdot 40} = \frac{1}{8}$$

Produkt 2 wird zur Vorausproduktion aus Kostengründen ausgewählt, da nur Produkt 2 eine positive Prioritätszahl hat und die Bedingung $a_2 \delta_2 = 2 \cdot 40 = 80 \leq RC = 180$ erfüllt ist.

Damit ergeben sich die Losgrößen der ersten Periode zu $q_{11} = 20$ für Produkt 1 und $q_{21} = 10 + 40 = 50$ für Produkt 2. Die Reichweite von Produkt 2 geht nun bis Periode 3 ($r_2 = 3$), mit einer Nachfrage von $\tilde{d}_2 = 80$. Der Kapazitätsverbrauch erhöht sich auf $CV = CV + a_2 \cdot \delta_2 = 40 + 2 \cdot 40 = 120$.

Es verbleibt allerdings immer noch eine Restkapazität von 100 ME:

$$RC = RC - a_2 \delta = 180 - 2 \cdot 40 = 100$$

Eine weitere Vorausproduktion von Produkt 2 aus Kostengründen scheidet aus, da nicht mehr der komplette Bedarf $\tilde{d}_2 = 80$ vorgezogen werden kann ($\Leftrightarrow CV = 160$).

Da der bisherige Kapazitätsverbrauch CV den notwendigen kumulierten Produktionsbedarf $\tilde{D}_t$ bereits übersteigt ($CV = 120 > \tilde{D}_1 = 50$), muss Schritt [C] des Verfahrens nicht ausgeführt werden. Somit ist das Verfahren für Periode 1 abgeschlossen und es wird zur nächsten Periode übergegangen. Der vorläufige Produktionsplan nach Anwendung des Verfahrens von Dixon-Silver für die erste Periode sieht wie folgt aus:

t	1	2	3	4	5	6
q_{1t}	20	...	...	...	...	...
q_{2t}	50	...	...	...	...	...

Periode $t = 2$:

[A] Für alle Produkte $i = 1,2$ wird $q_{it} = \tilde{d}_{it}$ ($\tilde{d}_{it} = d_{it}$ abzüglich der bereits vorgezogenen Anteile von d_{it}) gesetzt. Anschließend wird wiederum der kumulierte Kapazitätsverbrauch und die Restkapazität berechnet. Da das Produkt 2 vorgezogen wurde ergibt sich für $q_{22} = 0$.

$$CV = CV + a_1 \cdot q_{12} = 120 + 1 \cdot 30 = 150$$

$$RC = \kappa_2 - a_1 \cdot q_{12} = 110 - 1 \cdot 30 = 80$$

[B] Da noch eine Restkapazität von 80 ME vorhanden ist muss zuerst überprüft werden, ob eine Vorausproduktion aus Kostengründen sinnvoll ist. Es können nur vollständige Bedarfe vorgezogen werden. Somit ergibt sich für das Produkt 1 $\delta_1 = 50$ und für Produkt 2 $\delta_2 = 80$. Es muss wiederum überprüft werden ob die Restkapazität ausreicht:

$$a_1 \delta_1 = 1 \cdot 50 = 50 \le RC = 80$$

$$a_2 \delta_2 = 2 \cdot 80 = 160 > RC = 80$$

Die Restkapazität reicht aus, um den kompletten Bedarf von Produkt 1 vorzuziehen, jedoch nicht von Produkt 2. Es werden wiederum die Silver-Meal-Werte für Produkt 1 berechnet:

$$SM(q_{12}) = \frac{R_1}{1} = \frac{20}{1} = 20$$

$$SM(q_{12} + \delta_1) = \frac{R_1 + c_1 \delta_1}{3 - 2 + 1} = \frac{20 + 2 \cdot 50}{2} = 60$$

Anschließend wird die Prioritätszahl für das Produkt 1 berechnet:

$$P_1(\delta_1) = \frac{SM(q_{12}) - SM(q_{12} + \delta_1)}{a_1 \cdot \delta_1} = \frac{20 - 60}{1 \cdot 50} = -\frac{4}{5}$$

Da sich eine negative Prioritätszahl ergibt ist es nicht sinnvoll den Bedarf von Produkt 1 aus Kostengründen vorzuziehen.

[C] Da $CV = 150 < \tilde{D}_2 = 160$ muss jedoch aus Kapazitätsgründen vorausproduziert werden.

Für Produkt 1 ergibt sich $\delta_1 = 10$ und für Produkt 2 $\delta_2 = 5$.

Weiterhin müssen wiederum die Prioritätszahlen berechnet werden. Hierzu werden zuerst die Silver-Meal-Werte für beide Produkte berechnet. Da keine ganzen Bedarfe vorgezogen werden, verkürzt sich die Eindeckzeit für beide Produkte.

Produkt 1:

$$SM(q_{12} + \delta_1) = \frac{20 + 2 \cdot 10}{1 + \dfrac{10}{50}} = 33,33$$

$$P_1(\delta_1) = \frac{20 - 33,33}{1 \cdot 10} = -1,33$$

Produkt 2:

$$SM(q_{22} + \delta_2) = \frac{100 + 2 \cdot 5}{1 + \dfrac{5}{80}} = 103,53$$

$$P_2(\delta_2) = \frac{0 - 103,53}{2 \cdot 5} = -10,35$$

Da $\max\{P_1(\delta_1); P_2(\delta_2)\} = P_1(\delta_1)$ werden von Produkt 1 10 ME in die Periode 2 vorgezogen: $q_{12} = 40$. Der kumulierte Kapazitätsverbrauch erhöht sich auf $CV = 160$. Durch das Vorziehen von 10 ME aus Periode 3 wird auch die Fehlkapazität in Periode 3 beseitigt. Die nächste Periode mit Fehlkapazität ist $t_f = 5$. Somit ist Schritt [C] abgeschlossen. Für den Produktionsplan der ersten beiden Perioden gilt:

t	1	2	3	4	5	6
q_{1t}	20	40	...	...	...	...
q_{2t}	50	0	...	...	...	...

Periode $t = 3$:

[A] Zunächst wird der aktuelle Periodenbedarf für Produkt 1 und 2 eingeplant: $q_{13} = 40$ und $q_{23} = 80$. Anschließend wird wiederum der kumulierte Kapazitätsverbrauch und die Restkapazität berechnet:

$$CV = 160 + 1 \cdot 40 + 2 \cdot 80 = 360$$

$$RC = 200 - 1 \cdot 40 - 2 \cdot 80 = 0$$

Da keine Restkapazität vorhanden ist, entfallen die Schritte [B] und [C] und für den Produktionsplan gilt:

t	1	2	3	4	5	6
q_{1t}	20	40	40	...	...	...
q_{2t}	50	0	80	...	...	...

Periode $t = 4$:

[A] Es werden wiederum die aktuellen Periodenbedarfe eingeplant sowie der kumulierte Kapazitätsverbrauch und die Restkapazität berechnet:

$$q_{14} = 70; \ q_{24} = 30$$

$$CV = 360 + 1 \cdot 70 + 2 \cdot 30 = 490$$

$$RC = 240 - 130 = 110$$

[B] Da noch eine Restkapazität von 110 ME vorhanden ist wird überprüft, ob eine Vorausproduktion aus Kostengründen sinnvoll ist. Für Produkt 1 ergibt sich $\delta_1 = 10$ und für Produkt 2 $\delta_2 = 20$. Es muss wiederum überprüft werden, ob die Restkapazität ausreicht.

$$a_1 \delta_1 = 1 \cdot 10 = 10 \leq RC = 110$$

$$a_2 \delta_2 = 2 \cdot 20 = 40 \leq RC = 110$$

Beide Produkte könnten vollständig vorgezogen werden. Die Entscheidung erfolgt wiederum anhand der Prioritätszahlen.

Produkt 1:

$$SM(q_{14}) = 20; \ SM(q_{14} + \delta_1) = \frac{20 + 2 \cdot 10}{2} = 20$$

$$P_1(\delta_1) = \frac{20 - 20}{1 \cdot 10} = 0$$

Produkt 2:

$$SM(q_{24}) = 100; \ SM(q_{24} + \delta_2) = \frac{100 + 2 \cdot 20}{2} = 70$$

$$P_2(\delta_2) = \frac{100 - 70}{2 \cdot 20} = \frac{3}{4}$$

Da die Prioritätszahl von Produkt 2 positiv ist, werden 20 Einheiten vorgezogen: $q_{24} = 50$. Der kumulierte Kapazitätsverbrauch erhöht sich auf $CV = 530$ und es ergibt sich eine neue Restkapazität in Höhe von $RC = 70$. Der Bedarf von Produkt 2 aus Periode 6 könnte zwar aufgrund freier Kapazitäten vorgezogen werden. Dies ist jedoch nur möglich wenn Periode s kleiner oder gleich der ersten Periode mit $CF_s > 0$ ist. Da $t_f = 5$ darf kein Bedarf aus Periode 6 vorgezogen werden.

[C] Da $CV = 530 < \tilde{D}_4 = 560$ müssen aus Kapazitätsgründen zukünftige Bedarfe vorausproduziert werden. Das Produkt 2 wurde bereits vorgezogen und fällt somit weg. Von Produkt 1 können 10 ME aus Periode 5 vorgezogen werden. Somit ergibt sich ein $\delta_1 = 10$. Da die Restkapazität ausreicht den kompletten Bedarf vorzuziehen gilt: $q_{14} = 80$ und $RC = 60$. Durch das Vorziehen der Bedarfe von Produkt 1 und 2 wird die Fehlkapazität in Periode 5 beseitigt und es gilt $t_f = 6$. Da $CV = 540 < \tilde{D}_4 = 560$ müssen noch Bedarfe aus Periode 6 vorgezogen werden.

Für Produkt 1 ergibt sich $\delta_1 = 20$ und für Produkt 2 $\delta_2 = 10$. Die Entscheidung erfolgt wiederum anhand der Prioritätszahlen.

Produkt 1:

$$SM(q_{14}) = 20;\ SM(q_{14} + \delta_1) = \frac{20 + 2 \cdot 10 + 2 \cdot 2 \cdot 20}{2 + \dfrac{20}{30}} = 45$$

$$P_1(\delta_1) = \frac{20 - 45}{1 \cdot 20} = -1{,}25$$

Produkt 2:

$$SM(q_{24}) = 70;\ SM(q_{24} + \delta_2) = \frac{100 + 2 \cdot 20 + 2 \cdot 2 \cdot 10}{2 + \dfrac{10}{20}} = 72$$

$$P_2(\delta_2) = \frac{70 - 72}{2 \cdot 10} = -0{,}1$$

Von Produkt 2 werden 10 ME vorgezogen, da die Prioritätszahl größer ist: $q_{24} = 60$. Dadurch wird auch die Fehlkapazität in Periode 6 beseitigt. Der kumulierte Kapazitätsverbrauch erhöht sich auf $CV = 560 = \tilde{D}_4$ und die Restkapazität verringert sich auf $RC = 40$.

Somit ergibt sich folgender neuer Produktionsplan:

t	1	2	3	4	5	6
q_{1t}	20	40	40	80	0	30
q_{2t}	50	0	80	60	0	10

Insgesamt ergeben sich bei Produkt 1 Kosten in Höhe von 140 GE und für Produkt 2 Kosten in Höhe von 560 GE. Damit resultieren Gesamtkosten in Höhe von 700 GE. Hiermit ist das Verfahren von DIXON-SILVER abgeschlossen. Durch genaues Hinsehen kann die Lösung weiter verbessert werden. Da noch Restkapazitäten in Periode 4 vorhanden sind, können die 10 ME des Produktes 2 von Periode 6 in die Periode 4 vorgezogen werden. Hierbei ergeben sich niedrigere Rüstkosten und höhere Lagerkosten. Insgesamt entstehen für das Produkt 2 jedoch nur Kosten in Höhe von 500 GE. Als Gesamtkosten resultieren hierbei nur 640 GE.

Feinplanung

Lösung Aufgabe 3.5.1

a) Ein Netzplan ist ein bewerteter Digraph $\vec{G}(V, \vec{E}, d)$ mit einer Knotenmenge V und einer Pfeilmenge $\vec{E}$. Für alle Knoten $j \in V$ gibt es einen Weg von der einzigen Quelle $q \in V$ über diesen Knoten j zur einzigen Senke $s \in V$.

   Als Vorgang wird eine Einzeltätigkeit oder ein Arbeitsvorgang bezeichnet.

   In der Netzplantechnik ist ein Ereignis derjenige Zeitpunkt, an dem bestimmte Vorgänge beendet und an dem Nachfolgevorgänge begonnen werden können.

   Unter einem Projekt ist ein Vorhaben zu verstehen, das aus Vorgängen, entsprechenden Reihenfolgebeziehungen und Ereignissen besteht.

b) Netzpläne können als Vorgangspfeilnetz (VPN) oder als Vorgangsknotennetz (VKN) dargestellt werden.

Im Vorgangspfeilnetz werden die einzelnen Arbeitsgänge durch Pfeile abgebildet. Die Pfeilbewertung gibt die Dauer des Vorgangs an. Die Knoten zwischen den Vorgängen stellen die einzelnen Ereignisse dar.

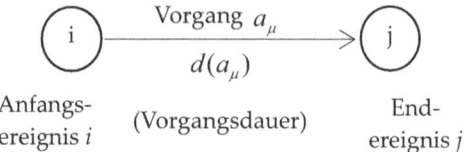

Im Vorgangsknotennetz entsprechen die Knoten den einzelnen Vorgängen. Oberhalb der Knoten werden die dazugehörigen Vorgangsdauern angezeigt.

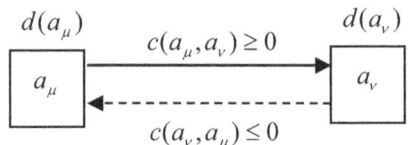

Die Pfeilbewertung $c(a_\mu, a_\nu) \geq 0$ gibt den frühesten Beginn des Vorgangs a_ν nach dem Beginn des Vorgangs a_μ an, die sogenannte Minimalbedingung. Mit der Pfeilbewertung $c(a_\nu, a_\mu) \leq 0$ wird der späteste Beginn von a_ν nach dem Start von a_μ angegeben (Maximalbedingung).

c) Scheinvorgänge sind Vorgänge mit der Dauer $d = 0$. Sie stellen keine realen Vorgänge dar, sondern werden nur zur exakten Wiedergabe von Reihenfolgebeziehungen und zur Vermeidung von parallelen Pfeilen in Vorgangspfeilnetzen verwendet. In Vorgangsknotennetzen werden Scheinvorgänge zur Angabe einer einzigen Quelle oder einzigen Senke benötigt.

d) Ein Vorgang (i, j) wird als kritisch bezeichnet, wenn sein Gesamtpuffer GP_{ij} gleich Null ist. Der Gesamtpuffer GP_{ij} des Vorgangs (i, j) gibt an, um welche Zeit der Vorgang maximal verschoben werden kann, wenn die Projektdauer eingehalten werden soll. Die Formel zur Ermittlung des Gesamtpuffers lautet: $GP_{ij} = SZ_j - FZ_i - d_{ij}$, wobei SZ_j den spätesten Zeitpunkt für das Ereignis $j \in V$, FZ_i den frühesten Zeitpunkt für das Ereignis i (jeweils bei Einhaltung der kürzesten Projektdauer) und d_{ij} die Dauer des Vorgangs (i, j) bedeutet.

Sind alle Vorgänge auf einem Weg vom Anfangs- bis zum Endereignis kritisch, so wird dieser Weg als kritisch bezeichnet und die Dauer dieses Weges gibt die minimal realisierbare Projektdauer an. In jedem Netzplan existiert immer mindestens ein kritischer Weg.

Lösung Aufgabe 3.5.2

a) Bei der Planung von Projektkapazitäten können, unter Beachtung der Reihenfolgebeziehungen zwischen den einzelnen Vorgängen, zweierlei Ziele verfolgt werden:

Eine mögliche Zielsetzung ist, den gesamten Ressourcenbedarf während einer vorgegebenen Projektdauer möglichst gleichmäßig zu verteilen. Hierzu kann die Nivellierungsheuristik verwendet werden.

Die beschränkte Einsatzmittelheuristik hingegen verfolgt das Ziel, die Projektdauer möglichst gering zu halten, wobei die beschränkten Einsatzmittel je Periode nicht überschritten werden dürfen.

b) Vorgehensweise der Nivellierungsheuristik:

Da hier der Einsatzmittelbedarf im Zeitverlauf möglichst wenig schwanken soll, wird als Zielfunktion die Summe der quadrierten Abweichungen des Einsatzmittelbedarfs je Periode b_t vom mittleren Gesamtkapazitätsbedarf des Projekts pro

Zeiteinheit $\bar{b}$ gewählt: $\quad ZF : \sum_{t=1}^{T} \left(b_t - \bar{b} \right)^2$

Nun wird jeder Vorgang innerhalb seiner Pufferzeit P_{ij} soweit wie möglich nach rechts verschoben, wenn dadurch der ZF-Wert nicht ansteigt, d. h. es erfolgt diejenige Rechtsverschiebung mit dem geringsten Zielfunktionswert (vgl. Aufgabe 3.5.5c).

Vorgehensweise der beschränkten Einsatzmittel-Heuristik:

Ziel ist es hier, unter Beachtung begrenzter Ressourcen, eine möglichst kurze Projektdauer zu realisieren:

$$ZF : T \rightarrow \min$$

Die Vorgänge müssen dabei so eingeplant werden, dass in keiner Periode die gegebene Kapazitätsobergrenze überschritten wird: $b_t \leq B_t$

Wird diese Grenze innerhalb bestimmter Intervalle überschritten, so werden die einzelnen Vorgänge anhand von Prioritätsregeln eingeplant bzw. nach rechts verschoben. Die Prioritäten in einem Intervall werden zunächst danach vergeben, ob die Vorgänge schon gestartet sind und noch nicht beendet wurden. Danach erhalten Vorgänge mit kleinen Pufferzeiten den Vorrang. Vorgänge mit hohem Einsatzmittelbedarf bekommen ebenso eine höhere Priorität. Als letztes werden noch die Vorgänge mit kurzer Dauer bevorzugt (vgl. Aufgabe 3.5.3d).

Lösung Aufgabe 3.5.3

a) Aus den in der Aufgabenstellung gegebenen einzelnen Vorgängen, der Zeitdauer je Vorgang und unter Berücksichtigung der Reihenfolgebeziehungen ergibt sich folgendes Vorgangspfeilnetz (VPN).

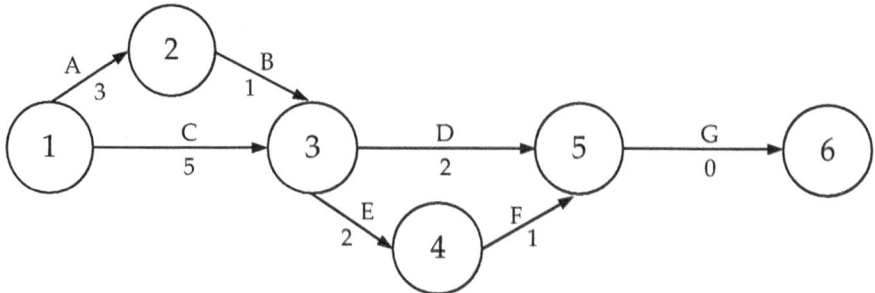

Es gilt:

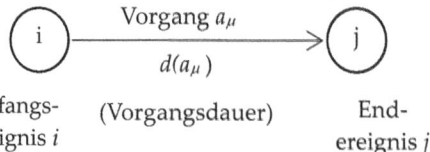

Anfangs-   (Vorgangsdauer)   End-
ereignis i ereignis j

Dabei sind die einzelnen Ereignisse topologisch sortiert zu nummerieren, d. h. $i < j$.

b) Die Zeitplanung im Netz erfolgt mittels der Critical Path Method (CPM), die anhand der Abbildung in Teilaufgabe a) durchgeführt wird.

Die frühesten Zeitpunkte FZ_i werden durch die Vorwärtsrechnung bestimmt:

Der früheste Zeitpunkt des ersten Ereignisses wird auf Null gesetzt: $FZ_1 = 0$

Für alle nachfolgenden Ereignisse $j = 2,...,n$ berechnen sich die frühesten Zeitpunkte für den Arbeitsbeginn nach der Regel: $FZ_j = \max_{i \in V(j)} \{FZ_i + d_{ij}\}$,

wobei $V(j)$ die Menge der Vorgänger des Arbeitsganges j definiert und d_{ij} die Dauer des Vorgangs zwischen Ereignis i und j angibt.

Beispiel: $FZ_1 = 0$; $FZ_2 = 0 + 3 = 3$;

$$FZ_3 = \max_{i \in \{1,2\}} \{FZ_1 + d_{13}; FZ_2 + d_{23}\} = \max\{0 + 5; 3 + 1\} = 5$$

Die spätesten Zeitpunkte SZ_i errechnen sich mittels der Rückwärtsrechnung:

Der späteste Zeitpunkt des letzten Ereignisses n wird mit dem frühesten Zeitpunkt dieses Ereignisses bzw. mit der Projektdauer gleichgesetzt: $SZ_n = FZ_n = PD$

Für alle Vorgängerereignisse $j = n-1,...,1$ gilt für deren späteste Endzeit-punkte die Formel: $SZ_i = \min\limits_{j \in N(i)}\{SZ_j - d_{ij}\}$, wobei $N(i)$ der Menge der Nach-folger von i entspricht.

Beispiel: $SZ_6 = FZ_6 = 8$; $SZ_5 = 8-0=8$; $SZ_4 = 8-1=7$;

$$SZ_3 = \min\limits_{j \in \{4,5\}}\{SZ_4 - d_{34}; SZ_5 - d_{35}\} = \min\{7-2; 8-2\} = 5$$

Die berechneten Werte für FZ_i und SZ_i werden in das VPN eingetragen:

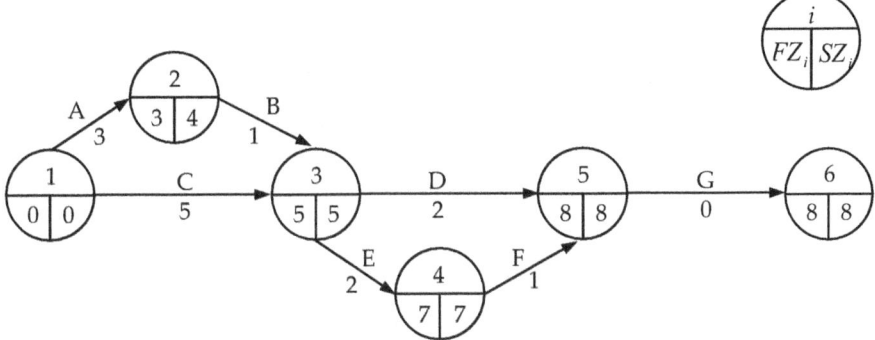

c) Der Gesamtpuffer GP_{ij} des Vorgangs (i, j) gibt an, um welche Zeit der Vorgang maximal verschoben werden kann, wenn die Projektdauer eingehalten werden soll. Formal ermittelt sich der Gesamtpuffer über: $GP_{ij} = SZ_j - FZ_i - d_{ij}$. Es ergibt sich:

Vorgang (i, j)	(1,2)	(1,3)	(2,3)	(3,4)	(3,5)	(4,5)	(5,6)
d_{ij}	3	5	1	2	2	1	0
FZ_i	0	0	3	5	5	7	8
SZ_j	4	5	5	7	8	8	8
GP_{ij}	1	0	1	0	1	0	0

Somit beträgt der Gesamtpuffer $GP_B = 1$.

Ist der Gesamtpuffer GP_{ij} eines Vorgangs (i, j) gleich Null, so wird dieser Vorgang als kritisch bezeichnet. Sind alle Vorgänge auf einem Weg vom Anfangs- bis zum Endereignis kritisch, so wird dieser Weg als kritisch bezeichnet und die Dauer dieses Weges gibt die minimal realisierbare Projektdauer an.

Hier liegt folgender kritischer Weg mit einer Projektdauer von 8 Einheiten vor: 1–3–4–5–6 .

d) Zur Herstellung des Speziallacks stehen jeden Tag insgesamt sechs Mitarbeiter zur Verfügung. Unter Beachtung dieser begrenzten Ressourcen und den Ablaufbeziehungen zwischen den einzelnen Arbeitsschritten soll nun mittels der beschränkten Einsatzmittel-Heuristik eine möglichst kurze ganzzahlige Projektdauer T realisiert werden: $ZF : T \rightarrow \min$

Dabei werden die einzelnen Arbeitsvorgänge so eingeplant, dass die Summe der Einsatzmittelbedarfe während des gesamten Projekts niemals die vorgegebene Kapazitätsobergrenze überschreitet: $b_t \leq B_t$

Anfangs ist zu prüfen, ob eine zulässige Lösung überhaupt existiert. Dies ist der Fall, wenn der Einsatzmittelbedarf jedes Vorgangs die gegebene Einsatzmittelkapazität von sechs Mitarbeitern pro Tag nie überschreitet: $b_{ij} \leq B_t = 6$ ist erfüllt für alle Vorgänge (i, j) .

Jetzt wird geprüft, in welchen Perioden die Ressourcengrenze überschritten wird. Dazu werden die aktuellen Anfangs- und Endtermine AZ_{ij} und EZ_{ij} der Vorgänge bestimmt. Mittels dieser Termine werden Intervalle der Form $[t_1, t_2]$ (mit $0 = t_1 < t_2 < ... < t_s$) gebildet und die Vorgänge (i, j) innerhalb dieser Intervalle betrachtet: $[AZ_{ij}, EZ_{ij}] \subset [t_1, t_2]$

Ist die Ressourcenbeanspruchung in diesem Intervall für alle Perioden kleiner oder gleich der verfügbaren Einsatzmittelkapazität, so erfolgt ein Wechsel zum nächsten Intervall: $\sum b_{ij} \leq B_t$ für alle $t \in [t_1, t_2]$

Wird die vorhandene Kapazität überschritten, also $\sum b_{ij} > B_t$ für alle $t \in [t_1, t_2]$, so werden die einzelnen Vorgänge anhand nachfolgender Prioritätsregeln eingeplant und gegebenenfalls nach hinten verschoben:

1. Als erstes werden die Vorgänge (i, j) eingeplant, die bereits begonnen haben, d. h. $AZ_{ij} < t_1$ und die in Periode t_1 noch nicht beendet sind, d. h. $EZ_{ij} > t_1$.

2. Es folgen die Vorgänge (i, j), die kleine Pufferzeiten GP_{ij} haben.

3. Danach werden die Vorgänge (i, j) mit einem hohen Einsatzmittelbedarf b_{ij} eingeplant.

4. Als letztes werden die Vorgänge (i, j) eingeplant, die eine geringere Dauer d_{ij} besitzen.

Die Anfangstermine der verschobenen Vorgänge werden auf das Intervallende gelegt ($AZ_{ij} = t_2$) und das restliche VPN entsprechend angepasst.

Für die vorliegende Aufgabe ergeben sich folgende Anfangs- und Endtermine je Vorgang:

Vorgang (i, j)	(1,2)	(1,3)	(2,3)	(3,4)	(3,5)	(4,5)	(5,6)
AZ_{ij}	0	0	3	5	5	7	8
EZ_{ij}	3	5	4	7	7	8	8

Daraus entstehen die Intervalle [0,3], [3,4], [4,5], [5,7] und [7,8].

Für das Intervall [0,3] liegt die Belastung für alle Perioden bei sechs Einheiten, was genau der Obergrenze entspricht. Sowohl im Intervall [3,4] als auch im Intervall [4,5] ist die Belastung von fünf bzw. vier Einheiten unterhalb der verfügbaren Kapazität.

Erst im vierten Intervall [5,7] werden mehr Mitarbeiter je Periode benötigt, als zur Verfügung stehen: $b_5 = b_6 = b_7 = 8 > B_t = 6$

Diesen Sachverhalt veranschaulicht auch folgendes Diagramm:

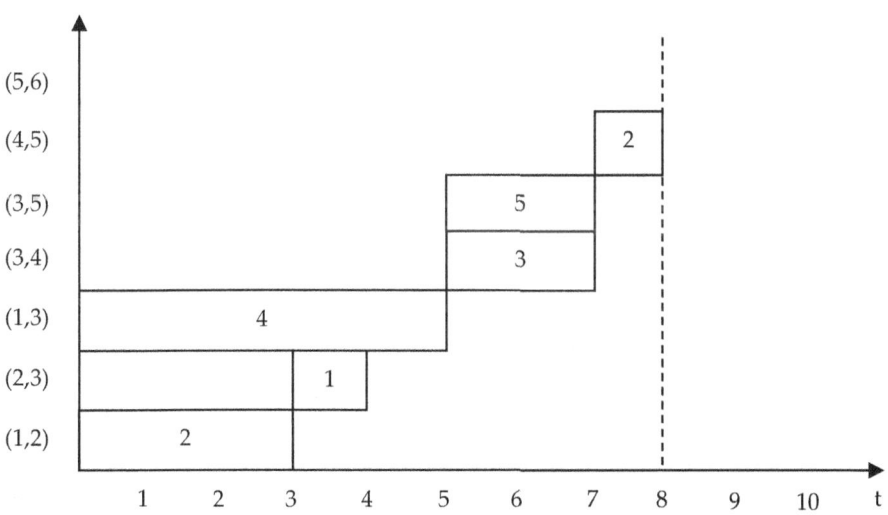

Für das Intervall [5,7] müssen nun also die darin vorkommenden Vorgänge (3,4) und (3,5) anhand bestimmter Prioritätsregeln eingeplant werden:

Da die beiden Vorgänge (3,4) und (3,5) genau zu Beginn des Intervalls [5,7] starten, führt die erste Prioritätsregel noch keine Entscheidung herbei. Der Vorgang (3,4) ist ein kritischer Vorgang, hat also keinen Puffer und wird demnach als erstes eingeplant. Demzufolge wird der Vorgang (3,5) an das Ende des Intervalls verschoben. Er beginnt nun in Periode 7 und endet in Periode 9 (= neue Projektdauer).

Als weitere Auswirkung dieser Verschiebung rückt auch der Vorgang (5,6) als direkter Nachfolger um zwei Perioden nach hinten (hat prinzipiell keinen Einfluss, da Dauer und Kapazitätsbeanspruchung gleich Null sind).

Die neue Situation stellt sich demnach wie folgt dar:

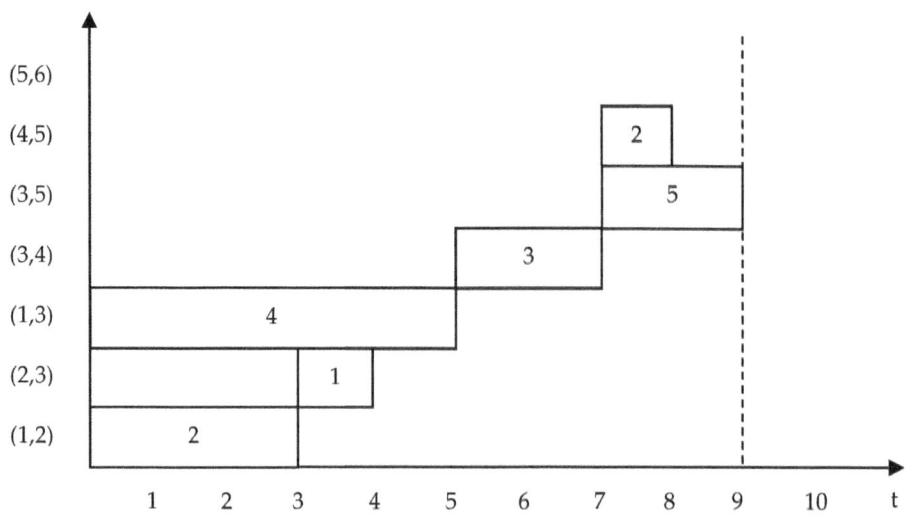

Es entstehen zwei neue Intervalle: [7,8] und [8,9].

Im Intervall [7,8] wird die maximale Kapazität von sechs Mitarbeitern um eine Einheit überschritten und demnach muss wieder anhand der Prioritätsregeln eine Einplanung der in diesem Intervall vorkommenden Vorgänge (3,5) und (4,5) vorgenommen werden. Da der Vorgang (4,5) einen größeren Puffer hat, wird er ans Ende des Intervalls geschoben und hat nun als Anfangstermin Periode 8. Gleichzeitig findet die Verschiebung von Vorgang (5,6) statt. Es ergibt sich in Intervall [8,9] erneut der Fall, dass die Kapazität um eine Einheit überschritten wird. Eine Verschiebung von Vorgang (4,5) (sowie Vorgang (5,6)) findet abermals statt: Neuer Anfangstermin ist Periode 9.

Folgende Situation ergibt sich:

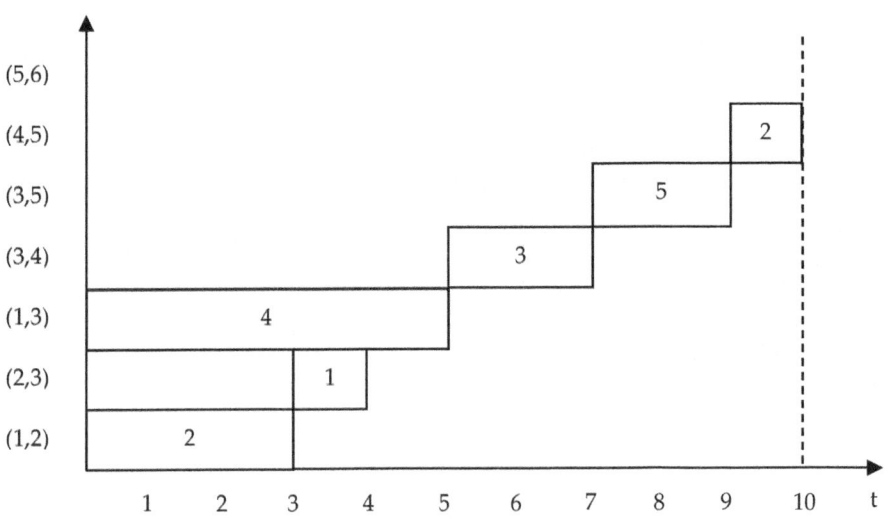

Nun übersteigt der Einsatzmittelbedarf in keiner Periode mehr die verfügbare Kapazität: $\sum b_{ij} \leq B_t$ für alle $t \in [t_1, t_2]$

Die neue Projektdauer liegt bei zehn Perioden. Gegenüber der ursprünglichen Projektdauer erhöht sie sich damit um 25%.

Lösung Aufgabe 3.5.4

a) Das zugehörige Vorgangspfeilnetz mit den frühesten und spätesten Zeitpunkten (FZ_i, SZ_i) hat folgende Darstellung:

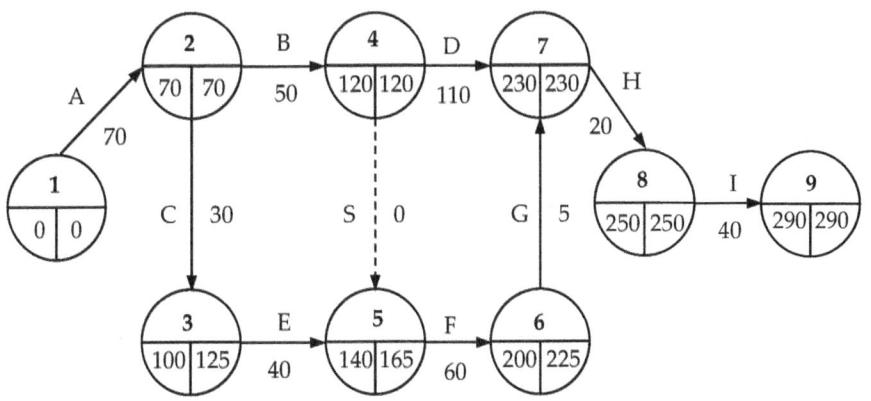

S stellt dabei einen Scheinvorgang mit der Dauer $d_{45} = 0$ dar, um die Reihenfolgebeziehung zwischen den Vorgängen B, E und F exakt wiederzugeben.

b) Mittels der Formel $GP_{ij} = SZ_j - FZ_i - d_{ij}$ kann der jeweilige Gesamtpuffer GP_{ij} der einzelnen Vorgänge bestimmt werden:

Vorgang (i,j)	A $(1,2)$	B $(2,4)$	C $(2,3)$	D $(4,7)$	E $(3,5)$	F $(5,6)$	G $(6,7)$	H $(7,8)$	I $(8,9)$	S $(4,5)$
d_{ij}	70	50	30	110	40	60	5	20	40	0
FZ_i	0	70	70	120	100	140	200	230	250	120
SZ_j	70	120	125	230	165	225	230	250	290	165
GP_{ij}	0	0	25	0	25	25	25	0	0	45

Da auf dem kritischen Weg alle Vorgänge (i, j) einen Gesamtpuffer von Null aufweisen, verläuft der kritische Weg wie folgt: A – B – D – H – I; die resultierende Gesamtdauer beträgt 290 Zeiteinheiten.

c) c1) Die späteste Anfangszeit SAZ_{ij} eines Vorgangs (i, j) berechnet sich aus der Differenz des spätesten Zeitpunkts des Endereignisses j und der Dauer d_{ij} des Vorgangs:

$$SAZ_{ij} = SZ_j - d_{ij}$$

Somit ergibt sich für die späteste Anfangszeit des Vorgangs G der Wert 225:

$$SAZ_G = 230 - 5 = 225$$

c2) Der Gesamtpuffer von Vorgang F kann aus obiger Tabelle entnommen werden: $GP_F = 225 - 140 - 60 = 25$

c3) Mit der Formel $UP_{ij} = \max\{0; FZ_j - SZ_i - d_{ij}\}$ kann der unabhängige Puffer eines Vorgangs ermittelt werden. Für den Vorgang C ergibt sich:

$$UP_C = \max\{0; FZ_3 - SZ_2 - d_{23}\} = \max\{0; 100 - 70 - 30\} = 0$$

d) Der unabhängige Puffer gibt die maximal mögliche Zeitverschiebung eines Vorgangs (i, j) an, wenn alle Nachfolger zum frühesten Termin beginnen und alle Vorgänger zum spätesten Zeitpunkt starten.

Lösung Aufgabe 3.5.5

a) Vorgangspfeilnetz mit frühesten und spätesten Zeitpunkten (FZ_i, SZ_i):

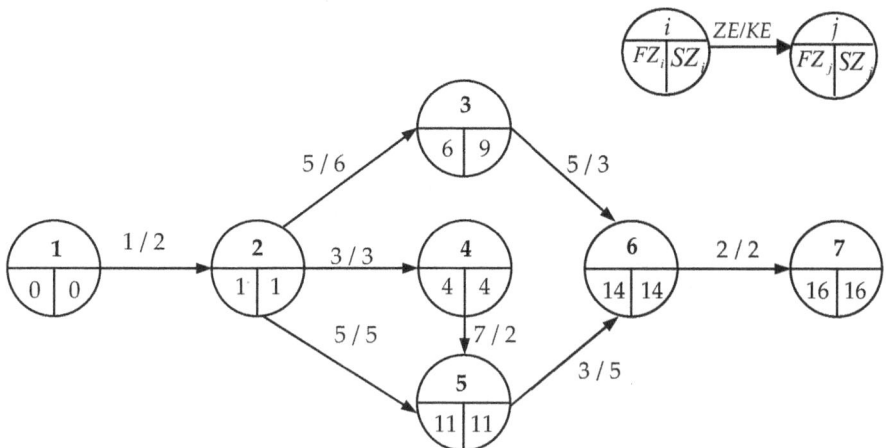

Die Pfeilbewertung enthält die benötigten Zeit- und Kapazitätseinheiten (ZE/KE) für den jeweiligen Vorgang.

Der kritische Weg (d. h. $GP_{ij} = 0$ für alle (i, j) entlang des Weges) verläuft wie folgt: $1 - 2 - 4 - 5 - 6 - 7$.

Die Vorgänge (2,5), (2,3) und (3,6) verfügen über Pufferzeiten von 5, 3 und 3 Zeiteinheiten.

b) Im Gantt-Diagramm wird jeder Vorgang (i, j) durch einen Balken parallel zur Zeitachse dargestellt. Dabei beginnt jeder Balken (i, j) beim frühesten Zeitpunkt FZ_i des Vorgangs und endet bei $FZ_i + d_{ij}$, die Länge des Balkens gibt also die Dauer des dazugehörigen Vorgangs an. Für dieses Projekt mit einer Dauer von 16 Zeiteinheiten liegt das nachstehende GANTT-Diagramm vor, wobei innerhalb der Balken der jeweils benötigte Kapazitätsbedarf angegeben ist.

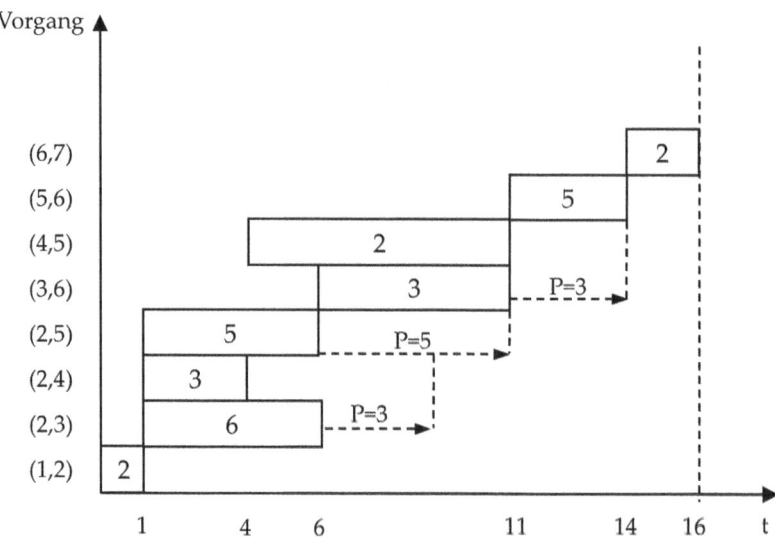

Aus dem folgenden Balkendiagramm lässt sich die Belastung im Zeitverlauf ablesen:

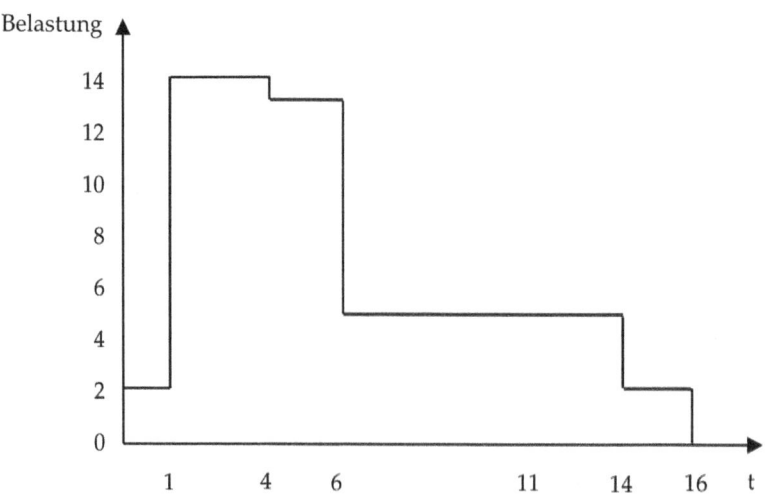

Die Grafik zeigt, dass die Belastung über die Zeit stark schwankt.

c) Um den Einsatzmittelbedarf bei gegebener Projektdauer ($T=16$) möglichst gleichmäßig im Verlauf des Projektes zu verteilen, wird die Nivellierungsheuristik angewendet.

Ziel ist es, die Abweichung des Einsatzmittelbedarfs je Periode b_t vom mittleren Gesamtkapazitätsbedarf des Projekts pro Zeiteinheit $\bar{b}$ möglichst gering zu gestalten:

$$ZF : \sum_{t=1}^{T}\left(b_t - \bar{b}\right)^2 = \sum_t b_t^2 - \underbrace{T\bar{b}^2}_{fix} \qquad \Rightarrow ZF : \sum_t b_t^2 \to \min$$

$$\bar{b} = \frac{1}{T}\sum_{t=1}^{T} b_t = \frac{1}{16}(2+14+14+14+13+13+5+5+5+5+5+5+5+5+2+2) = \frac{114}{16}$$

Bei der Nivellierungsheuristik wird wie folgt vorgegangen:

Anfangs werden die einzelnen Vorgänge derart in eine Reihenfolge gebracht, dass der Vorgang (i, j) vor dem Vorgang (i', j') liegt, wenn das Ereignis i eine höhere Nummerierung als das Ereignis i' trägt. Für den Fall, dass die Vorgänge mit demselben Ereignis beginnen ($i = i'$), wird der Vorgang mit der größeren Nummer für das Endereignis zuerst betrachtet.

$\Rightarrow$ Reihenfolge der Vorgänge dieses Projektes: (6,7), (5,6), (4,5), (3,6), (2,5), (2,4), (2,3), (1,2)

Anschließend werden die Vorgänge daraufhin untersucht, ob eine Verschiebung nach rechts vorgenommen werden kann, ohne dass sich der Zielfunktionswert (ZF-Wert) verschlechtert. Eine Rechtsverschiebung ist nur für die Vorgänge (i, j) zulässig, die über einen Puffer P_{ij} verfügen. Dabei darf maximal eine Verschiebung um z mit $1 \le z \le P_{ij}$ erfolgen. Für jeden Wert von z werden die neuen Einsatzmittelbedarfe b_t pro Periode sowie die jeweiligen Zielfunktionswerte neu berechnet. Ist mindestens einer der neuen ZF-Werte kleiner als der alte Zielfunktionswert, so wird der betrachtete Vorgang um z Zeiteinheiten nach rechts verschoben, wobei derjenige Wert von z gewählt wird, dessen zugehöriger ZF-Wert am kleinsten ist: $\min_z ZF_z \le ZF_{alt}$

Der momentane Kapazitätsbedarf im Zeitverlauf mit zugehörigem ZF-Wert stellt sich folgendermaßen dar:

t	1	2	3	4	5	6	7	8	9	10	11	12	13	14	15	16	ZF
b_t	2	14	14	14	13	13	5	5	5	5	5	5	5	5	2	2	1.138

In diesem Projekt haben nur die Vorgänge (2,3), (3,6) und (2,5) Pufferzeiten von 3 bzw. 5 Zeiteinheiten (siehe GANTT-Diagramm).

Als erstes wird untersucht, wie sich die Zielfunktionswerte verhalten, wenn Vorgang (3,6) um $z = 1, 2, 3$ ZE nach rechts verschoben wird:

t	1	2	3	4	5	6	7	8	9	10	11	12	13	14	15	16	ZF
$z = 1$	2	14	14	14	13	13	2	5	5	5	5	8	5	5	2	2	1.156
$z = 2$	2	14	14	14	13	13	2	2	5	5	5	8	8	5	2	2	1.174
$z = 3$	2	14	14	14	13	13	2	2	2	5	5	8	8	8	2	2	1.192

Bei allen drei Verschiebungen tritt eine Verschlechterung des ZF-Wertes ein, deshalb bleibt Vorgang (3,6) unverändert.

Nächster und zugleich letzter zu überprüfender Vorgang ist Vorgang (2,5), der bis zu 5 Zeiteinheiten nach rechts verschoben werden kann:

t	1	2	3	4	5	6	7	8	9	10	11	12	13	14	15	16	ZF
$z = 1$	2	9	14	14	13	13	10	5	5	5	5	5	5	5	2	2	1.098
$z = 2$	2	9	9	14	13	13	10	10	5	5	5	5	5	5	2	2	1.058
$z = 3$	2	9	9	9	13	13	10	10	10	5	5	5	5	5	2	2	1.018
$z = 4$	2	9	9	9	8	13	10	10	10	10	5	5	5	5	2	2	988
$z = 5$	2	9	9	9	8	8	10	10	10	10	10	5	5	5	2	2	958

Die größte Verbesserung des ZF-Wertes tritt bei einer Rechtsverschiebung um 5 Zeiteinheiten ein.

Nach Anwendung der Nivellierungsheuristik ergeben sich folgendes GANTT- und Belastungsdiagramm:

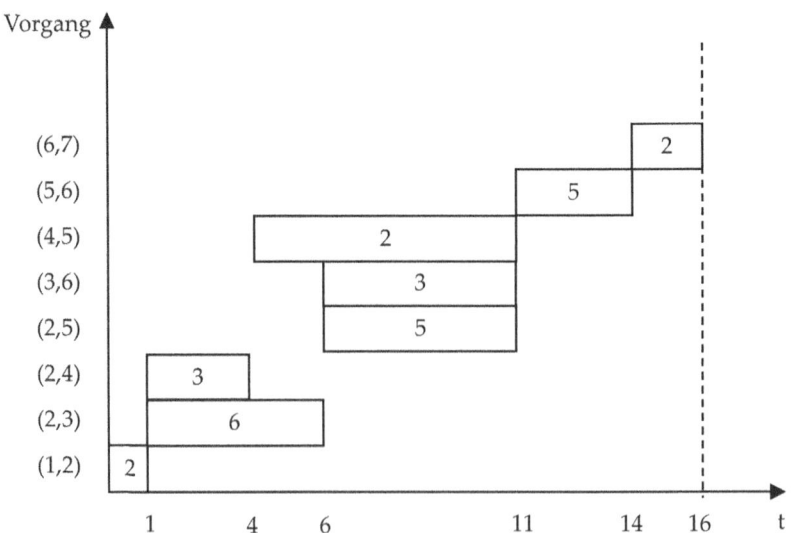

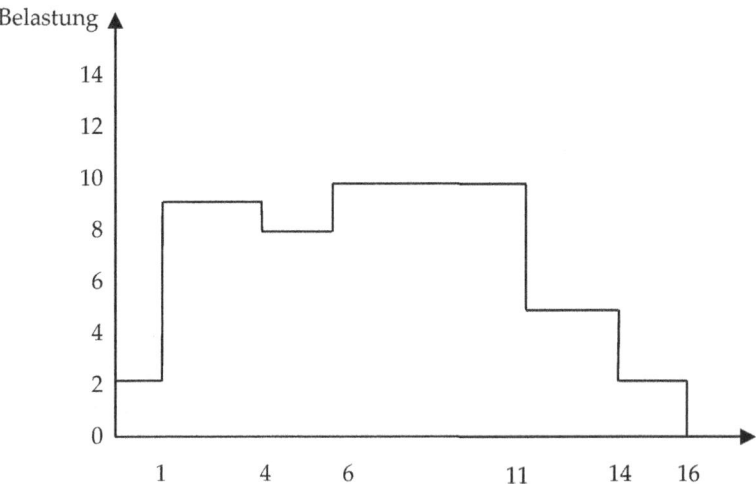

Lösung Aufgabe 3.5.6

a)   Die Ablaufplanung hat die Aufgabe, die zeitliche und räumliche Reihenfolge der Fertigung unterschiedlicher Produkte auf einer oder mehreren Maschinen unter Beachtung gegebener Termine festzulegen (Losgrößen sind bereits gebildet).

b)   Unter dem Dilemma der Ablaufplanung ist die Gegenläufigkeit der Ziele „Minimierung der Durchlaufzeit" und „Maximierung der Kapazitätsauslastung" zu verstehen. Ursache für diesen Zielkonflikt ist, dass das Oberziel der Gewinnmaximierung von zwei Seiten betrachtet werden kann. Zum einen können durch Durchlaufzeit-Verkürzungen Kosten verringert werden, da sich dadurch die Kapitalbindung vermindert. Zum anderen soll aber auch eine hohe Kapazitätsauslastung der Maschinen erreicht werden, um die Fixkosten pro gefertigtem Stück zu senken.

Von einem Polylemma der Ablaufplanung wird gesprochen, wenn noch weitere Ziele, wie z. B. ökologische Faktoren, mit in die Betrachtung einbezogen werden.

c)   Es liegt ein Flow-Shop-Problem (Fließfertigung) vor, d. h. jeder Auftrag ist auf jeder Maschine genau einmal zu bearbeiten und zwar in einer für alle Aufträge fest vorgeschriebenen Reihenfolge. Alle Aufträge I bis VI werden zuerst auf Maschine A und dann auf Maschine B mit einer Bearbeitungszeit t_{A_j} bzw. t_{B_j} ($j = I,...,VI$) bearbeitet. Ziel ist es, mit dem Verfahren von JOHNSON eine Auftragsreihenfolge zu finden, die die Zykluszeit minimiert.

Nach dem Verfahren von JOHNSON werden zunächst alle Aufträge $j = I,...,VI$ in zwei Mengen A und B unterteilt. In der Menge A sind alle Aufträge enthalten, deren Bearbeitungszeit auf Maschine A kleiner ist als die auf Maschine B:

$$A = \left\{ j \in J \middle| t_{A_j} < t_{B_j} \right\}$$

Menge B beinhaltet alle Aufträge, deren Bearbeitungszeit auf Maschine A größer als oder gleich wie auf Maschine B ist:

$$B = \left\{ j \in J \middle| t_{A_j} \geq t_{B_j} \right\}$$

$$\Rightarrow A = \{II, III, IV\} \; ; \; B = \{I, V, VI\}$$

Als nächstes werden die Aufträge der Menge A nach ansteigender Bearbeitungszeit auf Maschine A geordnet. Somit entsteht der erste Teil der Bearbeitungsreihenfolge:

$$\Rightarrow IV - III - II$$

Dann erfolgt die Ordnung der Aufträge in Menge B nach fallenden Bearbeitungszeiten auf Maschine B:

$$\Rightarrow I - V - VI \quad \text{bzw.} \quad I - VI - V$$ (Da die Bearbeitungszeit von Auftrag V und VI auf Maschine B gleich ist, besteht eine Wahlmöglichkeit.)

Damit ist die gesuchte Auftragsreihenfolge gefunden:

$$IV - III - II - I - V - VI \quad \text{bzw.} \quad IV - III - II - I - VI - V$$

Das Maschinenbelegungsdiagramm sieht folgendermaßen aus:

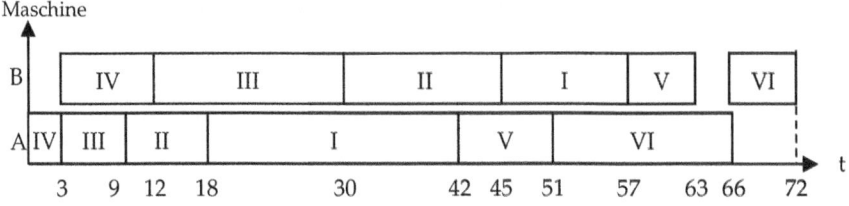

Die Zykluszeit beträgt 72 Perioden.

d) Das Verfahren von JOHNSON liefert bei Fließfertigungen unter bestimmten Umständen auch die optimale Auftragsreihenfolge für Drei-Maschinen-Probleme. Dies ist der Fall, wenn die maximale Bearbeitungsdauer auf der mittleren Maschine (hier: Auftrag III auf Maschine B mit einer Dauer von 18) kleiner oder gleich der minimalen Bearbeitungsdauer auf der ersten oder der dritten Maschine ist (hier Auftrag IV auf Maschine A mit einer Dauer von 3 und Auftrag I auf Maschine C mit einer Dauer von 18). Da die maximale Bearbeitungsdauer auf Maschine B gleich der minimalen Bearbeitungsdauer der Maschine C ist, liefert das Verfahren von JOHNSON im vorliegenden Fall optimale Ergebnisse.

Zur Bestimmung der Reihenfolge erfolgt eine Reduktion auf ein Zwei-Maschinen-Problem, indem zu den Bearbeitungsdauern der Maschine A und der Maschine C die jeweiligen Dauern der mittleren Maschine B addiert werden. Anschließend kann das Verfahren von JOHNSON, wie oben beschrieben, durchgeführt werden. Folgende Bearbeitungszeiten ergeben sich für das reduzierte Zwei-Maschinen-Problem:

Auftrags-Nr.	Bearbeitungszeiten Maschine A + B	Bearbeitungszeiten Maschine B + C
I	36	30
II	24	36
III	24	37
IV	12	32
V	15	31
VI	21	36

Nun werden die Aufträge $j = I, ..., VI$ wiederum in die zwei Mengen A und B unterteilt und anschließend nach ansteigender Bearbeitungszeit auf Maschine A + B (für Menge A) bzw. nach fallender Bearbeitungszeit auf Maschine B + C (für Menge B) sortiert:

$A = \{II; III; IV; V; VI\}; B = \{I\}$

Auftragsreihenfolge Menge A:

$IV - V - VI - III - II$ bzw. $IV - V - VI - II - III$

(Da die Bearbeitungszeiten für Auftrag II und III gleich sind, besteht eine Wahlmöglichkeit.)

Auftragsreihenfolge Menge B: I

Die optimale Auftragsreihenfolge für das Drei-Maschinen-Problem ist somit ermittelt:

$IV - V - VI - III - II - I$ bzw. $IV - V - VI - II - III - I$

e) Am Verfahren von JOHNSON ist zu kritisieren, dass eine Minimierung der Zykluszeit, wie sie hier verfolgt wird, nicht gleichbedeutend mit niedriger Kapitalbindung sein muss. Des Weiteren werden die Wartezeiten im Produktionssystem nicht minimiert.

Lösung Aufgabe 3.5.7

a) Im vorliegenden Fall handelt es sich um eine einstufige Planung. Das gegebene Problem ist symmetrisch, da alle Rüstzeiten von Auftrag i zu Auftrag j genauso lang sind wie die Rüstzeiten von Auftrag j zu Auftrag i. Das Problem kann als Traveling Salesman Problem (TSP) formuliert werden, indem die Aufträge als Knoten und die jeweiligen Rüstzeiten als Kanten eines Graphen abgebildet werden. Beim Verfahren des Besten Nachfolgers handelt es sich ein einfaches Eröffnungsverfahren für das Traveling Salesman Problem. Für die erste Iteration j des Verfahrens muss ein Startknoten aus der Menge der Aufträge bestimmt werden. Im vorliegenden Fall ist als Startknoten Auftrag 1 vorgegeben:

Startknoten $i_1 = A1$; Länge $L = 0$;

Für die nachfolgenden Iterationen $j = 2, ..., n$ werden diejenigen Knoten i_j als bester Nachfolger ausgewählt, welche die geringste Entfernung bzw. Rüstzeit zum Vorgänger aufweisen und noch nicht eingeplant wurden:

$$c_{i_{j-1}i_j} = \min\left\{c_{i_{j-1}k} \middle| k \neq i_1, ..., i_{j-1}\right\}$$

Bei Gleichheit kann ein beliebiger Knoten gewählt werden. Nach jeder Iteration wird die Länge mit $L := L + c_{i_{j-1}i_j}$ neu bestimmt.

Knoten A1: Bester Nachfolger ergibt sich aus min $\{6,5,7,1\} = 1$, wähle Knoten A5; $L = 0 + 1 = 1$.

Knoten A5: Bester Nachfolger ergibt sich aus min $\{5,9,4\} = 4$, wähle Knoten A4; $L = 0 + 1 + 4 = 5$.

Knoten A4: Bester Nachfolger ergibt sich aus min $\{6,4\} = 4$, wähle Knoten A3; $L = 0 + 1 + 4 + 4 = 9$.

Knoten A3: Bester Nachfolger ergibt sich aus min $\{4\} = 4$, wähle Knoten A2; $L = 0 + 1 + 4 + 4 + 4 = 13$.

Im Gegensatz zum klassischen Traveling Salesman Problem muss im vorliegenden Fall nicht zum Ausgangsknoten zurückgekehrt werden. Die gesamte Rüstzeit beträgt 13 ZE.

b) In diesem Fall handelt es sich um ein mehrstufiges Flow-Shop-Problem mit m Maschinen (hier: $m = 3$). Da die maximale Bearbeitungsdauer der mittleren Maschine nicht kleiner oder gleich der minimalen Bearbeitungsdauer auf der ersten oder der dritten Maschine ist, kann für das vorliegende Problem nicht die optimale Lösung mit dem Verfahren von JOHNSON gefunden werden. Bei dem Verfahren von CAMPELL, DUDECK UND SMITH wird das Problem in $m - 1$ Zwei-Maschinen-Probleme zerlegt. Dabei werden die Bearbeitungszeiten t_{ij} von Auftrag j auf

Maschine i für die Aggregationen $v = 1,...,m-1$ wie folgt in virtuelle Maschinen zusammengefasst:

$$t_{1_j} := \sum_{\mu=1}^{v} t_{\mu j}; \quad t_{2_j} := \sum_{\mu=m+1-v}^{m} t_{\mu j}$$

Im vorliegenden Fall müssen folglich zwei virtuelle Zwei-Maschinen-Probleme gebildet werden:

$v = 1$: VM1 = {M1}; VM2 = {M3}

Die aggregierten Bearbeitungszeiten für das Zwei-Maschinen-Problem der beiden virtuellen Maschinen VM1 und VM2 können der folgenden Tabelle entnommen werden. Die Zuordnung der Aufträge zu den Mengen A und B sowie die Bildung der Reihenfolge erfolgen nach dem Verfahren von Johnson (vgl. Aufgabe 3.5.6).

Auftrag	M1	M2	M3	VM1	VM2	Auftrag gehört zu
A1	5,3	4,4	6,7	5,3	6,7	A
A2	6,3	3	7,1	6,3	7,1	A
A3	4,8	2,9	6	4,8	6	A
A4	8,5	6	5,8	8,5	5,8	B

Mit dem Verfahren von Johnson ergibt sich somit die Bearbeitungsreihenfolge A3→A1→A2→A4.

Berechnung der Zykluszeit:

Auftrag	M1	M2	M3
A3	4,8	7,7 (4,8+2,9)	13,7 (7,7+6)
A1	10,1 (4,8+5,3)	14,5 (10,1+4,4)	21,2 (14,5+6,7)
A2	16,4 (10,1+6,3)	19,4 (16,4+3)	28,3 (21,2+7,1)
A4	24,9 (16,4+8,5)	30,9 (24,9+6)	**36,7** (30,9+5,8)

Die Zykluszeit beträgt 36,7 ZE.

$v = 2$: VM1 = {M1, M2}; VM2 = {M2, M3}

Zur Berechnung der Bearbeitungszeiten der einzelnen Aufträge auf Maschine VM1 müssen nun die Bearbeitungszeiten auf den Maschinen M1 und M2 addiert werden und für die Berechnung der Bearbeitungszeiten der Aufträge auf Maschine VM2 erfolgt die Addition der Bearbeitungszeiten auf den Maschinen M2 und M3:

Auftrag	M1	M2	M3	VM1	VM2	Auftrag gehört zu
A1	5,3	4,4	6,7	9,7	11,1	A
A2	6,3	3	7,1	9,3	10,1	A
A3	4,8	2,9	6	7,7	8,9	A
A4	8,5	6	5,8	14,5	11,8	B

Mit dem Verfahren von JOHNSON ergibt sich somit eine andere Bearbeitungsreihenfolge A3→A2→A1→A4.

Berechnung der Zykluszeit:

Auftrag	M1	M2	M3
A3	4,8	7,7	13,7
A2	11,1	14,1	21,2
A1	16,4	20,8	27,9
A4	24,9	30,9	**36,7**

Die Zykluszeit beträgt auch hier 36,7 ZE. Für das Ziel einer minimalen Zykluszeit kann folglich entweder die Reihenfolge A3→A1→A2→A4 oder die Reihenfolge A3→A2→A1→A4 gewählt werden.

Lösung Aufgabe 3.5.8

a) Bei der Fließfertigung (Flow Shop) ist jeder Auftrag auf der Maschine genau einmal zu bearbeiten und zwar in einer für alle Aufträge identischen, fest vorgegebenen Reihenfolge. Bei der Werkstattfertigung (Job Shop) wird für jeden Auftrag eine beliebige, fest vorgegebene Reihenfolge betrachtet, in der er auf den einzelnen Maschinen genau einmal zu bearbeiten ist.

b) Im vorliegenden Fall liegt ein Job-Shop-Problem vor, da die abzuarbeitenden Aufträge in unterschiedlicher Reihenfolge genau einmal auf den einzelnen Maschinen zu bearbeiten sind. Das Verfahren von JACKSON eignet sich für Zwei-Maschinen-Job-Shop-Probleme mit dem Ziel der Minimierung der Zykluszeit. Dabei kann jeder Auftrag eindeutig einer von zwei Mengen zugeordnet werden:

J_{12} = Menge der Aufträge, die zuerst auf Maschine 1 und dann auf Maschine 2 bearbeitet werden inklusive der Menge der Aufträge, die nur auf Maschine 1 bearbeitet werden.

J_{21} = Menge der Aufträge, die zuerst auf Maschine 2 und dann auf Maschine 1 bearbeitet werden inklusive der Menge der Aufträge, die nur auf Maschine 2 bearbeitet werden.

Die Bearbeitungsdauer von Auftrag j auf Maschine 1 wird mit t_{1j} bezeichnet, die Bearbeitungsdauer von Auftrag j auf Maschine 2 wird mit t_{2j} bezeichnet. Das Verfahren von JACKSON sieht folgende Schritte vor:

1. Auf Maschine 1 werden die Aufträge in der Reihenfolge $J_{12} \to J_{21}$ eingeordnet, auf Maschine 2 in der Reihenfolge $J_{21} \to J_{12}$.

2. Die Aufträge aus der Menge J_{12} werden auf beiden Maschinen in der gleichen Reihenfolge bearbeitet. Das gleiche gilt für die Aufträge der Menge J_{21}.

3. Unter den Aufträgen der Menge J_{12} bearbeitet man zuerst diejenigen mit $t_{1j} < t_{2j}$, geordnet nach steigenden t_{1j} und danach diejenigen mit $t_{1j} \geq t_{2j}$, geordnet nach fallenden t_{2j}.

4. Unter den Aufträgen der Menge J_{21} bearbeitet man zuerst diejenigen mit $t_{1j} \geq t_{2j}$, geordnet nach steigenden t_{2j} und danach diejenigen mit $t_{1j} < t_{2j}$, geordnet nach fallenden t_{1j}.

In den Regeln 3 und 4 greift das Verfahren von JACKSON somit auf den Algorithmus von JOHNSON zurück.

Da jeder Auftrag die Fertigung von zehn Blechen vorsieht, muss die jeweilige Bearbeitungszeit mit dem Faktor 10 multipliziert werden:

Blechart/ Auftrag	Zuerst auf GBP (M1)	Zuerst auf SBM (M2)	Dauer des Auftrags auf der GBP (M1)	Dauer des Auftrags auf der SBM (M2)
I	X		200 min	150 min
II	X		80 min	120 min
III	X		100 min	140 min
IV		X	50 min	100 min
V		X	60 min	120 min
VI		X	80 min	60 min
VII		nur SBM	-	50 min
VIII	nur GBP		150 min	-

Die Aufträge I, II und III werden zunächst auf Maschine 1 (GBP) bearbeitet und gehören somit zur Menge J_{12}. Die Aufträge IV, V und VI werden der Menge J_{21}

zugeordnet. Auftrag VII wird nur auf der SBM bearbeitet und gehört somit zur Menge J_{21}. Auftrag VIII wird dementsprechend der Menge J_{12} zugeordnet.

$$J_{12} = \{I, II, III, VIII\} \; ; \; J_{21} = \{IV, V, VI, VII\}$$

Die Anwendung der Regel 3 für die Menge J_{12} ergibt:

$$A = \{II, III\}; \; B = \{I, VIII\} \Rightarrow \text{optimale Reihenfolge: II} \rightarrow \text{III} \rightarrow \text{I} \rightarrow \text{VIII}$$

Die Anwendung der Regel 4 für die Menge J_{21} ergibt (SBM ist nun Maschine 1):

$$B = \{VI\} \; ; \; A = \{IV, V, VII\} \Rightarrow \text{optimale Reihenfolge: VI} \rightarrow \text{V} \rightarrow \text{IV} \rightarrow \text{VII}$$

Daraus ergeben sich folgende Reihenfolgen auf den beiden Maschinen:

GBP: II→III→I→VIII→VI→V→IV

SBM: VI→V→IV→VII→II→III→I

Das Auftragsfolgediagramm sieht wie folgt aus:

Maschine

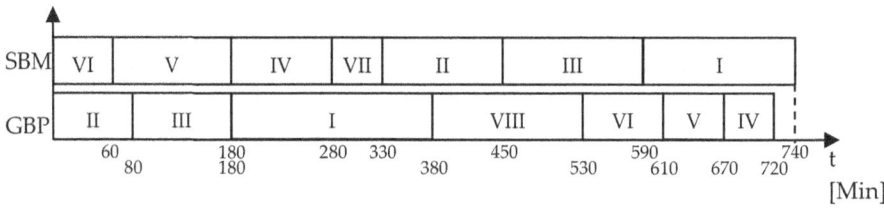

Die Zykluszeit beträgt 740 Minuten.

Neuere Konzepte der Fertigungssteuerung

Lösung Aufgabe 3.6.1

a) Die Grundidee des Kanban-Prinzips besteht darin, dass der Materialfluss nach dem „Supermarktprinzip" gesteuert wird: Eine Warenentnahme findet immer nur dann statt, wenn sie erforderlich ist und die entstandene Lücke wird entweder sofort oder nach Erreichen eines Meldepunkts aufgefüllt.

b) Allgemeine Ablaufregeln eines Kanban-Systems:

   ▪ Jede verbrauchende Stelle (Senke) hat sich die von ihr zu bearbeitenden Teile aus dem jeweiligen Pufferlager abzuholen (Hol-Pflicht).

- Es wird stets nur die gerade benötigte Menge aus dem Lager entnommen (Ziel: Bestandsminimierung).

- Jede erzeugende Stelle (Quelle) beginnt nur dann mit einer erneuten Produktion, wenn eine Entnahme aus dem Pufferlager stattgefunden hat (Produktion auf Abruf).

- Die Produktionsmenge muss mit der Entnahmemenge übereinstimmen.

- Ins Pufferlager gehen nur qualitativ einwandfreie Teile ein.

- Es erfolgt nur der Einsatz von Standardbehältern.

c)   c1)   Das Ein-Karten-Kanban-System verwendet nur Produktionskanbans, die zwischen dem Pufferlager und der erzeugenden Stelle (Quelle) zirkulieren und bei der Quelle die Produktion in der angegebenen Menge veranlassen.

Beim Zwei-Karten-System existiert zusätzlich zum Produktionskanban noch ein Transportkanban. Dieser zirkuliert zwischen der verbrauchenden Stelle (Senke) und dem Pufferlager, um die benötigte Menge aus dem Lager abzurufen.

Das Zwei-Karten-System ist bei räumlich weit auseinander liegenden Quellen, Senken und Lagern gut geeignet.

c2)   Funktionsweise des Ein-Karten-Systems:

Besteht bei der Senke ein Bedarf an bestimmten Teilen, wird ein leerer Standardbehälter ins Pufferlager gestellt und ein voller Behälter entnommen. Von diesem vollen Behälter wird der Produktionskanban entfernt und in die dafür vorgesehene Auftragsbox der Quelle gelegt. Dieser Kanban stellt für die Quelle einen Herstellungsauftrag für genau diejenige Menge dar, die auf dem Kanban notiert ist. Die fertig gestellten Teile werden dann von der Quelle in einen leeren Behälter aus dem Pufferlager gelegt. Der gefüllte Behälter wird mit dem Produktionskanban versehen und im Pufferlager abgestellt.

d)   Folgende Voraussetzungen sollten für den Einsatz eines Kanban-System im Unternehmen idealer Weise gegeben sein:

- Das Vorliegen eines harmonisierten Produktionsprogramms,

- Organisation des Unternehmens in Form einer materialflussorientierten Werkstattfertigung,

- Gewährleistung einer hohen Qualität mit geringen Ausschussquoten sowie

- hohe Motivation und Qualifizierung der Mitarbeiter.

Als Vorteile eines Kanban-Systems lassen sich folgende Punkte nennen:

- Da stets nur die Produktion dessen erfolgt, was auch benötigt wird, können die Bestände gering gehalten werden bei gleichzeitig hoher Termintreue und Lieferbereitschaft.

- Die relativ kleinen Losgrößen können die Durchlaufzeiten um 60 bis 90 Prozent reduzieren.

- Der Materialfluss wird durch Verwendung dieses Systems transparenter.

- Durch die Selbststeuerung mittels der Kanban-Karten verringert sich der Steuerungsaufwand.

Mit dem Kanban-System sind allerdings auch Nachteile verbunden:

- Tritt an einer Stelle eine Störung auf, so breitet sich diese aufgrund der geringen Pufferbestände sehr schnell auf weitere Produktionsstellen aus.

- Die Losgrößen sind durch die Kanbans vorgegeben. Kommt es zu Schwankungen der Nachfrage, so können diese lediglich durch Änderungen der Auflagehäufigkeit und nicht über veränderte Losgrößen kompensiert werden.

- Die Einsatzvoraussetzungen schränken die Anwendbarkeit deutlich ein.

Lösung Aufgabe 3.6.2

a) Die Idee des Fortschrittszahlen-Konzepts ist, Bedarfe und Produktionsleistungen gleichzeitig zu betrachten. Es liefert einerseits Aussagen über den aktuellen Produktionsstand und kann andererseits für die Bedarfsrechnung eingesetzt werden. Im Gegensatz zum Kanban-Konzept handelt es sich beim Fortschrittszahlen-Konzept um eine zentrale Planungsmethode. Das Fortschrittszahlen-Konzept verfolgt, wie auch die Kanban-Steuerung, das Ziel, niedrige Lagerbestände bei ausreichender Materialversorgung zu gewährleisten. Eine Fortschrittszahl (FZ) ist eine kumulierte Mengengröße, die den Fertigungsfortschritt bestimmter Produktionsstufen bzgl. eines fixierten Planungszeitraums misst. Sie stellt somit eine Mengen-Zeit-Relation dar. An verschiedenen Punkten der Fertigung werden Kontrollpunkte K_i eingebaut, die den Materialfluss in entgegengesetzter Richtung messen. Dabei kommen Ist- und Soll-Fortschrittszahlen ($IstFZ_i$, $SollFZ_i(t)$) zum Einsatz, anhand derer mehrere Kenngrößen (vgl. Teilaufgabe d)) berechnet werden können.

b) Voraussetzungen für den Einsatz des Fortschrittszahlen-Konzepts sind eine gleichförmige Produktion (z. B. in Form einer Fließfertigung), ein hoher Wiederholungsgrad (wie bei einer Serien- und Massenfertigung) und hierarchisch voneinander abhängige Produktions- und Zulieferbereiche (konvergierende Struktur), die klar voneinander abgegrenzt sind und autonom gesteuert werden. Des Weiteren müssen die Beschaffung über enge Lieferantenbeziehungen gesichert und als zusätzliche Voraussetzung ein Betriebsdatenerfassungssystem vorhanden sein.

c) Als Vorteile des Fortschrittszahlen-Konzepts sind vor allem die gute Koordination der Leistungserstellung und das Lieferantencontrolling zu nennen. Für eine zentrale Steuerung der Kontrollblöcke stellt das Fortschrittzahlen-Konzept zudem ein einfach anzuwendendes Kontrollinstrument dar.

d) Kenngrößen des Fortschrittzahlen-Systems:

Bruttobestand im Kontrollpunkt K_i im Zeitraum $[t_0 + 1, t]$ ($t > t_0$):

$$SollFZ_i(t) - SollFZ_i(t_0)$$

Nettobedarf in $[t_0 + 1, t]$ mit $t > t_0$: $\max(SollFZ_i(t) - IstFZ_i;\ 0)$

Aktueller Rückstand (> 0) bzw. Vorsprung (< 0) gegenüber den Planwerten im Kontrollpunkt $K_i (i \neq 0)$: $SollFZ_i(t_0) - IstFZ_i$

e) Allgemein lässt sich eine Soll-Fortschrittszahl wie folgt berechnen:

$$SollFZ_i(t) = a_{i0}[SollFZ_0(t + v_{i0})] + u_{i0}$$

Dabei gibt a_{i0} den Gesamtbedarfskoeffizienten an, v_{i0} die Vorlaufverschiebung und u_{i0} den Pufferbestand zwischen Knotenpunkt 0 und Knotenpunkt i.

Aus der gegebenen Struktur ergibt sich:

K_i	a_{i0}	v_{i0}	u_{i0}
K_1	4	1	4·30=120
K_2	4·3=12	1+1=2	4·3·30+3·50+40=550

$SollFZ_1(t)$ für $t = 1,...,3$:

$$SollFZ_1(1) = a_{10}[SollFZ_0(1 + v_{10})] + u_{10} = 4 \cdot [SollFZ_0(2)] + 120 =$$
$$= 4 \cdot 250 + 120 = 1.120$$

$$SollFZ_1(2) = a_{10}[SollFZ_0(2 + v_{10})] + u_{10} = 4 \cdot [SollFZ_0(3)] + 120 =$$
$$= 4 \cdot 400 + 120 = 1.720$$

$$SollFZ_1(3) = a_{10}[SollFZ_0(3 + v_{10})] + u_{10} = 4 \cdot [SollFZ_0(4)] + 120 =$$
$$= 4 \cdot 500 + 120 = 2.120$$

f) $SollFZ_2(2)$:

$$SollFZ_2(2) = a_{20}[SollFZ_0(2 + v_{20})] + u_{20} = 12 \cdot [SollFZ_0(4)] + 550 =$$
$$= 12 \cdot 500 + 550 = 6.550$$

g) Die Berechnung der Ist-Fortschrittszahlen erfolgt über den Echelon Bestand:

$IstFZ_i = $ Echelon Bestand e_{ki}

Der Echelon Bestand e_{ki} gibt den systemweiten Lagerbestand an Produkt k an,

$$e_{ki} = y_k + \sum_{j \in N(k)} a_{kj} y_j$$

y_k entspricht dabei dem physischen Lagerbestand, $N(k)$ beinhaltet die Menge der Nachfolger von Produkt k.

Mit $IstFZ_2$ ist somit der Lagerbestand des Rohstoffes R_2 im System gesucht, einschließlich der Mengen, die in Komponente 2 und im Endprodukt 1 verbaut sind. Es ergibt sich:

$$IstFZ_2 = 100 + 3 \cdot (200 + 50) + 12 \cdot (100 + 200) = 4.450$$

h) Die Formel für den Nettobedarf im Intervall $[t_0 + 1, t]$ lautet:
$$\max(SollFZ_i(t) - IstFZ_i; 0)$$

Für den Rohstoff R_2 besteht im Intervall [1,2] somit ein Nettobedarf von 2.100 Mengeneinheiten: $\max(SollFZ_2(2) - IstFZ_2; 0) = \max(6.550 - 4.450; 0) = 2.100$

i) Ist die Soll-Fortschrittszahl $SollFZ_i(t_0)$ größer als die Ist-Fortschrittszahl $IstFZ_i$, so ist die Produktion im Kontrollpunkt K_i verspätet im Zeitplan, d. h. es handelt sich um einen Produktionsrückstand.

Lösung Aufgabe 3.6.3

Mit dem Verfahren der Belastungsorientierten Auftragsfreigabe (BOA), die bei der Werkstattfertigung zum Einsatz kommt, wird nicht nur auf die Verfügbarkeit von Personal, Material und Betriebsmitteln eingegangen, sondern auch die Belastung der Betriebsmittel durch mehrere Aufträge betrachtet. Ein Trichter symbolisiert dabei den Fertigungsprozess: Der Strom der Aufträge, der durch dieses Produktionssystem fließt, muss sich für einen reibungslosen Produktionsablauf im Gleichgewicht befinden. Die Belastungssituation, in der sich eine Arbeitsstation befindet, hängt von der Menge an Aufträgen ab, die bei ihr von anderen vorgelagerten Stationen ankommen. Deshalb werden nur so viele Aufträge zur Produktion freigegeben, wie es die vorhandenen Kapazitäten erlauben.

Vorgehensweise:

Zunächst erfolgt die Sortierung der Aufträge nach ihrem spätesten Starttermin, da die dringlichsten Aufträge auch zuerst freigegeben werden sollten. Der Vorgriffshorizont gibt die Terminschranke an, bis zu der die einzuplanenden Aufträge zu berücksichtigen sind. Als Reihenfolge für die vier Aufträge aus der Aufgabenstellung ergibt sich somit: 2 – 3 – 1. Auftrag 4 wird nicht beachtet, da sein spätester Starttermin außerhalb des Vorgriffshorizonts liegt.

Als nächstes findet die Bestimmung der Kapazitätsbelastung statt. Im ersten Schritt wird hier die Belastungsschranke BS_i jeder Station i aus der vorhandenen Kapazität Kap_i und dem Einlastungsprozentsatz EPS_i berechnet: $BS_i = Kap_i \cdot \dfrac{EPS_i}{100}$

Arbeitsstation i	Zuschneiden	Bohren	Schleifen	Biegen
Belastungs-schranke BS_i	$(2+1+2)\cdot\dfrac{200}{100}=$ $=5\cdot2=10$	$(3+7+4)\cdot\dfrac{300}{100}=$ $=14\cdot3=42$	$(3+2+5)\cdot\dfrac{400}{100}=$ $=10\cdot4=40$	$(4+5+5)\cdot\dfrac{300}{100}=$ $=14\cdot3=42$

Die erwartete Belastung $E(B_i)$ für jeden Auftrag a an jeder Station berechnet sich jetzt wie folgt:

$$E(B_i)=\begin{cases} Ba_i, & \text{falls } a \text{ bereits vor der Station } i \text{ wartet} \\[2mm] Ba_i\cdot\left(\dfrac{100}{EPS}\right)^k, & \text{falls } a \text{ noch } k \text{ Stationen vor } i \text{ durchläuft} \\ & \text{und } EPS_j=EPS \quad j=1,...,k \\[2mm] Ba_i\cdot\dfrac{100}{EPS_1}\cdot...\cdot\dfrac{100}{EPS_k}, & \text{falls } a \text{ noch } k \text{ Stationen vor } i \text{ durchläuft} \\ & \text{und } EPS_j\neq EPS \quad j=1,...,k \end{cases}$$

Dabei gibt Ba_i die Bearbeitungszeit für Auftrag a auf Station i an.

Bei der Berechnung der Arbeitslast ist zu beachten, dass die Bearbeitungszeiten in [min/Stück] gegeben sind, also zunächst in Stunden umzurechnen und dann mit der Stückzahl zu multiplizieren sind.

Auftrag 1:

Station	Zuschneiden	Schleifen	Biegen
Ba = Bearbeitungszeit + Rüstzeit	$(4/60)\cdot45+8=11$	$(6,66/60)\cdot45+3=8$	$(2/60)\cdot45+2=3,5$
$E(B_i)$	11	$8\cdot\dfrac{100}{200}=4$	$3,5\cdot\dfrac{100}{200}\dfrac{100}{400}=0,44$

Auftrag 2:

Station	Biegen	Schleifen	Bohren	Zuscheiden
Ba	$(4/60)\cdot30+5=7$	$(10/60)\cdot30+3=8$	$(3/60)\cdot30+4=5,5$	$(6/60)\cdot30+8=11$
$E(B_i)$	7	$8\cdot\dfrac{100}{300}=2,67$	$5,5\cdot\dfrac{100}{300}\cdot\dfrac{100}{400}=0,46$	$11\dfrac{100}{300}\cdot\dfrac{100}{400}\cdot\dfrac{100}{300}=0,31$

Auftrag 3:

Station	Zuschneiden	Bohren	Schleifen	Biegen
Ba	$(3/60){\cdot}60{+}8{=}11$	$(1{,}5/60){\cdot}60{+}4{=}5{,}5$	$(5/60){\cdot}60{+}3{=}8$	$(1/60){\cdot}60{+}0{=}1$
$E(B_i)$	11	$5{,}5 \cdot \dfrac{100}{200} = 2{,}25$	$8 \cdot \dfrac{100}{200} \cdot \dfrac{100}{300} = 1{,}33$	$1 \cdot \dfrac{100}{200} \cdot \dfrac{100}{300} \cdot \dfrac{100}{400} = 0{,}04$

Damit kann schließlich das Belastungskonto BK_i jeder Station aufgestellt werden:

$$BK_i = \sum_a E(B_i)$$

Die Aufträge werden nach der anfänglich ermittelten Reihenfolge so lange eingeplant, bis die Belastungsschranke zum ersten Mal überschritten wird:

	Zuschneiden	Bohren	Schleifen	Biegen
Auftrag 2	0,31	0,46	2,67	7
Auftrag 3	11	2,25	1,33	0,04
Auftrag 1	11	0	4	0,44
BK_i	22,31	2,71	8	7,48

Da nach Einplanung der ersten beiden Aufträge das Belastungskonto der Station „Zuschneiden" bereits überschritten wird, darf der dritte Auftrag (Nr. 1) nicht mehr freigegeben werden. Gestartet werden somit nur die Aufträge 2 und 3.

4 Distributionslogistik

Die Distributionslogistik stellt die Transferfunktion zwischen der Produktion und der Absatzseite des Unternehmens dar. Sie umfasst alle Aktivitäten, die den Abnehmern die physische Verfügbarkeit der Produkte einschließlich der dazugehörigen Informationen ermöglichen. Im Einzelnen sind dies die Planung, Steuerung und Kontrolle des physischen Warenflusses sowie des damit verbundenen Informationsflusses zwischen Produktions- und Handelsunternehmen und jeweiligen Abnehmern. Die Serviceleistungen der Distributionslogistik (z. B. Lieferzeit, Mengentreue und Ersatzteilservice) beeinflussen maßgeblich das Image des Unternehmens, da die Distributionslogistik durch den Kontakt zum Kunden unmittelbar von diesem wahrgenommen wird.

Zur Durchführung distributionslogistischer Leistungen müssen strategische und operative Planungsaufgaben bewältigt werden. Diese Planungsaufgaben betreffen u. a. die Bestimmung der vertikalen und horizontalen Distributionsstruktur eines Warenverteilsystems. Die strategische Planung von Lagern, Depots und Umschlagpunkten und deren räumliche Zuordnung zu Absatzgebieten stehen dabei im Vordergrund.

Ist die Distributionsstruktur festgelegt, dann erfolgt im Rahmen der Aufgabe der Transportfunktion die räumliche Transformation der Güter mit Hilfe von Transportmitteln. Die Zielsetzung bei der Transportdurchführung besteht darin, die Waren schnell und zuverlässig bei möglichst geringen Kosten zum Abnehmer zu transportieren. Wesentliche Teilaufgaben stellen in diesem Zusammenhang die Transport-, Umlade-, Routen- und Tourenplanung dar.

Aufgabe der Transport- und Umladeplanung ist die Bestimmung der transportkostenminimalen Belieferung der Abnehmerzentren (z. B. Regionallager, Auslieferungslager, Umschlagpunkte) jeweils in Abhängigkeit von der spezifischen Bedarfssituation. Sollen von einem Depot aus eine vorgegebene Anzahl von Kunden beliefert und anschließend wieder im Depot die Auslieferung beendet werden, dann ist es Aufgabe der Rundreiseplanung eine kostenminimale Rundreise zu bestimmen. Tourenplanungsprobleme müssen zusätzlich noch die gegebene Menge anzufahrender Abnehmer in Teilmengen unterteilen, die jeweils für sich ein Rundreiseproblem darstellen. Dazu ist der gleichzeitige Einsatz mehrerer Fahrzeuge notwendig, von denen jedes eine bestimmte Rundreise zugewiesen bekommt.

In Kapitel 4.1 werden Aufgaben zu den Grundlagen der Optimierung in Netzen behandelt. Aufgaben zur Bestimmung von kürzesten Wegen sind Gegenstand von Kapitel 4.2. In Kapitel 4.3 werden Transport- und Umladeprobleme ohne Berücksichtigung von Kapazitäten betrachtet. Anschließend werden Aufgaben zu kapazitierten Transport- und

© Springer Fachmedien Wiesbaden GmbH, ein Teil von Springer Nature 2022
R. Lasch, C. G. Janker, *Übungsbuch Logistik*, https://doi.org/10.1007/978-3-658-37186-9_4

Umladeproblemen als Netzwerkflussprobleme in Kapitel 4.4 formuliert. Planungsaufgaben zur Belieferung einer vorgegebenen Anzahl von Abnehmern in Form von Rundreisen oder Touren werden in Kapitel 4.5 bzw. Kapitel 4.6 behandelt. Planungsprobleme zur Bestimmung der Distributionsstruktur sind Gegenstand von Kapitel 4.7. Kapitel 4.8 befasst sich mit den Grundlagen der physischen Distributionsstruktur, insbesondere mit dem Aufbau und den Eigenschaften von Distributionssystemen, mit Kooperationen und Bündelungsstrategien sowie der Telematik im Straßengüterverkehr.

Lernziele:

- Vermittlung von Grundlagen für die Optimierung in Netzen; dazu zählen Grundbegriffe der Graphentheorie sowie Kürzeste-Wege-Algorithmen

- Lösen von Distributionsmodellen, wie Transport- und Umladeplanung sowie Rundreise- und Tourenplanung

- Auseinandersetzung mit einfachen Modellen der Standortplanung

- Aufbau und Struktur von Distributionssystemen

4.1 Grundlagen der Graphentheorie

Zur Beschreibung komplexer Systeme in der Distributionslogistik, deren einzelne Komponenten (z. B. Lager, Depots, Kunden, Fahrstrecken) in bestimmten Beziehungen zueinander stehen, wird auf die Grundlagen der Graphentheorie zurückgegriffen.

Aufgabe 4.1.1 - Digraph

Gegeben sei für einen Digraph $\vec{G} = (V, \vec{E})$ die folgende Inzidenzabbildung:

e_1	e_2	e_3	e_4	e_5	e_6	e_7
(1,2)	(2,3)	(2,4)	(3,4)	(4,2)	(4,5)	(5,3)

a) Zeichnen Sie den zu $\vec{G}$ gehörenden Unterdigraph $\vec{G}' = (V', \vec{E}')$ mit $V' = \{1,2,4,5\}$.

b) Überprüfen Sie die Zusammenhangseigenschaft von $\vec{G}$ und geben Sie die entsprechenden Zusammenhangskomponenten an.

c) Warum lässt sich $\vec{G}$ nicht topologisch sortieren?

d) Geben Sie ein gerichtetes Gerüst in $\vec{G}$ mit Wurzel $q = 1$ an.

e) Was ist in der Graphentheorie unter einem "Gerichteten Wald mit drei Bäumen" zu verstehen?

Aufgabe 4.1.2 - Bewertung von Digraphen

Zur Lösung vieler distributionslogistischer Probleme werden zentrale Begriffe aus der Graphentheorie benötigt.

a) Erklären Sie kurz, was unter einer Bewertungsmatrix, Entfernungsmatrix, Vorgängermatrix bzw. Wegematrix zu verstehen ist. Wie ist ein Tabellenelement „∞" in den genannten vier Matrizen in Bezug auf den Aufbau des (Di-)Graphen zu interpretieren?

b) Stellen Sie alle vier unter a) genannten Matrizen für folgenden Digraph auf:

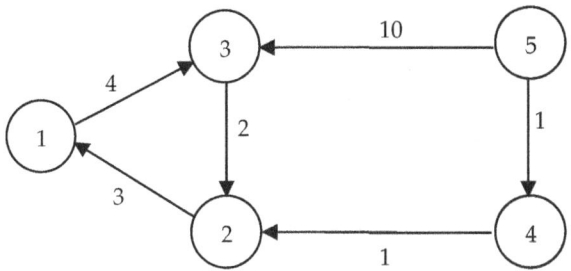

c) Was ist unter einem Eulerschen Graph bzw. Eulerschen Digraph zu verstehen? Nennen Sie auch Bedingungen für die Existenz eines solchen.

Aufgabe 4.1.3 - Topologische Sortierung

Gegeben ist folgender Digraph $\vec{G} = (V, \vec{E})$:

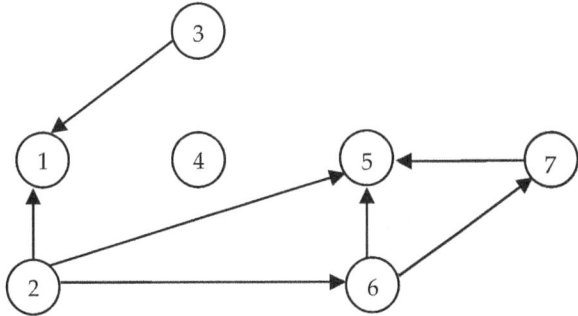

Überprüfen Sie den Digraph $\vec{G}$ auf Zyklenfreiheit und nehmen Sie gegebenenfalls eine topologische Sortierung mit einem Ihnen bekannten Verfahren vor.

Aufgabe 4.1.4 - Zusammenhangseigenschaften

Bestimmen Sie in dem folgenden Digraph $\vec{G} = (V, \vec{E})$

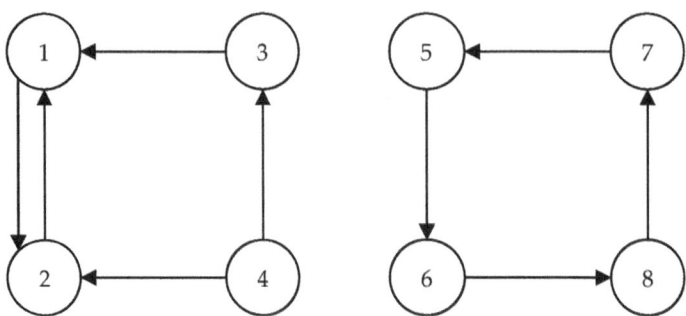

a) alle schwachen Zusammenhangskomponenten,

b) alle starken Zusammenhangskomponenten, sowie

c) alle Zyklen.

d) Geben Sie einen maximalen Unterdigraph $\vec{G}\,'$ von $\vec{G}$ an, der ein EULERscher Digraph ist. Welche Eigenschaften muss ein EULERscher Digraph erfüllen?

Aufgabe 4.1.5 - Gerüste

a) Was ist in der Graphentheorie unter den Begriffen „Baum" bzw. „Gerüst" zu verstehen?

b) Welche Verfahren können zur Konstruktion von Minimal- bzw. Maximalgerüsten herangezogen werden? Unterscheiden Sie diese Verfahren bzgl. ihres Rechenaufwands und der entstehenden Strukturen.

Literaturhinweis:

Lasch, R. (2020): **Strategisches und operatives Logistikmanagement: Distribution, 3. Auflage, Springer Gabler**

Kapitel 2.1   *Grundlegende Begriffe der Graphentheorie*

4.2   Kürzeste Wege

In der Distributionslogistik gibt es eine Vielzahl von Problemstellungen, zu deren Lösung kürzeste Wege bestimmt werden müssen. Die Berechnung kürzester Wege ist beispielsweise Voraussetzung zur Lösung von Transport-, Umlade-, Rundreise-, Tourenplanungs- und Standortplanungsproblemen.

Aufgabe 4.2.1 - Kürzeste-Wege-Algorithmen

a)   Nennen Sie vier Verfahren zur Bestimmung kürzester Wege in Digraphen. Gehen Sie dabei auf deren Voraussetzungen und Unterschiede ein.

b)   Wodurch unterscheiden sich verschiedene Baumalgorithmen?

c)   Skizzieren Sie kurz das Verfahren von BELLMAN und nennen Sie ein klassisches Anwendungsbeispiel für dieses Verfahren.

Aufgabe 4.2.2 - Baumalgorithmus

Gegeben ist folgender Digraph $\vec{G}$

:

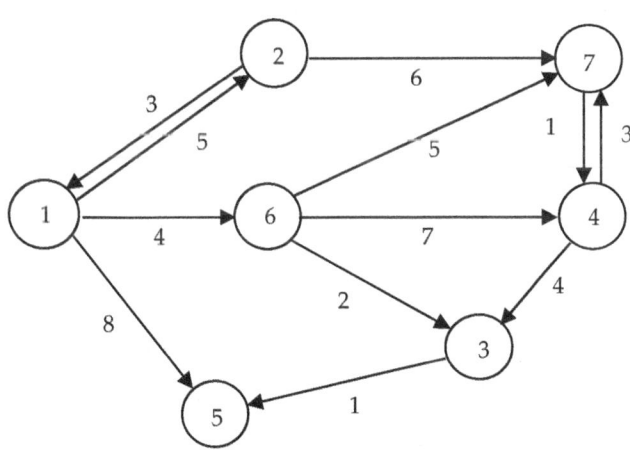

a)   Gesucht sind die Entfernungen von einem Knoten zu allen anderen Knoten. Wie heißt die Gruppe von Verfahren, die genau diese Problemstellung löst? Nennen Sie außerdem zwei Vertreter dieser Gruppe.

b)   Wählen Sie aus a) ein für den obigen Digraphen geeignetes Verfahren und ermitteln Sie damit die kürzesten Wege von Knoten 1 zu allen anderen Knoten. Stellen Sie alle Schritte nachvollziehbar dar und geben Sie die sechs Wege und deren Längen gesondert an.

Aufgabe 4.2.3 - Matrixalgorithmus

Gegeben sei ein bewerteter Digraph $\vec{G} = \left(V, \vec{E}, c\right)$ mit $V = \{1,...,5\}$ und $\vec{E} = \{e_1,...,e_7\}$. Die Entfernungen zwischen den Knoten können nachfolgender Abbildung entnommen werden.

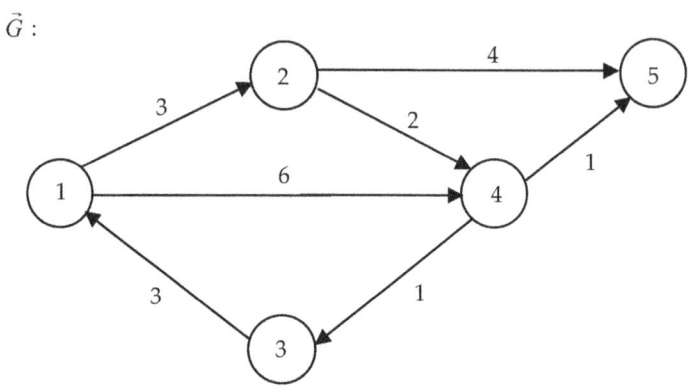

Bestimmen Sie die Länge der kürzesten Wege von allen Knoten zu allen Knoten mit Hilfe des Tripel-Algorithmus. Stellen Sie dabei jeweils die einzelnen Schritte nachvollziehbar dar. Geben Sie auch den jeweiligen Vorgängerknoten an.

Literaturhinweis:

Lasch, R. (2020): **Strategisches und operatives Logistikmanagement: Distribution, 3. Auflage, Springer Gabler**

Kapitel 2.2   *Kürzeste-Wege-Probleme in Netzen*

4.3 Transport- und Umladeplanung

Die Transportplanung befasst sich mit der Optimierung von Transportprozessen, die im Rahmen der Distribution aber auch der Beschaffung von Gütern auftreten. Transport- und Umlademodelle ermitteln für ein- oder mehrstufige Distributionsstrukturen die kostenoptimalen Transportflüsse und Liefergebiete.

Aufgabe 4.3.1 - Transport- / Umladeproblem

Drei Filialen j ($j = 1,2,3$) mit den Nachfragewerten 10, 12 bzw. 8 ME sollen von zwei Werkslagern i ($i = 1,2$) mit den Angeboten 15 bzw. 12 ME bedient werden. Die Transportkosten betragen c_{ij}.

a) Formulieren Sie diese Aufgabenstellung als klassisches Transportproblem unter Einhaltung der Gleichgewichtsbedingung. Geben Sie die Zielfunktion und die Nebenbedingungen explizit an.

b) Wie viele positive Komponenten hat jede nicht entartete Basislösung des klassischen Transportproblems aus a)?

c) Welche Verfahren existieren zur Lösung von Transport- und Umladeproblemen? Worin bestehen die Unterschiede?

d) Warum werden Transportprobleme nicht mit dem Simplex-Verfahren gelöst?

e) Was besagt der Satz vom komplementären Schlupf und was folgt daraus für die Basisvariablen $x_{ij}^* > 0$?

f) Wie sind die Opportunitätskosten definiert und wie können Sie zur Verbesserung einer zulässigen Lösung verwendet werden?

g) Wie kann ein Umladeproblem als klassisches Transportproblem formuliert werden?

Aufgabe 4.3.2 - Klassisches Transportproblem

Die Bahn bevorratet an drei Lagerstandorten L1, L2 und L3 Radsätze. Diese sollen zu den Instandsetzungswerken W geliefert werden, die folgende Bedarfe haben:

W1= 900 Stück; W2= 1.000 Stück; W3= 600 Stück.

Die Entfernungen c_{ij} in [km] zwischen den Lagern und den Werken sowie die Bestandsmengen der Lager sind nachfolgender Tabelle zu entnehmen.

c_{ij}	W1	W2	W3	Bestand a_i
L1	10	17	28	400
L2	15	24	6	1.300
L3	9	12	13	800

Pro Radsatz und Entfernungs-Kilometer fallen Transportkosten von 1 € an. Die Belieferung der Werke mit Radsätzen soll so organisiert werden, dass die Gesamttransportkosten minimal sind.

a) Formulieren Sie den Lösungsansatz zur Belieferung der Werke als klassisches Transportproblem mit dem Ziel, die Gesamttransportkosten zu minimieren.

b) Ermitteln Sie eine zulässige Ausgangslösung mit der Nordwesteckenregel und der Spaltenminimum-Methode und geben Sie jeweils die resultierenden Kosten an.

c) Bestimmen Sie die gesamtkostenminimalen Lieferungen. Stellen Sie dazu die einzelnen Schritte nachvollziehbar dar. Geben Sie die resultierenden Gesamtkosten an und erläutern Sie das Ergebnis.

Aufgabe 4.3.3 - Eröffnungs- / Verbesserungsverfahren

Ein Unternehmen der Dienstleistungsbranche erledigt Reinigungsarbeiten für andere Firmen. Jeden Morgen finden sich die Mitarbeiter jeweils an einer der drei Sammelstellen des Unternehmens ein und erhalten dort ihren Auftrag. Die Mitarbeiter (MA) sind folgendermaßen auf die Sammelstellen verteilt:

Sammelstelle	1	2	3
Anzahl MA	15	12	30

Sind nicht genügend Aufträge eingegangen, entstehen dem Unternehmen pro nicht beschäftigtem Arbeiter Kosten in Höhe von 30 €. Können dagegen nicht genug Arbeiter für einen Auftrag zur Verfügung gestellt werden, so müssen die anderen Arbeiter die zusätzliche Arbeit mit erledigen. Dafür erhalten sie Lohnzuschläge, die für das Unternehmen Mehrkosten in Höhe von 65 € pro fehlendem Arbeiter zur Folge haben.

Heute haben vier Firmen Aufträge (die Arbeitslast in Mitarbeitern finden Sie in nachfolgender Tabelle) eingereicht. Die Anfahrt zu diesen Firmen verursacht folgende Kosten pro Arbeiter:

[€/MA]	Weg zu / Arbeitslast	Stelle 1	Stelle 2	Stelle 3
Firma A	10 MA	20	12	27
Firma B	14 MA	15	14	22
Firma C	9 MA	12	24	8
Firma D	17 MA	18	10	21

a) Ermitteln Sie eine Startlösung mit der Nordwesteckenregel und geben Sie deren Kosten an.

b) Wie sind die Mitarbeiter auf die Firmen zu verteilen, so dass die Gesamtkosten minimal werden? Lösen Sie das Problem mit dem MODI-Verfahren und geben Sie die optimale Verteilung an. Interpretieren Sie die Lösung und berechnen Sie die Kosten.

Aufgabe 4.3.4 - Umladeplanung

Der Jeanshersteller MacBlue beliefert seine beiden Filialen (F1, F2) in Dresden täglich über zwei Warenverteilzentren (W1, W2) unter Verwendung von zwei Transshipment Points (T1, T2). Zur Erhöhung der Flexibilität können neben den beiden Transshipment Points auch das Warenverteilzentrum W2 sowie die Filiale F1 als Umschlagpunkt genutzt werden. Die Angebots- und Nachfragemengen in Paletten sowie die möglichen Lieferbeziehungen mit den Transportkosten pro gelieferter Palette können der folgenden Tabelle entnommen werden:

c_{ij}	W2	T2	T1	F1	F2	Bestand a_i
W1	6		4			6
W2		4	2			8
T2				3	5	
T1		3		4		
F1		2			2	
Bedarf b_j				4	10	

a) Zeichnen Sie das Distributionsnetz als Digraph unter Angabe der Angebots- und Nachfragemengen sowie der Transportkosten.

b) Bestimmen Sie für das Umladeproblem eine optimale Lösung mit dem MODI-Verfahren.

Literaturhinweis:

Lasch, R. (2020):   **Strategisches und operatives Logistikmanagement: Distribution, 3. Auflage, Springer Gabler**

Kapitel 3.1   *Das klassische Transportproblem*

Kapitel 3.2   *Umladeplanung*

4.4   Netzwerkflussprobleme

Kapazitierte Transport- und Umladeprobleme können als Probleme der Bestimmung eines kostenminimalen Flusses in einem Digraph formuliert werden. Darüber hinaus treten Probleme der Bestimmung optimaler Flüsse z. B. in der Praxis auf, wenn der größtmögliche Verkehrsfluss in einem Verkehrsnetz oder der kostengünstigste Durchfluss von Wasser, Öl oder Gas durch ein Leitungsnetz gesucht sind.

Aufgabe 4.4.1 - Flussgraph

a)   Erklären Sie den Begriff „Netzwerk".

b)   Was ist unter einem q-s-Flussgraph $\vec{G}$ zu verstehen?

c)   Durch welche Nebenbedingungen kann in einem Flussgraph
$\vec{G} = \left(V, \vec{E}, c, \lambda, \kappa, q, s\right)$ ein homogener Fluss der Stärke v definiert werden?

d)   Nennen Sie drei Planungsprobleme, die sich als Aufgaben zur Bestimmung kostenminimaler Flüsse durch ein Netzwerk formulieren lassen.

e)   Bestimmen Sie in dem folgenden Digraph alle (q, s)-Schnitte, welche die Pfeile $(q, 3)$ und $(2, s)$ enthalten.

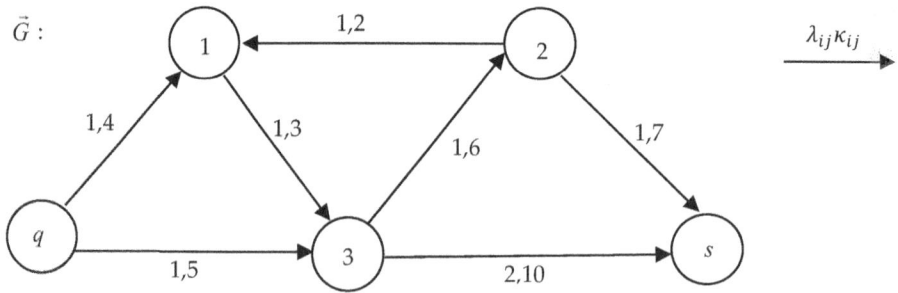

f)   Ermitteln Sie eine obere Schranke für die Stärke des maximalen Flusses von der Quelle q zu der Senke s.

g)   Durch welche Modifikation kann ein kostenminimaler Fluss bei gegebener Fluss-stärke v_0 mit dem Verfahren von BUSACKER-GOWEN berechnet werden?

Aufgabe 4.4.2 - Kostenminimaler maximaler Fluss

Gegeben sei der folgende Flussgraph $\vec{G}$ mit den Pfeilbewertungen $c_{ij} \, / \, \lambda_{ij} \, / \, \kappa_{ij}$:

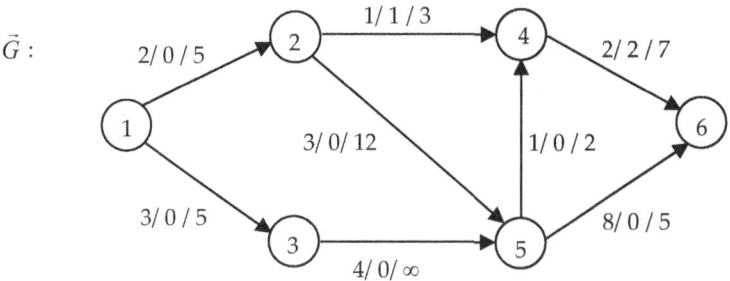

a)   Geben Sie einen zulässigen Fluss von 1 nach 6 an. Zeigen Sie, dass dieser Fluss die Flusserhaltungsbedingungen erfüllt.

b)   Bestimmen Sie einen kostenminimalen maximalen Fluss von 1 nach 6 von maximal 100 €. Geben Sie dabei jeweils den zugehörigen Inkrementgraph an und ermitteln Sie auch die Kosten des maximalen Flusses.

Aufgabe 4.4.3 - Kapazitiertes Umladeproblem

Ein Unternehmen unterhält zur Versorgung einer Region ein Auslieferungslager (AL). Üblicherweise werden die Waren vom Werk des Unternehmens (W) zum Auslieferungslager und dann direkt zu den Kunden (K1 und K2) gebracht. Aufgrund von Kapazitäts-engpässen wird zusätzlich ein Logistikdienstleister beauftragt. Der Dienstleister betreibt ein Frachtterminal (FT), zu dem die Ware teils direkt vom Werk des Unternehmens, teils aus dem Auslieferungslager gebracht wird. Von seinem Terminal liefert er die Ware über einen Umschlagpunkt (UP) zum Kunden K1 aus. Von den Kunden geht der Güterfluss weiter zu einem Entsorgungsunternehmen (E).

Die Transportbeziehungen, -kapazitäten und -kosten sind in folgender Tabelle gegeben:

Transportbeziehung	Transportkapazität [Anzahl Container]	Transportkosten pro Container [€]
Werk → Auslieferungslager	6	1
Werk → Frachtterminal des DL	8	3
Auslieferungslager → Frachtterminal des DL	4	0
Frachtterminal des DL → Umschlagpunkt des DL	2	2
Umschlagpunkt des DL → Kunde 1	10	0
Auslieferungslager → Kunde 1	7	6
Auslieferungslager → Kunde 2	5	2
Kunde 1 → Entsorgungsunternehmen	4	1
Kunde 2 → Entsorgungsunternehmen	4	2

Es werden stets komplette Containerladungen transportiert. Mindestmengen sind für den Transport vom Werk zum Auslieferungslager (3 Container), vom Auslieferungslager zum Kunden 1 (2 Container) und vom Auslieferungslager zum Kunden 2 (2 Container) festgelegt.

a) Stellen Sie das Distributionssystem des Unternehmens durch einen q-s-Flussgraph dar. Geben Sie für jeden Pfeil die Kosten sowie die Minimal- und Maximalkapazität an.

b) Geben Sie einen zulässigen homogenen Fluss vom Knoten W (Werk) zum Knoten E (Entsorgungsunternehmen) an.

c) Berechnen Sie einen kostenminimalen maximalen Fluss.

   Hinweis: Zeichnen Sie in jedem Schritt des Algorithmus den Inkrementgraphen und den aktuellen Fluss.

Aufgabe 4.4.4 - Kapazitiertes Transportproblem

Ein Fahrradhersteller möchte von seinen beiden Produktionsstandorten in Hamburg (H) und München (M) seine drei wichtigsten Verkaufsniederlassungen in Berlin (B), Dresden (D) und Köln (K) direkt beliefern. In beiden Produktionsstandorten wird das Trendfahrrad „Cityroller" hergestellt. Wirtschaftlichkeitsbetrachtungen ergaben, dass von Hamburg nach Berlin mindestens vier Fahrräder und von München nach Köln mindestens zwei Fahrräder transportiert werden sollten. Die Transporte erfolgen jeweils über Kurierdienste, die über eine maximale Kapazität von 16 Fahrrädern verfügen. Die Transportkosten [€/Lieferung] sind unabhängig von der Anzahl der transportierten Fahrräder und der folgenden Tabelle zu entnehmen:

c_{ij}	B	D	K
H	100	250	150
M	150	100	300

Am Produktionsstandort Hamburg stehen 31 Fahrräder und in München 14 Fahrräder vom Typ „Cityroller" bereit. Die Verkaufsniederlassungen melden folgende Bedarfe:

Berlin: 15 Cityroller

Dresden: 10 Cityroller

Köln: 20 Cityroller

Bestimmen Sie den optimalen Transportplan zur Belieferung der Verkaufsniederlassungen und geben Sie die resultierenden Kosten an.

Literaturhinweis:

Lasch, R. (2020):   *Strategisches und operatives Logistikmanagement: Distribution, 3. Auflage, Springer Gabler*

Kapitel 4.1   *Flüsse und Schnitte in Flussgraphen*

Kapitel 4.2   *Kostenminimale maximale Flüsse*

4.5   Rundreiseplanung

Rundreiseprobleme bestimmen den kürzesten Weg, der im Ausgangspunkt startend an einer vorgegebenen Anzahl von Objekten vorbei führt und wieder im Ausgangspunkt endet. Die Planung von Rundreisen ist beispielsweise bei der Bestimmung der Reihenfolge für Kundenbesuche von Außendienstmitarbeitern, bei der Leerung von Briefkästen oder Containern für Altpapier bzw. Altglas, bei der Auslieferung von Waren sowie beim Einsammeln von Gütern notwendig.

Aufgabe 4.5.1 - Knoten- / Kantenorientierte Probleme

a) Welche Zielstellungen werden bei der Transport-, Rundreise- und Tourenplanung unterschieden? Welche Größen sind bei den jeweiligen Problemen gegeben?

b) Wie erfolgt die Lösung des Chinese-Postman-Problems (CPP) im Digraph exakt und welche Voraussetzungen muss der Digraph erfüllen?

c) Nennen Sie jeweils zwei Eröffnungs- und Verbesserungsverfahren für das symmetrische und asymmetrische Traveling-Salesman-Problem (TSP).

Aufgabe 4.5.2 - Traveling-Salesman-Problem

a) Wie viele verschiedene Rundreisen gibt es in einem Digraph bzw. Graph mit jeweils n Knoten?

b) Formulieren Sie das TSP im Digraph als binäres Optimierungsproblem. Interpretieren Sie die Nebenbedingungen.

c) Wie wird das TSP auf Straßennetzen gelöst?

d) Wie lässt sich eine untere Grenze für die optimale Lösung des TSP angeben?

Aufgabe 4.5.3 - Asymmetrisches TSP

Der Eisverkäufer Kuno bekommt ein neues Absatzgebiet zugeteilt, in dem es viele Einbahnstraßen (Länge in km) gibt:

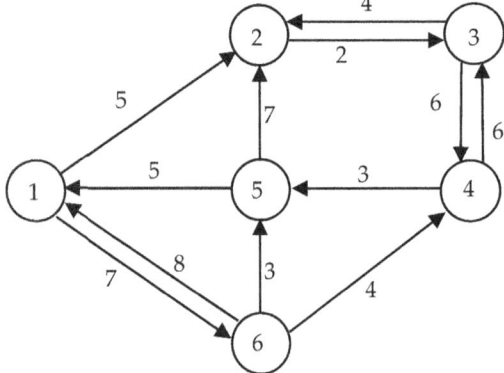

Kuno holt jeden Tag seinen Eiswagen im Knoten 1 ab, muss danach jeden Knoten einmal besuchen und den Wagen wieder im Knoten 1 abstellen.

Ermitteln Sie eine Rundreise mit dem Verfahren von AKL und geben Sie deren Länge an. Stellen Sie jeden Schritt nachvollziehbar dar.

Aufgabe 4.5.4 - Symmetrisches TSP / Ungerichtetes CPP

Die Standorte von Abfalleimern in der Dresdner Heide sind im folgenden Netzwerk als Knoten dargestellt, die Kanten entsprechen den befahrbaren Wegen im Waldgebiet. Die Längen der einzelnen Wege sind als Kantenbewertungen in [km] in das Netzwerk eingetragen. Die Abfalleimer sollen an jedem Morgen von einem Forstfahrzeug geleert werden.

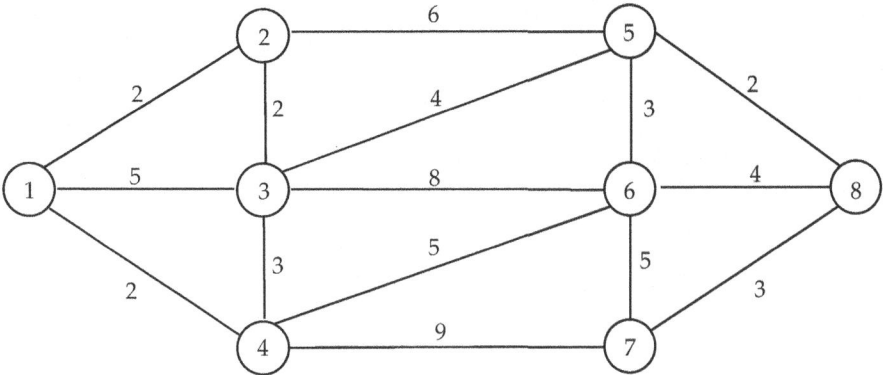

a)   Ermitteln Sie mit dem KRUSKAL-Algorithmus ein Minimalgerüst für das Netzwerk.

b)   Bestimmen Sie mit dem Verfahren von CHRISTOFIDES eine Route für das Forstfahrzeug beginnend am Abfalleimer 1, so dass die gesamte täglich zurückzulegende Wegstrecke minimal wird. Stellen Sie die einzelnen Lösungsschritte nachvollziehbar dar und geben Sie neben der Route auch die Routenlänge an.

c)   Geben Sie den relativen Gap für die vorliegende Problemstellung an! Was sagt dieser aus?

In der Heide wurde in den vergangenen Wochen im Schutz der Dunkelheit mehrfach Bauschutt illegal abgeladen. Die Forstverwaltung will daher einmal nachts alle Wege abfahren, um mögliche Umweltverschmutzer auf frischer Tat zu überführen. Dabei sollen alle Wege bis auf den Weg (3,6) kontrolliert werden, da dieser beidseitig mit Toren abgesperrt ist.

d)   Ermitteln Sie einen Tourenverlauf, so dass der Fahrweg für das Kontrollfahrzeug minimal wird. Stellen Sie dabei die einzelnen Lösungsschritte nachvollziehbar dar und geben Sie die Tourenlänge an.

Aufgabe 4.5.5 - Chinese-Postman-Problem

a) Das Einbahnstraßennetz einer Altstadt muss von der Stadtreinigung gesäubert
    werden. Wie soll Chefkehrmeister Emil, der in Knoten 1 startet, mit seiner Kehrma-
    schine die Einbahnstraßen durchfahren, damit die zurückgelegte Wegstrecke mini-
    mal wird?

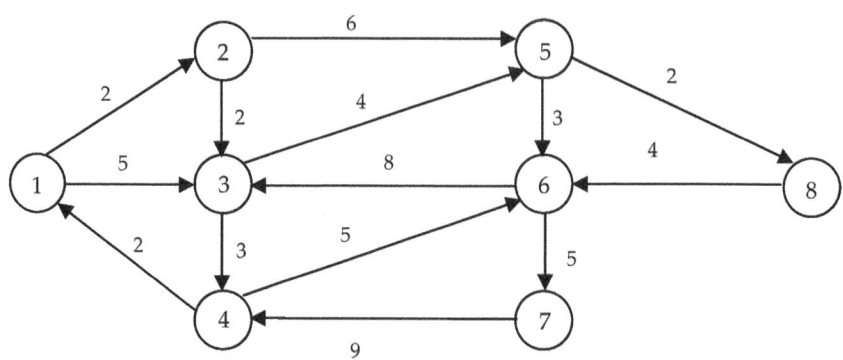

Legende:

Knoten = Kreuzung

Pfeil = Einbahnstraße

Bewertung = Länge der Einbahnstraße [km]

b) Azubi Seppel muss im gleichen Straßensystem die Gehwege per Hand reinigen.
    Dafür braucht er aber nicht die Einbahnstraßen berücksichtigen. Wie lang ist bei
    seiner Tour der unproduktive Weg, d. h. die Straßen, die er mehrmals ablaufen
    muss?

Literaturhinweis:

Lasch, R. (2020):   ***Strategisches und operatives Logistikmanagement: Distribution, 3.***
    Auflage, Springer Gabler

Kapitel 5.1   *Briefträgerprobleme*

Kapitel 5.2   *Handlungsreisendenproblem*

4.6 Tourenplanung

Bei Tourenplanungsproblemen müssen gegebene Aufträge mit einem gegebenen Fuhrpark so ausgeführt werden, dass die Gesamtkosten oder die gesamte Fahrstrecke minimiert werden. Für jedes einzusetzende Fahrzeug ist eine Tour festzulegen, die durch die Anzahl der auszuführenden Aufträge und deren Reihenfolge definiert ist.

Aufgabe 4.6.1 - Grundlagen der Tourenplanung

a) Erklären Sie die Begriffe „Tour", „Route" und „Tourenplan".

b) Welche zwei Teilprobleme müssen bei der Tourenplanung gelöst werden?

c) Erklären Sie den Unterschied zwischen ein- und zweistufigen heuristischen Eröffnungsverfahren für die Tourenplanung und nennen Sie jeweils ein Verfahren. Welche Vorgehensweise verwenden heuristische Verbesserungsverfahren?

d) Unter welchen Voraussetzungen können zwei Touren T_1, T_2 zur kombinierten Tour $T_1 \times T_2$ verbunden werden?

e) Wie kann anfänglich die Zulässigkeit eines Tourenplans bei heterogenem Fuhrpark hergestellt werden?

Aufgabe 4.6.2 - Tourenplanung mit homogenem Fuhrpark

Ein Entsorgungsunternehmen muss täglich Touren zur Abholung von Wertstoffcontainern bei industriellen Kunden einer Region disponieren. Die dabei eingesetzten LKW haben eine Kapazität von $Q = 10$ Containern.

Bekannt ist das Wertstoffaufkommen der einzelnen Kunden:

Kunde i	2	3	4	5	6	7	8
Aufkommen q_i [Container]	3	4	3	1	1	2	3

Das Straßennetz der Region mit den zu entsorgenden Kunden ist vereinfacht in nachfolgendem ungerichteten Graphen abgebildet. Die Standorte der Kunden sind als Knoten und die Straßenverbindungen mit den jeweiligen Entfernungen (km) als bewertete Kanten dargestellt. Der Entsorgungsbetrieb, von dem aus die LKW fahren, befindet sich in Knoten 1.

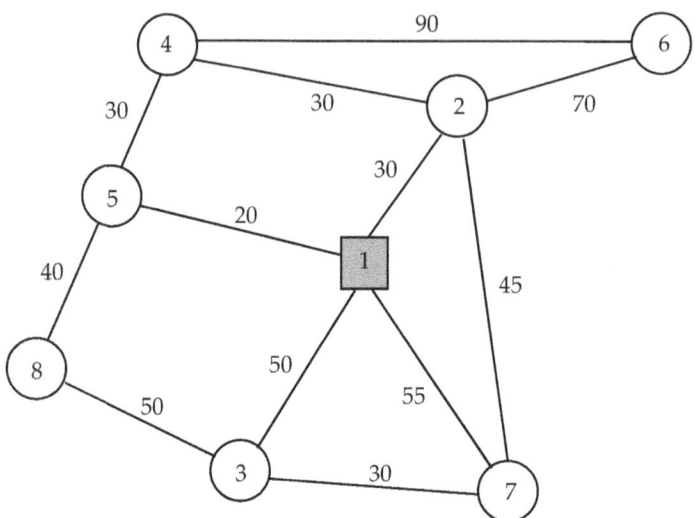

Zur Ermittlung der optimalen Abholtouren soll das Savings-Verfahren angewendet werden.

a) Berechnen Sie die fehlenden Savings-Werte. Verwenden Sie dazu die gegebene Distanzmatrix.

d_{ij}	2	3	4	5	6	7	8
1	30	50	50	20	100	55	60
2		75	30	50	70	45	90
3			100	70	145	30	50
4				30	90	75	70
5					120	75	40
6						115	160
7							80

s_{ij}	3	4	5	6	7	8
2	5	50	0	60	40	0
3		0	0	5	s_{37}	60
4			40	60	30	40
5				s_{56}	0	40
6					40	0
7						35

b) Bestimmen Sie die optimalen Abholtouren mit dem Savings-Verfahren. Stellen Sie die einzelnen Lösungsschritte nachvollziehbar dar und geben Sie auch das Abbruchkriterium des Verfahrens sowie die Tourenlängen an.

Das Ergebnis der Disposition mit dem Savings-Verfahren soll durch die Anwendung eines weiteren heuristischen Verfahrens überprüft werden.

c) Lösen Sie das Tourenplanungsproblem mit Hilfe des Sweep-Algorithmus. Beginnen Sie mit der Tourenbildung beim Kunden 7. Geben Sie für jede Tour die kürzestmögliche Rundreise und deren Länge an.

Aufgabe 4.6.3 - Tourenplanung mit heterogenem Fuhrpark

Ein Speditionsunternehmen plant die täglichen Ausliefertouren der Nahverkehrsfahrzeuge mit Hilfe des Savings-Verfahrens. Heute ist die Belieferung von neun Kundenorten zu disponieren, welche folgende Bedarfe aufweisen:

Kunde i	1	2	3	4	5	6	7	8	9
Bedarf q_i [ME]	3	4	3	1	1	2	3	4	2

Die Spedition besitzt fünf Fahrzeuge, drei mit einer Kapazität von 10 ME, eines mit 9 ME und eines mit 7 ME. Das Straßennetz des Ausliefergebietes mit den zu beliefernden Kunden kann vereinfacht durch folgenden Graph dargestellt werden. Hierbei sind die Kunden als Knoten (Depot: Knoten 0) und die Straßenverbindungen mit den zugehörigen Entfernungen [km] als bewertete Kanten dargestellt.

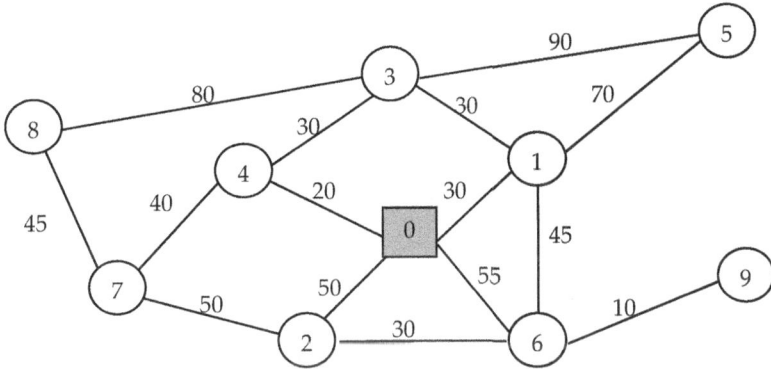

Bestimmen Sie einen zulässigen Tourenplan.

Verwenden Sie dazu die gegebene Matrix der Savings-Werte und berechnen Sie zuerst die fehlenden Savings-Werte.

s_{ij}	2	3	4	5	6	7	8	9
1	5	50	0	60	40	0	25	40
2		0	s_{24}	5	75	60	60	75
3			40	60	30	s_{37}	75	30
4				0	0	40	40	0
5					40	0	s_{58}	40
6						35	35	110
7							120	35
8								35

Aufgabe 4.6.4 - Tourenplanung mit Kundenzeitfenster

Als Disponent bei einem Dresdner Spediteur obliegt Ihnen die Aufgabe, die regionale Auslieferung von Stückgut, welches von Partnerspeditionen jeden Morgen zwischen vier und fünf Uhr mit Fernverkehrsfahrzeugen aus ganz Deutschland zum Dresdner Depot geliefert wird, zu planen. Im Depot (Knoten 0) wird das Stückgut von Fernverkehrsfahrzeugen auf kleinere Nahverkehrsfahrzeuge umgeladen und anschließend an die regional ansässigen Kunden verteilt. Die Spedition besitzt fünf solcher Nahverkehrsfahrzeuge, die jeweils bis zu 12 Tonnen [t] Stückgut laden können. Diese benötigen das Stückgut in unterschiedlichen Mengen, die – ebenso wie die kundenindividuellen Zeitfenster, in denen eine Anlieferung erfolgen kann – folgender Tabelle entnommen werden können:

Kunde	1	2	3	4	5
Bedarf [t]	3	1	3	3	5
Kundenzeitfenster	08:00 - 12:00	07:00 - 12:00	07:00 - 24:00	10:00 - 13:30	07:00 - 24:00

Die Entfernungen zwischen dem Depot und den einzelnen Kunden sind in folgender Abbildung gegeben (Entfernungen in Kilometer):

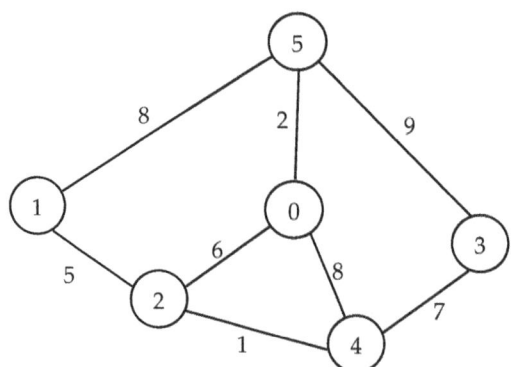

Das Abladen des Stückgutes bei den einzelnen Kunden beträgt jeweils 10min. Die Zeit für die An- und Abfahrt zum Entladeort auf dem Werksgelände der einzelnen Kunden ist vernachlässigbar gering. Die Fahrzeuge bewegen sich mit einer durchschnittlichen Geschwindigkeit von 30 km/h.

a) Ihr Praktikant schlägt vor, für die Tourenplanung das Savings-Verfahren anzuwenden und hat die benötigten Savings-Werte in folgender Tabelle zusammengetragen:

s_{ij}	2	3	4	5
1	11	8	s_{14}	4
2		9	12	0
3			11	s_{35}
4				0

Ermitteln Sie die noch fehlenden Savings-Werte s_{14} und s_{35}.

b) Lösen Sie das Tourenplanungsproblem mit Hilfe des Savings-Verfahrens. Berücksichtigen Sie dabei insbesondere die Kapazitäts- und Zeitrestriktionen und geben Sie für sämtliche ermittelten Touren die Reihenfolge der anzufahrenden Kunden, die Dauer der Tour [in Minuten] sowie die beanspruchte Kapazität des Nahverkehrsfahrzeuges an.

Aufgabe 4.6.5 - Tourenplanung mit dem Sweep-Verfahren

Der Fahrradkurier Willy ist dafür bekannt, seine Lieferungen schneller als kein anderer zu seinen New Yorker Kunden zu bringen. An diesem Morgen erhält er die spezielle Anordnung eines privaten Auftraggebers, Päckchen an 13 Kunden auszuliefern. Folgende Nachfragen gilt es zu befriedigen:

Kunde	1	2	3	4	5	6	7	8	9	10	11	12	13
Anzahl Päckchen	20	70	35	20	40	30	25	15	50	30	25	20	25

Zügig hat er die Verbindungen zwischen den einzelnen Kunden mit einer expliziten Zeiteinschätzung (in Minuten) gezeichnet. Ungefähr mittig richtet er sich ein kleines Päckchen-Depot ein (siehe Abbildung).

Pro Tour kann Willy maximal 80 Päckchen mitnehmen, will aber keinen Kunden zweimal beliefern. Er startet um 8 Uhr und muss bis 11 Uhr alle Pakete ausgetragen haben, um rechtzeitig bei seiner eigentlichen Arbeitsstelle zu erscheinen. Er setzt sich selbst die Maßgabe, eine Tour ohne Ausnahme (inkl. Rückfahrt zum Depot) in maximal 25 Minuten zu schaffen. Die ihm bis 11 Uhr verbleibende Gesamtzeit möchte er nutzen, um vor der Arbeit ein kurzes Schläfchen zu halten. Die Ziele sind daher, die Anzahl der Touren und zusätzlich die Dauer pro Tour möglichst gering zu halten.

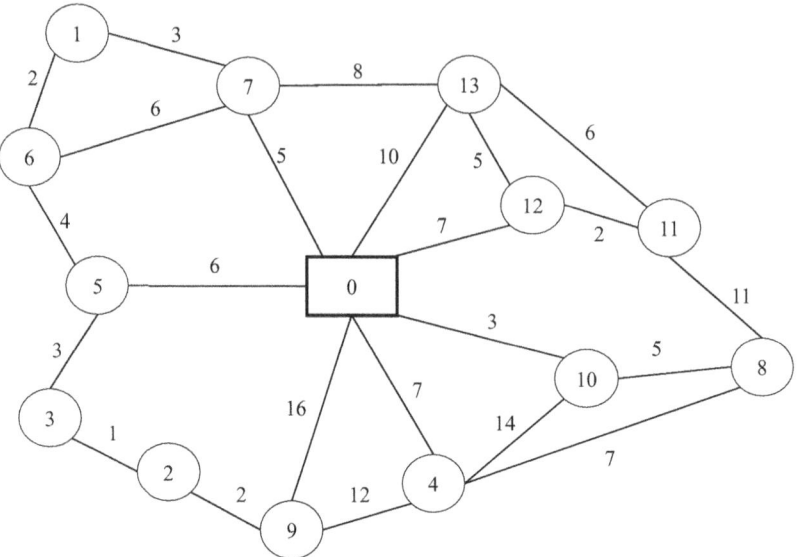

a) Führen Sie das Sweep-Verfahren durch, um einen Tourenplan für Willy zzgl. der Dauer je Tour zu erstellen, indem Sie allen seinen Anforderungen und Wünschen gerecht werden! Beginnen Sie bei Kunde 7 und kehren Sie auch nach der Bedienung des letzten Kunden ins Depot zurück. Berechnen Sie zusätzlich die Gesamtzeit, die Willy für sein Nickerchen nutzen kann, wenn sich alle Touren nahtlos anschließen und er dazwischen keine Pausen macht.

b) Wie ist die Qualität der Lösung des Sweep-Verfahrens einzuschätzen?

Literaturhinweis:

Lasch, R. (2020):   ***Strategisches und operatives Logistikmanagement: Distribution, 3. Auflage, Springer Gabler***

Kapitel 6.1   *Das Standardproblem der Tourenplanung*

Kapitel 6.2   *Lösungsverfahren zur Tourenplanung*

4.7 Standortplanung

Standortentscheidungen sind aufgrund ihres langfristigen Charakters für jede Unternehmung von essentieller Bedeutung und gehören somit zur strategischen Planungsebene. Der Entscheidungsprozess zur Planung von Produktions- und Distributionsstrukturen wird durch qualitative und quantitative Faktoren beeinflusst. Zur Auswahl optimaler Standorte wird auf verschiedene mathematische Modelle zurückgegriffen, die entweder exakt oder heuristisch günstige Standorte im Sinne der Fragestellung bestimmen. So ist zum Beispiel ein günstiger Standort für ein Zentrallager einer Firma dann gefunden, wenn die Summe der Transport- und Lagerkosten minimiert und das Lager optimal ausgelastet wird.

Aufgabe 4.7.1 - Standortplanungsmodelle

a) Grenzen Sie kurz die drei unterschiedlichen Modelle der Standortplanung gegeneinander ab und geben Sie jeweils ein Beispiel an.

b) Worin besteht der Unterschied zwischen einem Medianproblem und einem Zentrenproblem? Geben Sie jeweils ein Beispiel an.

Aufgabe 4.7.2 - Standortplanung in der Ebene I

a) Welche Annahmen liegen der Standortplanung in der Ebene zugrunde?

Auf dem Altmarkt in Dresden sollen für den Striezelmarkt Notstromgeneratoren aufgestellt werden, um die 80 Buden im Falle eines Stromausfalls mit Strom versorgen zu können. Für das Aufstellen der Generatoren sollen keinerlei Beschränkungen berücksichtigt werden. Ein Generator kann dabei maximal zehn Buden und sollte aus wirtschaftlichen Überlegungen mindestens sechs Buden versorgen.

b) Formulieren Sie dieses Problem als Optimierungsproblem mit der Zielstellung, die Gesamtstrecke der Kabelleitungen unter Gewährleistung der Systemzuverlässigkeit und der Wirtschaftlichkeit zu minimieren. Um welches Problem handelt es sich? Nennen Sie ein Lösungsverfahren.

Aufgabe 4.7.3 - Standortplanung in der Ebene II

Ein Zwischenhändler sucht den Standort für ein Zentrallager, um seine vier Abnehmer zu beliefern. Die Standorte der Abnehmer können durch die folgenden Koordinaten (a_i, b_i) ($i = 1,2,3,4$) beschrieben werden:

$$(a_1, b_1) = (0,0), (a_2, b_2) = (3,0), (a_3, b_3) = (1,6), (a_4, b_4) = (7,4)$$

Die Filialen 2, 3 und 4 haben etwa gleich hohen, die Filiale 1 hat dagegen einen doppelt so hohen Umsatz wie die übrigen Filialen.

Der Zwischenhändler möchte diese Problemstellung als ein einfaches Weber-Problem modellieren.

a)   Nennen Sie mindestens drei wesentliche Annahmen, die mit dieser Modellierung implizit verbunden sind.

b)   Zeigen Sie, dass für diese Modellierung ein Standort mit den Koordinaten $(x, y) = (1{,}338;\ 0{,}821)$ näherungsweise kostenoptimal ist.

Aufgabe 4.7.4 - Zentrenproblem in der Ebene

Ein mittelständisches Unternehmen steht vor einer Standortentscheidung über möglichst kostengünstig gelegene Auslieferungslager. Das Investitionsbudget sieht dabei genau ein Depot vor.

Die Menge der Kunden des Unternehmens ist begrenzt und besteht im Wesentlichen aus sieben Großkunden mit etwa gleich hoher Nachfrage, von denen folgende Koordinaten (a_i, b_i) $(i = 1, \ldots, 7)$ bekannt sind:

$(a_1, b_1) = (2, 2), (a_2, b_2) = (4, 6), (a_3, b_3) = (6, 12), (a_4, b_4) = (8, 6), (a_5, b_5) = (10, 7),$
$(a_6, b_6) = (12, 3)$ und $(a_7, b_7) = (12, 8)$.

Ermitteln Sie bitte für die gegebene Kundenanordnung ein optimales Zentrum. Stellen Sie Ihren Lösungsweg sowohl grafisch als auch analytisch dar.

Aufgabe 4.7.5 - Standortplanung im Netzwerk

Nachfolgend finden Sie die Skizze (mit Entfernungen) eines neu gebauten Stadions, in dem erstmals ein Speedwayrennen stattfindet. In den drei Eckpunkten S, B und M werden Snacks, Fanartikel und Erfrischungsgetränke verkauft. Da sich in der Nähe des Erfrischungsstandes B nur einige wenige Stehplätze befinden, während die Haupttribünen in der Nähe der anderen Ecken des Stadiongeländes angeordnet sind, wird davon ausgegangen, dass die Nachfrage bei den Verkaufsständen S und M doppelt so groß ist, wie die bei B.

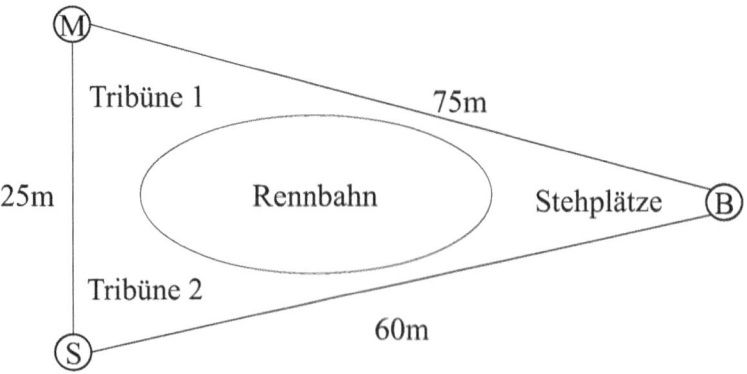

Damit die Verkaufsstände jederzeit über genügend Getränke und Snacks verfügen, sollen Depots (Warenlager) am Rand des Stadions (entlang der Kanten) errichtet werden, wobei bisher unklar ist, wo sich diese befinden sollen. Aufgrund des geringen Platzangebots stehen die Verkaufsstände (Knoten) allerdings nicht als Standort für die Depots zur Verfügung. Des Weiteren muss beachtet werden, dass auf der Strecke zwischen den Verkaufsständen S und M ebenfalls keine Depots errichtet werden können, da sich hier die Fahrerlager befinden.

Hinweis: Die Versorgung mit Nachschub soll dabei möglichst schnell erfolgen!

a) Ermitteln Sie alle potenziellen Standorte der Warendepots. Stellen Sie diese einschließlich der ermittelten Entfernungen der Verkaufsstände S, B und M zu den potenziellen Standorten in einer geeigneten Tabelle dar.

b) Welche Standorte müssen errichtet werden, damit der Radius möglichst gering ist? Geben Sie auch den Radius explizit an.

Aufgabe 4.7.6 - Diskrete Standortplanung I

Die Stadtverwaltung will das Entsorgungskonzept für Dresden-West überarbeiten und möchte dabei bis zu fünf neue Kombi-Sammelstellen für Altglas, Altpapier und Altkleider errichten. Zunächst wurden das Müllaufkommen der betreffenden sieben Stadtteile (Tabelle 1) sowie die durchschnittlichen Entfernungen zu den potenziellen Containerstandorten (Tabelle 2) erfasst. Ein Fahrweg von einem Kilometer wird dabei mit fünf Geldeinheiten [GE] bewertet.

Es ist davon auszugehen, dass die Anliefermenge pro Einwohner sowie das Müllaufkommen pro Einwohner in allen Stadtteilen gleich sind. Die Gesamtfahrstrecke verhält sich daher proportional zur Gesamtmüllmenge (doppelte Müllmenge $\hat{=}$ doppelt so viele Fahrten).

Bei der Planung der Sammelstellen sind auch standortabhängige Fixkosten zu betrachten, die in Tabelle 3 enthalten sind.

Stadtteil	Löbtau	Cotta	Gorbitz	Alt-franken	Plauen	Briesnitz	Süd-vorstadt
Müllaufkom-men [ME]	800	600	1200	600	400	200	600

Tabelle 1: Müllaufkommen der Stadtteile (gemittelt)

Entfer- nung [m]	Stadtteil						
	Lö-btau	Cotta	Gor-bitz	Alt-fran-ken	Plauen	Briesnitz	Süd-vor-stadt
1	200	800	2400	3200	1600	4000	1600
2	400	200	2200	3400	1000	3600	1400
3	800	800	800	800	800	800	800
4	3400	3800	1000	200	4000	2400	4200
5	800	1200	900	1400	1000	1600	1200

(Die Zeilen 1–5 betreffen die **potenzielle Sammelstelle**.)

Tabelle 2: Entfernungen der Stadtteile (gemittelt) zu den potenziellen Standorten

potenzielle Sammelstelle	1	2	3	4	5
Fixkosten [GE]	18	14	16	16	20

Tabelle 3: Fixkosten der potenziellen Standorte

Ziel der Stadt Dresden ist es, die Gesamtkosten zu minimieren, d. h. dass die Summe aus Gesamtfahrstrecke der Bürger zu den neuen Containerstandorten (nur Hinfahrt ohne Rückfahrt) und Fixkosten der Standorte minimal wird.

a) Welcher Standort wird nie geöffnet werden? Begründen Sie Ihre Aussage kurz.

b) Ermitteln Sie eine Lösung mittels des ADD-Algorithmus. Geben Sie die ausgewählten Standorte und die Gesamtkosten an.

c) Neben dem ADD-Algorithmus kann auch der DROP-Algorithmus verwendet werden, um einstufige Warehouse Location Probleme zu lösen. Beschreiben Sie die Vorgehensweise dieses Verfahrens und gehen Sie auf die Unterschiede zum ADD-Algorithmus ein!

Aufgabe 4.7.7 - Diskrete Standortplanung II

Dem Automobilzulieferer Roll-On gelang es im letzten Geschäftsjahr, seine Umsätze um 20 Prozent zu steigern und darüber hinaus neue ausländische Abnehmer für seine Hochtechnologieprodukte zu gewinnen. Eine Expansion des Unternehmens in den zukunftsträchtigen asiatischen Raum steht bevor und das Top-Management möchte eine rationale Entscheidungsgrundlage für diese Herausforderung finden. Sie nehmen mit Ihrem jungen Beratungsunternehmen an der Ausschreibung für dieses Projekt teil. Nach der Präsentation Ihrer möglichen Vorgehensweise zieht Sie der Geschäftsführer von Roll-On zur Seite und möchte Ihre Kompetenz im Bereich Standortwahl testen.

Er drückt Ihnen einen Zettel in die Hand, auf dem sich ein Tableau (Tabelle 1) mit Transportkosten c_{ij} in Geldeinheiten (GE) von Standort j zu Kunde i, fixe Eröffnungskosten f_j, variable Kosten v_j für die Belieferung aller Kunden aus der Menge S der aktuell geöffneten Standorte zuzüglich des betrachteten Standorts j und Gesamtkosten K_j für eine weitere Eröffnung des Standorts j befindet. Standort 5 wurde bereits eröffnet und die daraus entstehenden Gesamtkosten belaufen sich auf 29 GE.

c_{ij} [GE]	Von Standort j				
	1	2	3	4	5
1	2	2	7	6	2
2	2	3	6	5	6
3	4	0	2	4	0
4	7	6	5	4	c_{45}
5	6	c_{52}	3	6	7
6	8	6	10	5	2
7	1	4	5	6	4
f_j [GE]	5	7	5	8	f_5
v_j [GE]]	v_1	16	20	22	
K_j [GE]]	26	28	30	35	

(Zu Kunde i)

Tabelle 1: Tableau mit variablen Transport-, fixen Standort- und Gesamtkosten

a) Zeigen Sie dem Geschäftsführer von Roll-On, dass Sie mit dem Add-Algorithmus vertraut sind und ergänzen Sie die fehlenden Werte aus der vorhergehenden Matrix.

b) Finden Sie mithilfe des Drop-Algorithmus die optimalen Standorte für die in der nächsten Tabelle gegebenen Transportkosten c_{ij} und fixen Eröffnungskosten f_j.

4

c_{ij} [GE]	1	2	3	4	5
1	1	2	7	6	6
2	2	9	6	5	4
3	10	0	1	10	6
4	9	7	5	2	3
5	6	3	3	6	7
6	7	6	10	3	2
7	3	10	5	6	6
f_j [GE]	5	7	4	6	5

Tabelle 2: Ausgangstableau des Drop-Algorithmus

Literaturhinweis:

Lasch, R. (2020): **Strategisches und operatives Logistikmanagement: Distribution, 3. Auflage, Springer Gabler**

Kapitel 7.4   *Standortplanung in der Ebene*

Kapitel 7.5   *Standortplanung im Netzwerk*

Kapitel 7.6   *Diskrete Standortplanung*

4.8   Physische Distribution

Bei der Distribution spielt der Aufbau der horizontalen und vertikalen Distributionsstruktur sowie der physische Transport der Güter zum Abnehmer eine wichtige Rolle. Distributionsstrukturen sind z. B. bezüglich Lieferzeit, Lieferflexibilität, Transport- und Bestandskosten zu optimieren.

Aufgabe 4.8.1 - Außerbetriebliche Transportsysteme

a)   Transportsysteme sind wesentliche Bestandteile von Distributionssystemen. Systematisieren Sie Kriterien, mit denen geeignete Transportsysteme für die Warenverteilung ab einem Zentrallager beurteilt werden können. Erläutern Sie auch, welche Inhalte diese Kriterien haben.

b)   Nennen Sie vier Verkehrsarten im außerbetrieblichen Transport.

c)   Was ist unter gebrochenem bzw. kombiniertem Verkehr zu verstehen? Nennen Sie drei verschiedene Kombinationsformen.

Aufgabe 4.8.2 - Distributionsstrukturen

a) Unterscheiden Sie bestandsführende und bestandslose Strukturelemente nach ihren Funktionen im Distributionssystem. Wann sind bestandslose Strukturelemente bestandsführenden Strukturelementen vorzuziehen?

b) Charakterisieren Sie das zweistufige Cross Docking-Konzept mit Hilfe der nachfolgenden Grafik mit geeigneten Schlüsselwörtern für die gekennzeichneten Felder!

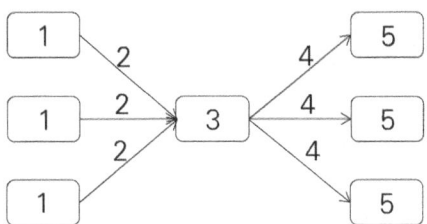

c) Welche Funktionen und Aufgaben erfüllen Zentrallager (ZL) und Auslieferungslager (AL)?

d) Erläutern Sie die Bedeutung von vertikaler und horizontaler Struktur für den Aufbau eines Distributionssystems. Welche Planungsbereiche und Entscheidungen sind damit jeweils verbunden?

e) Bewerten Sie die folgenden verschiedenen Distributionsstrukturen A bis C hinsichtlich der Lieferzeit, der Lieferflexibilität, der Transport- und der Bestandskosten. Begründen Sie Ihre Entscheidungen kurz stichwortartig und geben Sie jeweils ein Beispiel an, für welche Anwendungsfälle diese Struktur vorteilhaft wäre.

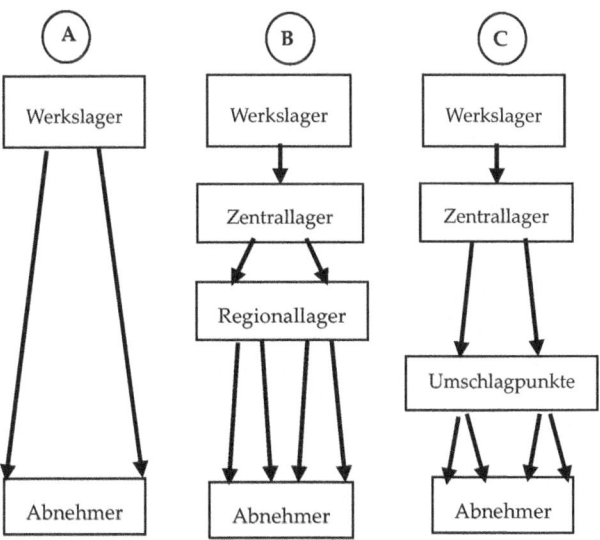

Aufgabe 4.8.3 - Kooperationen und Bündelungsstrategien

a) Erklären Sie das Gebietsspediteurkonzept.

b) Grenzen Sie die Einzel-, Verbund- und Systemdienstleister sowie Netzwerkintegratoren bezüglich ihrer Aufgaben und Ressourcen voneinander ab!

c) Nennen Sie jeweils qualitative Chancen und Risiken, die bei der Vergabe von Dienstleistungspaketen an einen Kontraktlogistikdienstleister bestehen!

Aufgabe 4.8.4 - Telematik im Straßengüterverkehr

a) Welche Ziele und daraus abgeleiteten Aufgabenfelder werden in der Telematik im Straßengüterverkehr verfolgt?

b) Charakterisieren Sie kurz die wichtigsten informationstechnischen Komponenten der Verkehrstelematik!

c) Was verstehen Sie unter dem Rebound-Effekt?

Aufgabe 4.8.5 - Transportrecht

a) Erläutern Sie, was unter den INCOTERMS zu verstehen ist. Nennen Sie drei Beispiele und äußern Sie sich zu Lieferort, Gefahren- und Kostenübergang und zu dem Träger der anfallenden Kosten.

b) Wann wird ein Frachtvertrag abgeschlossen und was sind grob dessen Bestandteile?

Literaturhinweis:
Lasch, R. (2020): **Strategisches und operatives Logistikmanagement: Distribution, 3. Auflage, Springer Gabler**

4.9   Lösungen

Grundlagen der Graphentheorie

Lösung Aufgabe 4.1.1

c) Der gegebene Digraph $\vec{G}$ sieht wie folgt aus:

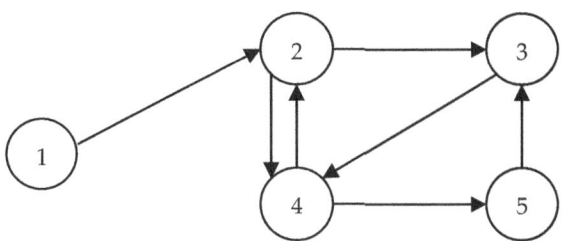

Der geforderte Unterdigraph soll nur die Knoten 1, 2, 4 und 5 enthalten. Somit werden aus dem gegebenen Digraph der Knoten 3 sowie alle Pfeile vom und zum Knoten 3 gestrichen.

Unterdigraph $\vec{G}'$:

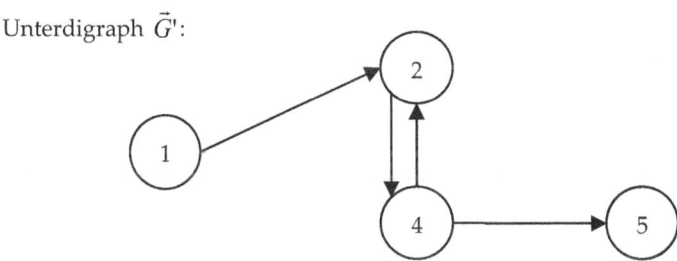

d) Der Digraph $\vec{G}'$ ist schwach zusammenhängend, da der zugehörige Graph $G = Z(\vec{G})$ zusammenhängend ist, aber nicht stark zusammenhängend, da Knoten 1 eine Quelle darstellt und somit von keinem anderen Knoten ein Rückweg zu Knoten 1 existiert.

Des Weiteren erfolgt die Untersuchung, ob der Digraph $\vec{G}$ starke Zusammenhangskomponenten enthält. Die Quelle (Knoten 1) kann nicht Bestandteil einer starken Zusammenhangskomponente sein. Sie stellt per Definition eine eigene starke Zusammenhangskomponente dar. Für die verbleibenden Knoten 2, 3, 4 und 5 wird nun untersucht, ob für jedes Knotenpaar ein Hin- und Rückweg existiert. Da dies der Fall ist, bilden die Knoten 2, 3, 4 und 5 eine starke Zusammenhangskomponente.

$\vec{G}$ enthält zwei starke Zusammenhangskomponenten $\vec{G}_1$ und $\vec{G}_2$:

- $\vec{G}_1 = \left(V_1, \vec{E}_1\right)$ mit $V_1 = \{1\}$, $\vec{E}_1 = \emptyset$.

  Einzelne Knoten sind per Definition stark zusammenhängend.

- $\vec{G}_2 = \left(V_2, \vec{E}_2\right)$ mit $V_2 = \{2,3,4,5\}$, $\vec{E}_2 = \{(2,3),(2,4),(4,2),(3,4),(4,5),(5,3)\}$

  Für jedes Knotenpaar gilt, dass jeweils ein Hin- und ein Rückweg zwischen den Knoten innerhalb der Zusammenhangskomponente existieren.

e) Der Digraph $\vec{G}$ lässt sich nicht topologisch sortieren, weil $\vec{G}$ mehrere Zyklen enthält, zum Beispiel (2, 4, 2) oder (3, 4, 5, 3).

f) Ein gerichtetes Gerüst $\vec{G}'=(V',E')$ ist ein schwach zusammenhängender Teilgraph von $\vec{G}$ mit $V'=V$ und $\vec{E}'\subset \vec{E}$. Beispiele für ein gerichtetes Gerüst in $\vec{G}$ mit Wurzel $q = 1$ sind:

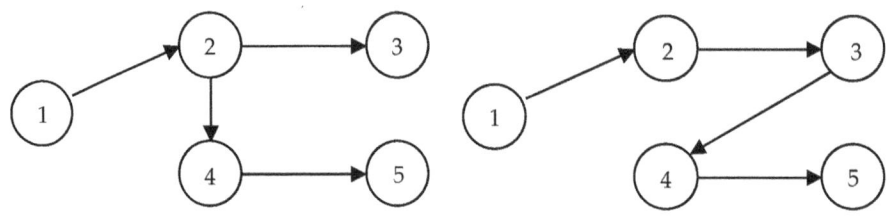

g) Unter einem gerichteten Wald mit drei Bäumen sind zyklenfreie Digraphen mit drei schwachen Zusammenhangskomponenten zu verstehen, die jeweils Wurzelbäume darstellen, beispielsweise:

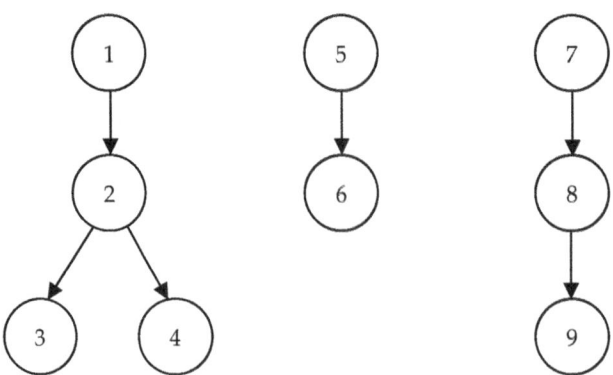

Lösung Aufgabe 4.1.2

a) Eine Bewertungsmatrix stellt für alle direkten Wege von i nach j (d. h. alle Kanten im Graphen bzw. alle Pfeile im Digraphen) die Bewertungen (z. B. Kapazität, Zeit, Kosten, Gewinn) dar. Der Eintrag „∞" bedeutet, dass es keinen direkten Weg von i nach j gibt.

Eine Entfernungsmatrix stellt die kürzesten Distanzen zwischen i und j dar, falls ein direkter oder indirekter Weg von i nach j existiert. Der Eintrag „∞" bedeutet, dass es weder einen direkten noch indirekten Weg von i nach j gibt.

Eine Vorgängermatrix gibt den Vorgänger i von j an, falls ein direkter Weg von i nach j existiert. Der Eintrag „∞" bedeutet, dass es keinen direkten Weg von i nach j gibt.

Eine Wegematrix gibt den unmittelbaren Vorgänger k von j an, falls ein direkter ($k = i$) oder indirekter Weg von i nach j existiert. Der Eintrag „∞" bedeutet, dass es weder einen direkten noch indirekten Weg von i nach j gibt.

b)

Bewertungsmatrix:

C^0	1	2	3	4	5
1	0	∞	4	∞	∞
2	3	0	∞	∞	∞
3	∞	2	0	∞	∞
4	∞	1	∞	0	∞
5	∞	∞	10	1	0

Beispiel: Der Pfeil von Knoten 4 zu Knoten 2 hat die Bewertung 1.

Entfernungsmatrix:

D^*	1	2	3	4	5
1	0	6	4	∞	∞
2	3	0	7	∞	∞
3	5	2	0	∞	∞
4	4	1	8	0	∞
5	5	2	9	1	0

Beispiel: Die kürzeste Entfernung von Knoten 5 zu Knoten 2 beträgt 2.

Vorgängermatrix:

W^0	1	2	3	4	5
1	1	∞	1	∞	∞
2	2	2	∞	∞	∞
3	∞	3	3	∞	∞
4	∞	4	∞	4	∞
5	∞	∞	5	5	5

Beispiel: Es existiert kein direkter Weg von Knoten 5 zu Knoten 2. Der Knoten 2 hat auf dem Weg von Knoten 3 zum Knoten 2 den Knoten 3 als Vorgänger.

W*	1	2	3	4	5
1	1	3	1	∞	∞
2	2	2	1	∞	∞
3	2	3	3	∞	∞
4	2	4	1	4	∞
5	2	4	1	5	5

Wege-
matrix:

Beispiel:
Der Vorgänger von Knoten 2
auf dem Weg vom Knoten 5
zum Knoten 2 ist der Knoten 4.

c) Ein EULERscher Graph besitzt eine geschlossene EULERsche Linie, d. h. eine Kantenfolge (bzw. Pfeilfolge), die alle Kanten von G (bzw. alle Pfeile von $\vec{G}$) genau einmal enthält.

Ein zusammenhängender Graph ist genau dann ein EULERscher Graph, wenn jeder
Knoten einen geraden Grad besitzt. Ein stark zusammenhängender Digraph ist genau dann ein EULERscher Graph, wenn für jeden Knoten der Eingangsgrad gleich
dem Ausgangsgrad ist.

Beispiel für einen EULERgraph:

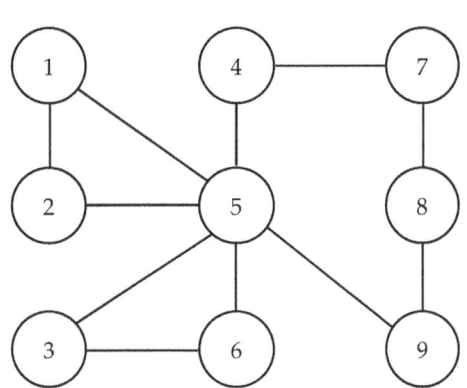

Eine geschlossene EULERsche
Linie mit Start und Ende in
Knoten 1 lautet beispiels-
weise:

$1 - 2 - 5 - 3 - 6 - 5 - 9 - 8 - 7$
$- 4 - 5 - 1$

Lösung Aufgabe 4.1.3

Die Überprüfung auf Zyklenfreiheit erfolgt durch sukzessives Entfernen von Quellen inklusive der jeweils dazugehörigen Pfeile.

→ $\vec{G} = \vec{G}_0$ mit $V_0 = \{1,2,3,4,5,6,7\}$, $\vec{E}_0 = \{(2,1),(2,5),(2,6),(3,1)(6,5),(6,7),(7,5)\}$

Streiche Quellen $Q_0 = \{2,3\}$ und dazugehörige Pfeile $\vec{E}_{Q_0} = \{(2,1),(2,5),(2,6),(3,1)\}$.

→ $\vec{G}_1$ mit $V_1 = \{1,4,5,6,7\}$ und $\vec{E}_1 = \{(6,5),(6,7),(7,5)\}$.

$\vec{G}_1$:

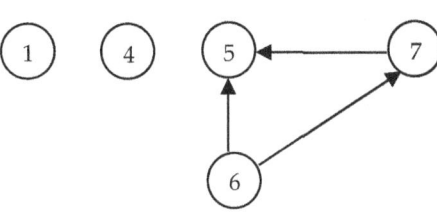

Streiche Quelle $Q_1 = \{6\}$ und dazugehörige Pfeile $\vec{E}_{Q_1} = \{(6,5),(6,7)\}$.

→ $\vec{G}_2$ mit $V_2 = \{1,4,5,7\}$ und. $\vec{E}_2 = \{(7,5)\}$

$\vec{G}_2$:

Streiche Quelle $Q_2 = \{7\}$ und dazugehörigen Pfeil $\vec{E}_{Q_2} = \{(7,5)\}$

→ $\vec{G}_3$ mit $V_3 = \{1,4,5\}$ und $\vec{E}_3 = \varnothing$

$\vec{G}_3$:

Als Ergebnis lässt sich festhalten, dass der Digraph $\vec{G}$ zyklenfrei ist.

Nach der topologischen Sortierung ergibt sich nachstehender Digraph $\vec{G}$. Die Knoten werden in der Reihenfolge nummeriert, in der sie gestrichen wurden. Erfolgte die Streichung mehrerer Knoten in einem Schritt, besteht eine Wahlmöglichkeit. In einem topologisch sortierten Digraph gilt für jeden Pfeil $(i,j) \in \vec{E} : i < j$.

$\vec{G}$:

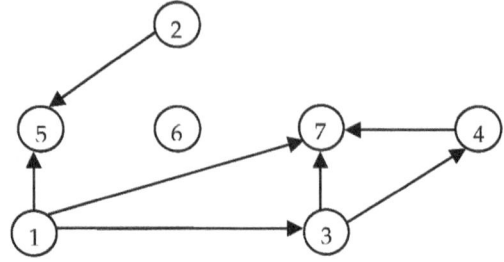

Lösung Aufgabe 4.1.4

a) $\vec{G}$ enthält zwei schwache Zusammenhangskomponenten:

$$\vec{G}_1 = \left(V_1, \vec{E}_1\right) \text{ mit } V_1 = \{1,2,3,4\} \text{ und } \vec{E}_1 = \{(1,2),(2,1),(3,1),(4,2),(4,3)\}$$

sowie

$$\vec{G}_2 = \left(V_2, \vec{E}_2\right) \text{ mit } V_2 = \{5,6,7,8\} \text{ und } \vec{E}_2 = \{(5,6),(6,8),(8,7),(7,5)\}.$$

b) $\vec{G}$ enthält vier starke Zusammenhangskomponenten:

$$\vec{G}_3 = \left(V_3, \vec{E}_3\right) \text{ mit } V_3 = \{1,2\}, \ \vec{E}_3 = \{(1,2),(2,1)\};$$

$$\vec{G}_4 = \left(V_4, \vec{E}_4\right) \text{ mit } V_4 = \{3\}, \ \vec{E}_4 = \varnothing;$$

$$\vec{G}_5 = \left(V_5, \vec{E}_5\right) \text{ mit } V_5 = \{4\}, \ \vec{E}_5 = \varnothing;$$

$$\vec{G}_2 = \left(V_2, \vec{E}_2\right) \text{ mit } V_2 = \{5,6,7,8\} \text{ und } \vec{E}_2 = \{(5,6),(6,8),(8,7),(7,5)\}.$$

c) $\vec{G}$ enthält die Zyklen (1, 2, 1) und (5, 6, 8, 7, 5).

d) In einem Eulerschen Digraph gilt für jeden Knoten, dass der Eingangsgrad gleich dem Ausgangsgrad ist. Außerdem enthält ein Eulerscher Digraph eine geschlossene Eulersche Linie, eine Pfeilfolge, die alle Pfeile des Digraphen genau einmal enthält.

Hier erfüllen die Unterdigraphen $\vec{G}_2$ und $\vec{G}_3$ (vgl. Teil b) die Bedingungen für einen Eulerschen Digraph, wobei $\vec{G}_2$ gemessen an der Anzahl der Knoten am größten ist. $\vec{G}_2$ ist der gesuchte maximale Unterdigraph.

Lösung Aufgabe 4.1.5

a) Mit dem Begriff Baum wird ein zusammenhängender, kreisfreier Graph
$G = (V, E)$ mit $|V| = n$ und $|E| = n - 1$ bezeichnet.

Beispiele für Bäume mit $|V| = 5$:

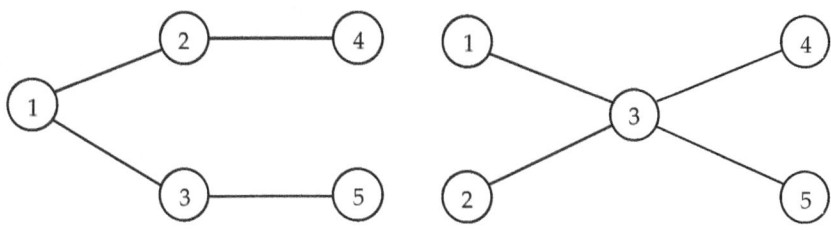

Unter einem Gerüst ist ein zusammenhängender, kreisfreier Teilgraph
$G' = (V', E')$ von G mit $V' = V$ und $E' \subset E$ zu verstehen, d. h. ein Gerüst enthält
alle Knoten des Graphen $G = (V, E)$.

Beispiel für ein Gerüst G' (▬▬▬):

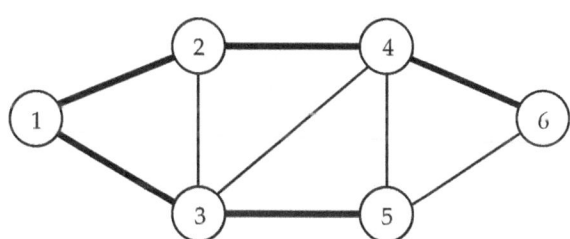

Hinweis: Jedes Gerüst ist ein Baum, aber nicht jeder Baum ist auch ein Gerüst.

b) Zur Konstruktion von Gerüsten in einem Graph $G = (V, E)$ mit $|V| = n$ und
$|E| = m$ können z. B. der KRUSKAL-Algorithmus oder der Algorithmus von PRIM
angewandt werden.

Der KRUSKAL-Algorithmus erzeugt eine Folge von Wäldern und der Rechenaufwand beläuft sich auf O ($m \cdot \log m$) Operationen. Der Algorithmus von PRIM erzeugt dagegen eine Folge von Bäumen bei einem Rechenaufwand von O (n^2) Operationen.

4

Kürzeste Wege

Lösung Aufgabe 4.2.1

a) Zur Bestimmung kürzester Wege in Digraphen können die nachstehenden Verfahren zum Einsatz kommen, die sich in zwei Klassen einteilen lassen.

Verfahren aus der Gruppe der Baumalgorithmen mit dem Ziel der Bestimmung kürzester Wege in Digraphen von einem Knoten zu allen anderen Knoten:

- DIJKSTRA-Algorithmus, unter der Voraussetzung, dass im Digraph für alle Bewertungen c_{ij} gilt: $c_{ij} \geq 0$.

- Verfahren von FORD, unter der Voraussetzung, dass im Digraph keine negativen Zyklen existieren und für alle Bewertungen c_{ij} gilt: $c_{ij} \in \mathbb{R}$.

- Verfahren von BELLMANN, unter der Voraussetzung, dass ein zyklenfreier und topologisch sortierter Digraph vorliegt.

Verfahren aus der Gruppe der Matrixalgorithmen mit dem Ziel der Bestimmung kürzester Wege in Digraphen zwischen allen Knoten:

- Tripelalgorithmus von FLOYD, unter der Voraussetzung, dass ein Digraph ohne negative Zyklen vorliegt.

b) Alternative Verfahren unterscheiden sich hauptsächlich in der Auswahl des markierten Knotens. Bei Label-Setting-Verfahren (z. B. DIJKSTRA-Algorithmus) wird jeder von q aus erreichbare Knoten genau einmal überprüft. Bei Label-Correcting-Verfahren (z. B. Verfahren von FORD) können hingegen überprüfte Knoten erneut überprüft werden, da sich ihre aktuelle kürzeste Entfernung von q weiter verringern lässt.

c) Das Verfahren von BELLMAN bestimmt kürzeste Entfernungen von einem Knoten zu allen anderen Knoten eines bewerteten Digraphen $\vec{G}=(V,\vec{E},c)$ mit $|V|=n$.

Startknoten 1: $\qquad d_{11}=0, d_{1j}=\infty \ (j=2,...,n)$

für $j = 2,...,n$: $\qquad d_{1j}=\min\{d_{1k}+c_{kj}\}$ mit $k \in V(j)$

Ein Anwendungsbeispiel stellt ein mehrstufiges Distributionsnetz mit Werks-, Zentral-, Regional-, Auslieferungslager und Kundenstandorten dar.

Lösung Aufgabe 4.2.2

a) Mit Hilfe von Baumalgorithmen, wie z. B. dem DIJKSTRA-Algorithmus oder dem Verfahren von BELLMANN, lassen sich die kürzesten Entfernungen von einem Knoten zu allen anderen Knoten im Digraph bestimmen.

b) Die Lösung kann mit dem DIJKSTRA-Algorithmus bestimmt werden:

$$M_0 = \{1\}, \ d_{11} = 0, \ d_{1j} = \infty \ \text{für} \ j = 2,\dots,7$$

$k = 0$: $1 \in M_0, \ M_1 = \emptyset$

       $N(1) = \{2,5,6\}: d_{12} = 5, \ d_{15} = 8, \ d_{16} = 4, \ M_1 = \{2,5,6\}$

$k = 1$: $6 \in M_1, \ M_2 = \{2,5\}$

       $N(6) = \{3,4,7\}: d_{13} = 4 + 2 = 6, \ d_{14} = 4 + 7 = 11,$

       $d_{17} = 4 + 5 = 9, \ M_2 = \{2,3,4,5,7\}$

$k = 2$: $2 \in M_2, \ M_3 = \{3,4,5,7\}$

       $N(2) = \{1,7\}: d_{17} = 9 < 11 = 5 + 6, \ M_3 = \{3,4,5,7\}$

$k = 3$: $3 \in M_3, \ M_4 = \{4,5,7\}$

       $N(3) = \{5\}: d_{15} = 6 + 1 = 7 < 8, \ M_4 = \{4,5,7\}$

$k = 4$: $5 \in M_4, \ M_5 = \{4,7\}$

       $N(5) = \emptyset$

$k = 5$: $7 \in M_5, \ M_6 = \{4\}$

       $N(7) = \{4\}: d_{14} = 9 + 1 = 10 < 11, \ M_6 = \{4\}$

$k = 6$: $4 \in M_6, \ M_7 = \emptyset$

       $N(4) = \{3,7\}$

$\Rightarrow$ Abbruch

Als kürzeste Wege von Knoten 1 zu allen anderen Knoten liegen vor:

Weg	Länge
1→2	5
1→6→3	6
1→6→7→4	10
1→6→3→5	7
1→6	4
1→6→7	9

Lösung Aufgabe 4.2.3

Mit Hilfe des Tripelalgorithmus wird für alle Knotenpaare systematisch untersucht, ob ein Umweg über einen dritten Knoten günstiger ist als der bisherige Weg. Dafür müssen zu Beginn die Bewertungsmatrix D^0 und die Vorgängermatrix W^0 aufgestellt werden.

Bewertungsmatrix D^0:

D^0	1	2	3	4	5
1	0	3	∞	6	∞
2	∞	0	∞	2	4
3	3	∞	0	∞	∞
4	∞	∞	1	0	1
5	∞	∞	∞	∞	0

Vorgängermatrix W^0:

W^0	1	2	3	4	5
1	1	1	∞	1	∞
2	∞	2	∞	2	2
3	3	∞	3	∞	∞
4	∞	∞	4	4	4
5	∞	∞	∞	∞	5

Im nächsten Schritt wird für alle Knotenpaare (i, j) überprüft, ob sich durch den Umweg über Knoten 1 der bisherige Weg von i nach j verkürzt und somit einen kürzeren indirekten Weg von i nach j ermöglicht.

Dafür ist es sinnvoll, ein Fadenkreuz in der Entfernungsmatrix anzulegen. Für die Entfernungsmatrix ergeben sich folgende Werte:

- Die Werte für Zeile 1 und Spalte 1 können aus der Bewertungsmatrix übertragen werden, ebenso die Werte in der Diagonale.

- „∞" in markierter Spalte 1: Da es keinen direkten Weg von den Knoten 2, 4 und 5 zum Knoten 1 gibt, ändern sich die Zeilen 2, 4 und 5 der Entfernungsmatrix nicht.

- „∞" in markierter Zeile 1:   Da es keinen direkten Weg vom Knoten 1 zu den Knoten 3 und 6 gibt, ändern sich die Spalten 3 und 6 der Entfernungsmatrix nicht.

- Knotenpaar (3, 2):   Der Umweg über den Knoten 1 ermöglicht einen kürzeren indirekten Weg vom Knoten 3 zum Knoten 2.

  Die Länge des Weges beträgt 3 + 3 = 6 (Werte im Fadenkreuz).

- Knotenpaar (3, 4):   Der Umweg über den Knoten 1 ermöglicht einen kürzeren indirekten Weg vom Knoten 3 zum Knoten 4.

  Die Länge des Weges beträgt 3 + 6 = 9 (Werte im Fadenkreuz).

In der Wegematrix ändern sich diejenigen Knotenpaare, für die sich zuvor der Wert in der Entfernungsmatrix geändert hat. Für die beiden Knotenpaare (3, 2) und (3, 4) wird somit Knoten 1 eingetragen.

Es ergibt sich als Entfernungsmatrix D^1 und als Wegematrix W^1:

Entfernungsmatrix D^1:

D^1	1	2	3	4	5
1	0	3	∞	6	∞
2	∞	0	∞	2	4
3	3	6	0	9	∞
4	∞	∞	1	0	1
5	∞	∞	∞	∞	0

Wegematrix W^1:

W^1	1	2	3	4	5
1	1	1	∞	1	∞
2	∞	2	∞	2	2
3	3	1	3	1	∞
4	∞	∞	4	4	4
5	∞	∞	∞	∞	5

Anschließend wird Knoten 2 überprüft. Für die Entfernungsmatrix ergeben sich folgende Werte:

- Die Werte für Zeile 2 und Spalte 2 können aus der Bewertungsmatrix übertragen werden, ebenso die Werte in der Diagonale.

- „∞" in markierter Spalte 2:   Keine Änderung in den Zeilen 4 und 5 der Entfernungsmatrix.

- „∞" in markierter Zeile 2:   Keine Änderung in den Spalten 1 und 3 der Entfernungsmatrix.

- Knotenpaar (1, 4):   Der Umweg über den Knoten 2 ermöglicht einen kürzeren indirekten Weg vom Knoten 1 zum Knoten 4. Die Länge des Weges beträgt 3 + 2 = 5 (Werte im Fadenkreuz).

- Knotenpaar (1, 5):   Der Umweg über den Knoten 2 ermöglicht einen kürzeren indirekten Weg vom Knoten 1 zum Knoten 5. Die Länge des Weges beträgt 3 + 4 = 7 (Werte im Fadenkreuz).

- Knotenpaar (3, 4):   Der Umweg über den Knoten 2 ermöglicht einen kürzeren indirekten Weg vom Knoten 3 zum Knoten 4. Die Länge des Weges beträgt 6 + 2 = 8 (Werte im Fadenkreuz).

- Knotenpaar (3, 5):   Der Umweg über den Knoten 2 ermöglicht einen kürzeren indirekten Weg vom Knoten 3 zum Knoten 5. Die Länge des Weges beträgt 6 + 4 = 10 (Werte im Fadenkreuz).

In der Wegematrix ändern sich die Knotenpaare (1, 4), (1, 5), (3, 4) und (3, 5), für die der Knoten 2 eingetragen wird.

Es ergeben sich somit folgende Entfernungsmatrix D^2 und Wegematrix W^2:

Entfernungsmatrix D^2:

D^2	1	2	3	4	5
1	0	3	∞	5	7
2	∞	0	∞	2	4
3	3	6	0	8	10
4	∞	∞	1	0	1
5	∞	∞	∞	∞	0

Wegematrix W^2:

W^2	1	2	3	4	5
1	1	1	∞	2	2
2	∞	2	∞	2	2
3	3	1	3	2	2
4	∞	∞	4	4	4
5	∞	∞	∞	∞	5

Die Überprüfung der Umwege über die Knoten 3 und 4 erfolgt analog.

Entfernungsmatrix D^3:

D^3	1	2	3	4	5
1	0	3	∞	5	7
2	∞	0	∞	2	4
3	3	6	0	8	10
4	4	7	1	0	1
5	∞	∞	∞	∞	0

Wegematrix W^3:

W^3	1	2	3	4	5
1	1	1	∞	2	2
2	∞	2	∞	2	2
3	3	1	3	2	2
4	3	1	4	4	4
5	∞	∞	∞	∞	5

Entfernungsmatrix D^4:

D^4	1	2	3	4	5
1	0	3	6	5	6
2	6	0	3	2	3
3	3	6	0	8	9
4	4	7	1	0	1
5	∞	∞	∞	∞	0

Wegematrix W^4:

W^4	1	2	3	4	5
1	1	1	4	2	4
2	3	2	4	2	4
3	3	1	3	2	4
4	3	1	4	4	4
5	∞	∞	∞	∞	5

Die Überprüfung des Umweges über Knoten 5 kann entfallen, da Knoten 5 eine Senke ist und daher keine Umwege ermöglicht.

Die Entfernungsmatrix D^4 enthält alle kürzesten Entfernungen zwischen allen Knotenpaaren. Ob es sich dabei um direkte oder indirekte Wege handelt, kann der Wegematrix W^4 entnommen werden.

Transport- und Umladeplanung

Lösung Aufgabe 4.3.1

a) Da $\sum a_i = 27 > 30 = \sum b_j$ gilt, muss zunächst ein fiktives Angebot $a_3 = 3$ mit $c_{3j} = $ Fehlmengenkosten ($j = 1,2,3$) definiert werden.

Zielfunktion:
$$\sum_{i=1}^{3}\sum_{j=1}^{3} c_{ij}\, x_{ij} \to \min$$

Nebenbedingungen:
$$\sum_{j=1}^{3} x_{1j} = 15, \quad \sum_{j=1}^{3} x_{2j} = 12, \quad \sum_{j=1}^{3} x_{3j} = 3$$

$$\sum_{i=1}^{3} x_{i1} = 10, \quad \sum_{i=1}^{3} x_{i2} = 12, \quad \sum_{i=1}^{3} x_{i3} = 8$$

$$x_{ij} \geq 0 \quad \text{(Transportmengen)}$$

$$c_{ij} \geq 0 \quad \text{(Transport-/Fehlmengenkosten)}$$

b) Jede nicht entartete Basislösung hat $n + m - 1$ positive Komponenten, hier: $3 + 3 - 1 = 5$.

c) Zur Lösung von Transport- und Umladeplanungsproblemen existieren Eröffnungs- und Optimierungsverfahren. Im Bereich der Eröffnungsverfahren kann die Nordwesteckenregel, die Spaltenminimummethode oder die Vogel'sche Approximation angewendet werden, wobei nur die beiden letztgenannten Algorithmen Transportkosten berücksichtigen. Das modifizierte Distributions- (MODI) Verfahren zählt zu den Optimierungsverfahren, das ausgehend von einer Startlösung das Transportproblem optimal löst.

d) Transportprobleme weisen aufgrund ihrer Nebenbedingungen eine spezielle Struktur auf. Die Datenmatrix enthält in jeder Spalte genau zwei Elemente gleich 1 (ein Element in der Angebots-, ein Element in der Bedarfsrestriktion); alle anderen Einträge sind gleich Null. Das MODI-Verfahren nutzt diese Struktur aus, so dass das Transportproblem effizienter gelöst werden kann als mit dem Simplex-Verfahren.

e) Aufgrund des Satzes vom komplementären Schlupf muss für die optimale Lösung x_{ij}^{*} des Transportproblems und für die optimale Lösung (u_i^{*}, v_j^{*}) des dualen Transportproblems gelten:
$$x_{ij}^{*}\left(c_{ij} - u_i^{*} - v_j^{*}\right) = 0,$$

$$x_{ij}^{*} > 0 \Rightarrow c_{ij} = u_i^{*} - v_j^{*} \quad \text{bzw.}$$

$$u_i^{*} + v_j^{*} < c_{ij} \Rightarrow x_{ij}^{*} = 0.$$

Falls $x_{ij} > 0$ ist, dann können die Dualvariablen u_i, v_j aus der Gleichung $c_{ij} = u_i + v_j$ berechnet werden.

f) Die Opportunitätskosten der Nichtbasisvariablen sind definiert durch $\bar{c}_{ij} = c_{ij} - u_i - v_j$. Existieren Opportunitätskosten $\bar{c}_{ij} < 0$, dann lässt sich der Zielfunktionswert noch um $|\bar{c}_{ij}| \cdot \varepsilon$ verringern ($\varepsilon := \min \{x_{ij} \mid x_{ij}$ Basisvariable, mit "-" markiert $\}$).

g) Jeder Umladeort, der empfangen und auch abgeben kann, wird sowohl als Nachfrage- als auch als Angebotsort aufgefasst. Die Kapazitäten L der Umladeorte werden so gewählt, dass sie keine Restriktionen darstellen, beispielsweise:

$$L := \sum_{i=1}^{m} a_i \ (= \sum_{j=1}^{n} b_j)$$

Lösung Aufgabe 4.3.2

a) Die Gleichgewichtsbedingung $\sum_{i=1}^{3} a_i = 2.500 = \sum_{j=1}^{3} b_j$ ist erfüllt, also existiert eine optimale Lösung des Transportproblems.

Zielfunktion:
$$\sum_{i=1}^{3} \sum_{j=1}^{3} c_{ij} x_{ij} \rightarrow \min$$

Nebenbedingungen:
$$\sum_{i=1}^{3} x_{i1} = 900 \ ; \quad \sum_{i=1}^{3} x_{i2} = 1.000 \ ; \quad \sum_{i=1}^{3} x_{i3} = 600$$

$$\sum_{j=1}^{3} x_{1j} = 400 \ ; \quad \sum_{j=1}^{3} x_{2j} = 1.300 \ ; \quad \sum_{j=1}^{3} x_{3j} = 800$$

$$x_{ij} \geq 0 \ \text{(Transportmengen)}$$

$$c_{ij} \geq 0 \ \text{(Transportkosten)}$$

b) Zur Ermittlung einer zulässigen Ausgangslösung für das Transportproblem kann die Nordwesteckenregel oder die Spaltenminimum-Methode angewandt werden.

Basislösung Nordwesteckenregel:

x_{ij}	W1	W2	W3	a_i
L1	400			400
L2	500	800		1.300
L3		200	600	800
b_j	900	1.000	600	

$$K = 40.900 \text{ €}$$

Basislösung Spaltenminimum-Methode:

x_{ij}	W1	W2	W3	a_i
L1		400		400
L2	100	600	600	1.300
L3	800			800
b_j	900	1.000	600	

$$K = 33.500 \text{ €}$$

c) Zur Ermittlung der gesamtkostenoptimalen Lösung des Transportproblems wird das Modifizierte Distributionsverfahren (MODI-Verfahren) angewandt. Dabei werden die Gesamtkosten der ermittelten Ausgangslösung unter Überführung in ein Duales Transportproblem schrittweise verringert. Die einzelnen Schritte, ausgehend von der Startlösung nach der Nordwesteckenregel aus b), ergeben sich wie folgt:

x_{ij}	W1	W2	W3	a_i
L1	400			400
L2	500	800-	+	1.300
L3		200+	600-	800
b_j	900	1.000	600	

$\varepsilon = 600$

c_{ij}	W1	W2	W3	u_i
L1	10			0
L2	15	24		5
L3		12	13	-7
v_j	10	19	20	

$\bar{c}_{ij}$	W1	W2	W3
L1		-2	8
L2			-19
L3	6		

$$K = 40.900 \text{ €}$$

x_{ij}	W1	W2	W3	a_i
L1	400-	+		400
L2	500+	200-	600	1.300
L3		800		800
b_j	900	1.000	600	

$\varepsilon = 200$

c_{ij}	W1	W2	W3	u_i
L1	10			0
L2	15	24	6	5
L3		12		-7
v_j	10	19	1	

$\bar{c}_{ij}$	W1	W2	W3
L1		-2	27
L2			
L3	6		19

$$K = 29.500 \text{ €}$$

x_{ij}	W1	W2	W3	a_i
L1	200	200		400
L2	700		600	1.300
L3		800		800
b_j	900	1.000	600	

c_{ij}	W1	W2	W3	u_i
L1	10	17		0
L2	15		6	5
L3		12		-5
v_j	10	17	1	

$\bar{c}_{ij}$	W1	W2	W3
L1			27
L2		2	
L3	4		17

$K = 29.100 \,€$

Die Lieferungen L1 → W1: 200 Stück, L1 → W2: 200 Stück, L2 → W1: 700 Stück, L2 → W3: 600 Stück, L3 → W2: 800 Stück führen zu minimalen Gesamtkosten von $K = 29.100 \,€$.

Lösung Aufgabe 4.3.3

a) Da $\sum a_i = 57 > 50 = \sum b_j$ gilt, muss zunächst eine fiktive Nachfrage $b_5 = 7$ mit $c_{i5} = (i = 1, 2, 3)$ definiert werden. Mit der Nordwesteckenregel ergibt sich als Startlösung mit K = 1.088 €:

x_{ij}	A	B	C	D	V	a_i
1	10	5				15
2		9	3			12
3			6	17	7	30
b_j	10	14	9	17	7	

b) Das anschließende MODI-Verfahren durchläuft folgende Schritte:

x_{ij}	A	B	C	D	V	a_i
1	10	5				15
2		9	3-	+		12
3			6+	17-	7	30
b_j	10	14	9	17	7	

c_{ij}	A	B	C	D	V	u_i
1	20	15				0
2		14	24			-1
3			8	21	30	-17
v_j	20	15	25	38	47	

$\bar{c}_{ij}$	A	B	C	D	V
1			-13	-20	-17
2	-7			-27	-16
3	24	24			

$K = 1.088 \,€$

$\varepsilon = 3$

x_{ij}	A	B	C	D	V	a_i
1	10-	5+				15
2	*	9-		3		12
3			9	14	7	30
b_j	10	14	9	17	7	

$\varepsilon = 9$

c_{ij}	A	B	C	D	V	u_i
1	20	15				0
2		14		10		-1
3			8	21	30	10
v_j	20	15	-2	11	20	

$\bar{c}_{ij}$	A	B	C	D	V
1			14	7	10
2	-7		27		11
3	-3	-3			

$K = 1.007\ €$

x_{ij}	A	B	C	D	V	a_i
1	1-	14		*		15
2	9+			3-		12
3			9	14	7	30
b_j	10	14	9	17	7	

$\varepsilon = 1$

c_{ij}	A	B	C	D	V	u_i
1	20	15				0
2	12			10		-8
3			8	21	30	3
v_j	20	15	5	18	27	

$\bar{c}_{ij}$	A	B	C	D	V
1			7	0	3
2		7	27		11
3	4	4			

$K = 944\ €$

1. Optimallösung

x_{ij}	A	B	C	D	V	a_i
1		14		1		15
2	10			2		12
3			9	14	7	30
b_j	10	14	9	17	7	

c_{ij}	A	B	C	D	V	u_i
1		15		18		0
2	12			10		-8
3			8	21	30	3
v_j	20	15	5	18	27	

$\bar{c}_{ij}$	A	B	C	D	V
1	0		7		3
2		7	27		11
3	4	4			

$K = 944\ €$

2. Optimallösung

Es gibt zwei optimale Möglichkeiten, die Arbeiter auf die Firmen zu verteilen, die beide jeweils zu Kosten von 944 € führen:

$$x^{1*t} = (1,14,0,0,0,9,0,0,3,0,0,0,9,14,7) \text{ mit } \sum_i \sum_j c_{ij} x_{ij} = 944$$

$$x^{2*t} = (0,14,0,1,0,10,0,0,2,0,0,0,9,14,7) \text{ mit } \sum_i \sum_j c_{ij} x_{ij} = 944$$

Interpretation für x^{1*t}:

Sammelstelle 1 sendet 1 MA an Firma A und 14 MA an Firma B.

Sammelstelle 2 sendet 9 MA an Firma A und 3 MA an Firma D.

Sammelstelle 3 sendet 9 MA an Firma C und 14 MA an Firma D.

7 MA verbleiben an der Sammelstelle 3.

Lösung Aufgabe 4.3.4

a)

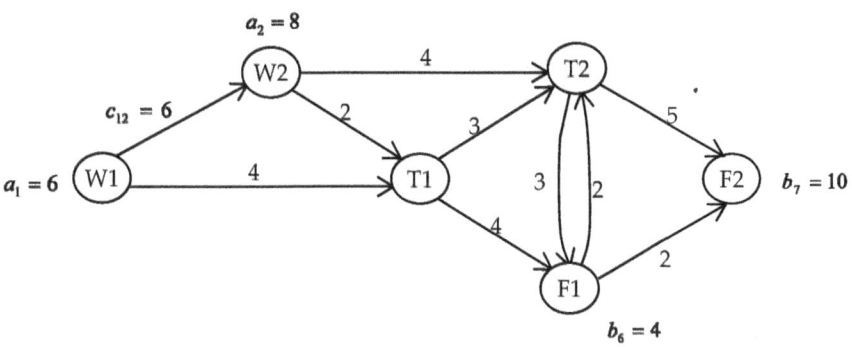

b) Die folgenden Werte ergeben sich, wenn für den Wert ∞ eine sehr große Zahl
   M > 0 verwendet wird.

x_{ij}	W2	T2	T1	F1	F2	a_i
W1	6					6
W2	8	14-	0⁺			22
T2		⁺	14-	0		14
T1			14			14
F1			4	10	14
b_j	14	14	14	18	10	

$\varepsilon = 14$

c_{ij}	W2	T2	T1	F1	F2	u_i
W1	6					0
W2	0	4	2			-6
T2			∞	3		∞
T1				4		∞
F1				0	2	∞
v_j	6	10	8	$-\infty$	$-\infty$	

$\bar{c}_{ij}$	W2	T2	T1	F1	F2
W1		∞	-4	∞	∞
W2				∞	∞
T2	2	$-\infty$			0
T1	1	$-\infty$	$-\infty$		∞
F1	5	$-\infty$	3		

$K = \infty$ €

x_{ij}	W2	T2	T1	F1	F2	a_i
W1	6					6
W2	8		14			22
T2		14	0-	0⁺		14
T1		⁺	14-			14
F1			4	10	14
b_j	14	14	14	18	10	

$\varepsilon = 0$

c_{ij}	W2	T2	T1	F1	F2	u_i
W1	6					0
W2	0		2			-6
T2		0	∞	3		∞
T1				4		∞
F1				0	2	∞
v_j	6	$-\infty$	8	$-\infty$	$-\infty$	

$\bar{c}_{ij}$	W2	T2	T1	F1	F2
W1		∞	-4	∞	∞
W2		∞		∞	∞
T2	2				0
T1	1	2	$-\infty$		∞
F1	5	5	3		

$K = 140$ €

x_{ij}	W2	T2	T1	F1	F2	a_i
W1	6-	·				6
W2	8⁺		14-			22
T2		14		0		14
T1			0	14		14
F1				4	10	14
b_j	14	14	14	18	10	

c_{ij}	W2	T2	T1	F1	F2	u_i
W1	6					0
W2	0		2			-6
T2		0		3		-9
T1			0	4		-8
F1				0	2	-12
v_j	6	9	8	12	14	

$\bar{c}_{ij}$	W2	T2	T1	F1	F2
W1		∞	-4	∞	∞
W2		1		∞	∞
T2	∞		∞		0
T1	∞	2			∞
F1	∞	5	∞		

$$K = 140 \text{ €}$$

$\varepsilon = 6$

x_{ij}	W2	T2	T1	F1	F2	a_i
W1			6			6
W2	14		8			22
T2		14		0		14
T1			0	14		14
F1				4	10	14
b_j	14	14	14	18	10	

c_{ij}	W2	T2	T1	F1	F2	u_i
W1			4			0
W2	0		2			-2
T2		0		3		-5
T1			0	4		-4
F1				0	2	-8
v_j	2	5	4	8	10	

$\bar{c}_{ij}$	W2	T2	T1	F1	F2
W1	4	∞		∞	∞
W2		1		∞	∞
T2	∞		∞		0
T1	∞	2			∞
F1	∞	5	∞		

$$K = 116 \text{ €}$$

Optimallösung

Optimale Transportmengen:

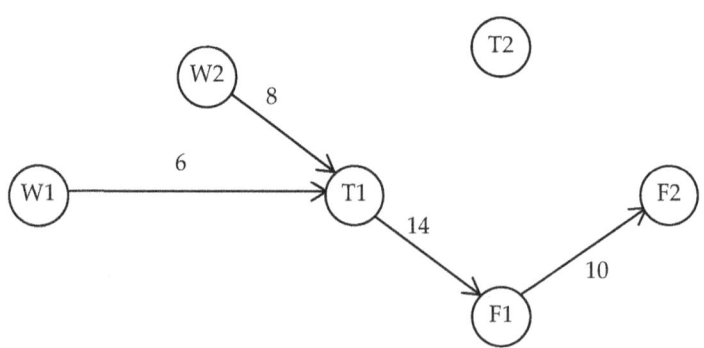

Netzwerkflussprobleme

Lösung Aufgabe 4.4.1

a) In der Graphentheorie ist unter einem Netzwerk ein bewerteter Digraph ohne isolierte Knoten zu verstehen.

b) Ein q-s-Flussgraph $\vec{G}$ bezeichnet einen bewerteten Digraph $\vec{G}$ mit genau einer Quelle q und genau einer Senke s.

c) Ein homogener Fluss ϕ erfüllt genau dann die Flusserhaltungsbedingungen, wenn gilt: In den Umladeknoten kommt weder „Fluss" hinzu, noch geht „Fluss" verloren, so dass der in die Senke s einfließende Güterstrom dieselbe Stärke besitzen muss, wie der aus der Quelle q austretende Güterstrom.

$$\phi : \vec{E} \to \mathbb{R}_+ \text{ mit } \phi(i,j) = \phi_{ij} \geq 0 \text{ und}$$

$$\sum_{i \in N(q)} \phi_{qi} = v \qquad \text{für die Quelle } q$$

$$-\sum_{h \in V(i)} \phi_{hi} + \sum_{j \in N(i)} \phi_{ij} = 0 \qquad \text{für alle } i \in V \setminus \{q,s\}$$

$$-\sum_{h \in V(s)} \phi_{hs} = -v \qquad \text{für die Senke } s$$

d) Transport-, Umlade- sowie Zuordnungsprobleme lassen sich als Aufgaben zur Bestimmung kostenminimaler Flüsse durch ein Netzwerk formulieren.

e) Die Pfeile $(q, 3)$ und $(2, s)$ sind nur in einem Schnitt enthalten. Dieser weist folgende Kapazität auf, wobei sich die Kapazität aus der Differenz zwischen größtmöglichem Hinfluss und kleinstmöglichem Rückfluss zwischen den disjunkten Knotenmengen A und B errechnet:

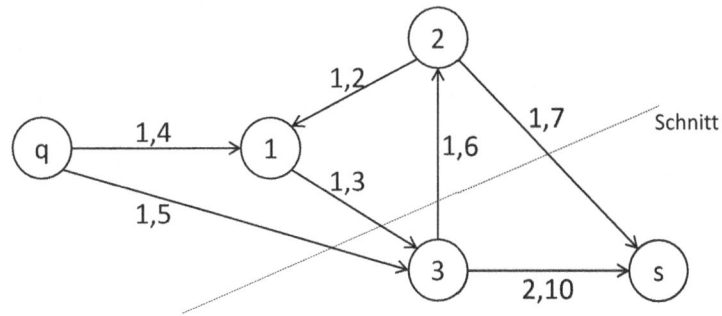

- $A = \{q, 1, 2\}, \qquad B = \{3, s\}; \qquad \mu(\{q, 1, 2\}, \{3, s\}) = (5 + 3 + 7) - (1) = 14$

f) Zusätzlich zu den beiden Schnitten in Teilaufgabe e) sind folgende fünf (q, s)-Schnitte durch $\vec{G}$ mit den entsprechenden Kapazitäten möglich:

- $A = \{q\}$, $B = \{1, 2, 3, s\}$; $\mu(\{q\}, \{1, 2, 3, s\}) = (4 + 5) - (0) = 9$
- $A = \{q, 1\}$, $B = \{2, 3, s\}$; $\mu(\{q, 1\}, \{2, 3, s\}) = (5 + 3) - (1) = 7$
- $A = \{q, 3\}$, $B = \{1, 2, s\}$; $\mu(\{q, 3\}, \{1, 2, s\}) = (4 + 6 + 10) - (1) = 19$
- $A = \{q, 1, 3\}$, $B = \{2, s\}$; $\mu(\{q, 1, 3\}, \{2, s\}) = (6 + 10) - (1) = 15$
- $A = \{q, 1, 2, 3\}$, $B = \{s\}$; $\mu(\{q, 1, 2, 3\}, \{s\}) = (7 + 10) - (0) = 17$

Das Max-Flow-Min-Cut-Theorem besagt, dass die Stärke eines maximalen Flusses von q nach s gleich der Kapazität eines minimalen (q, s)-Schnittes ist. Die minimale Kapazität aller sechs betrachteten (q, s)-Schnitte beträgt 7, so dass ein maximaler Fluss von q nach s höchstens die Flussstärke $v = 7$ aufweisen kann.

g) Mit dem Verfahren von BUSACKER-GOWEN kann ein kostenminimaler Fluss bei gegebener Flussstärke v_0 berechnet werden, nachdem zu $\vec{G}$ z. B. eine neue Quelle $\tilde{q}$ und ein Pfeil $(\tilde{q}, q)$ mit der Bewertung $\lambda_{\tilde{q}q} = 0$, $\kappa_{\tilde{q}q} = v_0$, $c_{\tilde{q}q} = 0$ hinzugefügt wurden.

Lösung Aufgabe 4.4.2

a) Zulässig ist beispielsweise folgender Fluss der Stärke 3:

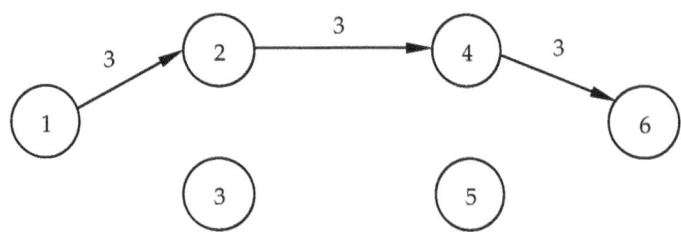

Der Fluss erfüllt die Flusserhaltungsbedingungen, da bei keinem der Zwischenknoten Fluss hinzu kommt oder verloren geht und der aus Knoten 1 austretende Strom die gleiche Flussstärke hat wie der in Knoten 6 einfließende Strom.

b) Bestimmung eines maximalen Flusses von 1 nach 6 mit dem Algorithmus von BUSACKER-GOWEN:

Zunächst ist ein zulässiger Ausgangsfluss in $\vec{G}$ zu ermitteln:

Nettomindestmengen:

j	1	2	3	4	5	6
v_j	0	-1	0	-1	0	2

Transformierter Graph $\hat{\vec{G}}$:

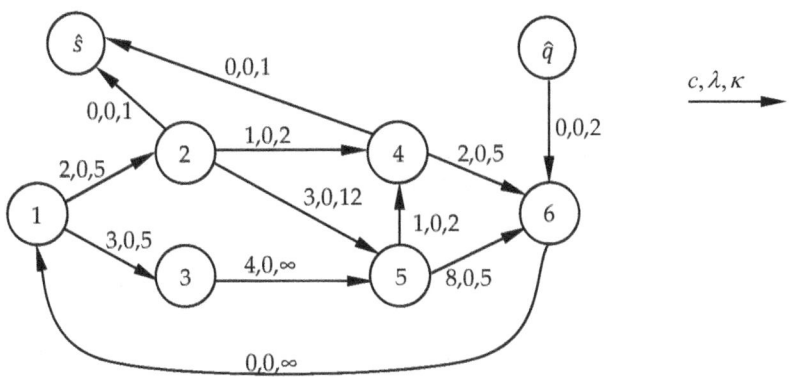

Der Nullfluss $\hat{\phi} = 0$ ist ein zulässiger Ausgangsfluss in $\hat{\vec{G}}$.

Mit dem Algorithmus von BUSACKER-GOWEN ist nun der maximale Fluss von $\hat{q}$

nach $\hat{s}$ in $\hat{\vec{G}}$ zu bestimmen. Es ergibt sich ein maximaler Fluss der Stärke $\hat{\phi}^* = 2$ in

$\hat{\vec{G}}$: $\hat{q} \rightarrow 6 \rightarrow 1 \rightarrow 2 \rightarrow \hat{s}$ und $\hat{q} \rightarrow 6 \rightarrow 1 \rightarrow 2 \rightarrow 4 \rightarrow \hat{s}$

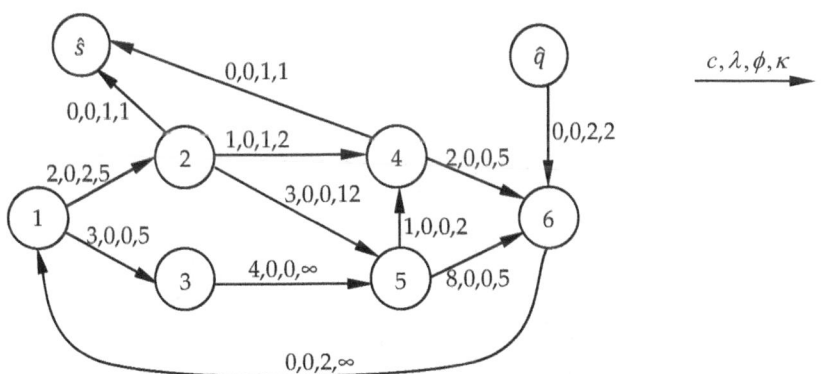

Als zulässiger Ausgangsfluss in $\vec{G}$ ergibt sich ein Fluss der Stärke $\phi^0 = 2$, wobei

$\phi_{ij} = \phi^*_{ij} + \lambda_{ij}$ ist:

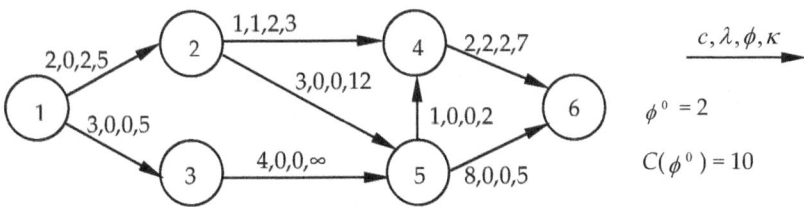

Jetzt kann mit Hilfe des Algorithmus von BUSACKER-GOWEN der maximale Fluss ϕ^* von 1 nach 6 in $\vec{G}$ bestimmt werden.

Inkrementgraph H_1:

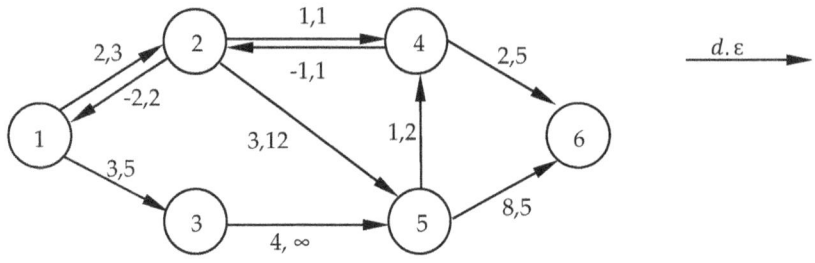

Minimaler Weg von $1 \rightarrow 6$: $W(1, 2, 4, 6)$ mit $c(W) = 2 + 1 + 2 = 5$

$\varepsilon = \min \{3, 1, 5\} = 1$

$\phi^1 = \phi^0 + 1 = 3$

$C(\phi^1) = 10 + 1 \cdot 5 = 15$

Somit ergibt sich folgender Fluss:

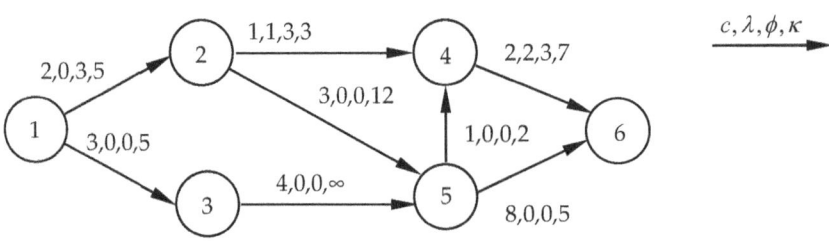

Inkrementgraph $\vec{H}_2$:

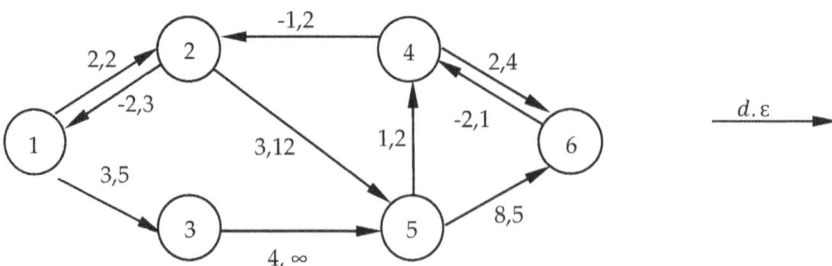

Minimaler Weg von $1 \to 6$: $W(1, 2, 5, 4, 6)$ mit $c(W) = 2 + 3 + 1 + 2 = 8$

$\varepsilon = \min \{2, 12, 2, 4\} = 2$

$\phi^2 = \phi^1 + 2 = 5$, $C(\phi^2) = 15 + 2 \cdot 8 = 31$

Als neuer Flussgraph ergibt sich:

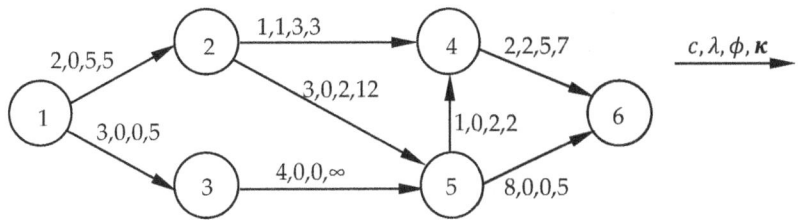

Inkrementgraph $\vec{H}_3$:

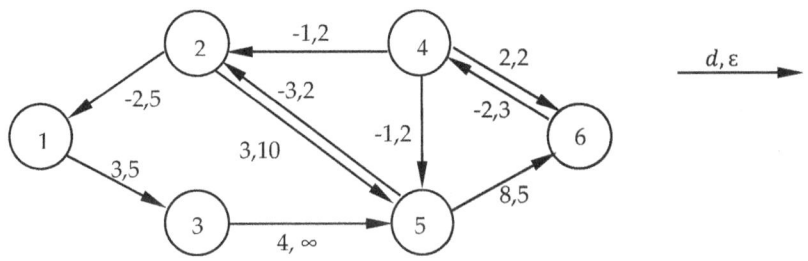

Minimaler Weg von $1 \to 6$: $W(1, 3, 5, 6)$ mit $c(W) = 3 + 4 + 8 = 15$

$\varepsilon = \min \{5, \infty, 5\} = 5$

$\phi^3 = \phi^2 + 5 = 10$, $C(\phi^3) = 31 + 5 \cdot 15 = 106 > 100$

Da die maximalen Kosten von 100 überschritten werden, wird die mögliche Flusserhöhung ε um eine Einheit auf 4 reduziert:

$C(\phi^3) = 31 + 4 \cdot 15 = 91 < 100$

Somit ergibt sich der maximale Fluss ϕ^* gemäß Kostenbeschränkung:

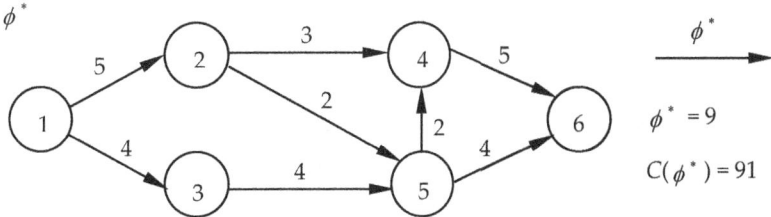

$\phi^* = 9$

$C(\phi^*) = 91$

Der maximale Fluss von 1 nach 6 hat eine Stärke von $\phi^* = 9$ und verursacht Kosten in Höhe von $C(\phi^*) = 91$.

Lösung Aufgabe 4.4.3

a) Flussgraph $\vec{G} = (V, \vec{E}, c, \lambda, \kappa)$

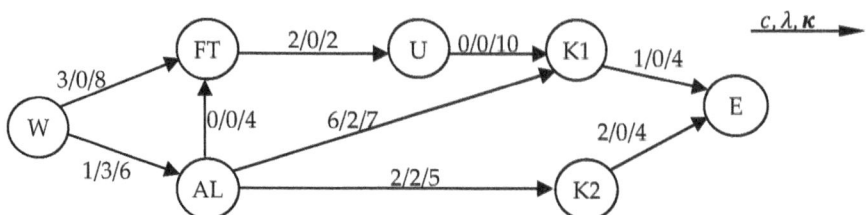

b) Ein zulässiger Fluss in $\vec{G}$, der die Flusserhaltungsbedingungen erfüllt, ist z. B. ein Fluss der Stärke $\phi = 4$:

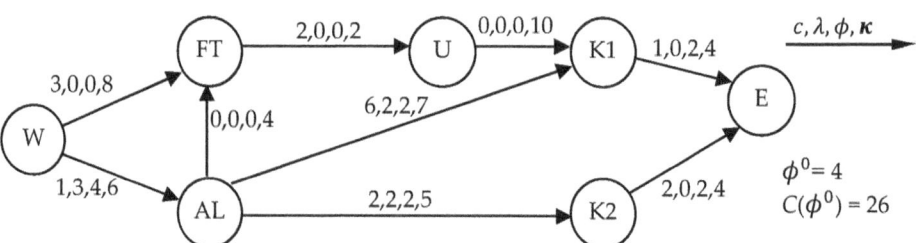

c) Der bereits ermittelte zulässige Fluss der Stärke $\phi^0 = 4$ mit Kosten $C(\phi) = 26$ dient als Anfangsfluss zur Berechnung eines maximalen Flusses zu minimalen Kosten.

Inkrementgraph $\vec{H}_1$:

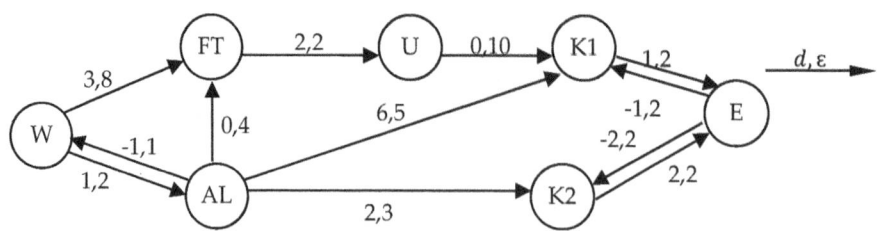

Kostenminimaler Weg von W → E: W → AL → FT → U → K1 → E mit Kosten $c = 1 + 0 + 2 + 0 + 1 = 4$.

$\varepsilon = \min\{2, 4, 2, 10, 2\} = 2$

$\phi^1 = \phi^0 + 2 = 6$

$C(\phi^1) = 26 + 2 \cdot 4 = 34$

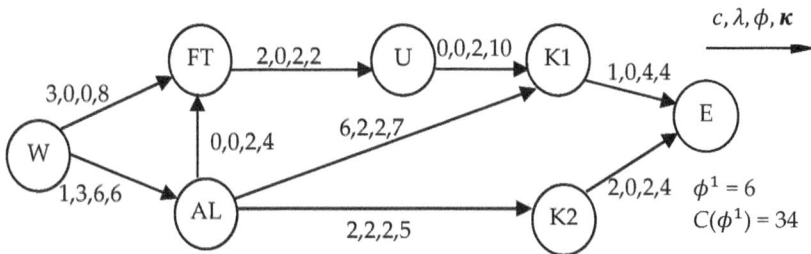

Inkrementgraph $\vec{H}_2$:

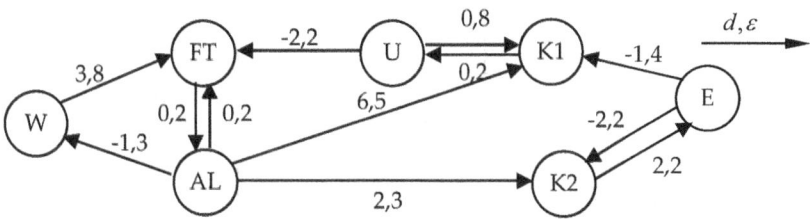

Kostenminimaler Weg von W → E: W → FT → AL → K2 → E mit Kosten $c = 3 + 0 + 2 + 2 = 7$

$\varepsilon = \min\{8, 2, 3, 2\} = 2$

$\phi^2 = \phi^1 + 2 = 8$, $C(\phi^2) = 34 + 2 \cdot 7 = 48$

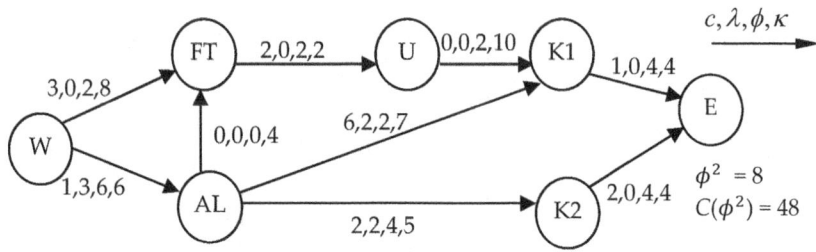

Im resultierenden Inkrementgraphen $\vec{H}_3$ existiert kein weiterer Weg von W nach E, sodass das Verfahren abbricht.

Im Netzwerk des Unternehmens können demzufolge maximal acht Container zu Gesamtkosten in Höhe von 48 € transportiert werden.

Lösung Aufgabe 4.4.4

Das kapazitierte Transportproblem wird wie nachfolgend beschrieben in einen Flussgraph transformiert.

Einfügen einer künstlichen Quelle q und einer künstlichen Senke s mit folgenden Pfeilbewertungen:

$$\lambda_{qH} = \kappa_{qH} = 31; \; c_{qH} = 0; \; \lambda_{qM} = \kappa_{qM} = 14; \; c_{qM} = 0$$

$$\lambda_{Bs} = \kappa_{Bs} = 15; \; c_{Bs} = 0; \; \lambda_{Ds} = \kappa_{Ds} = 10; \; c_{Ds} = 0; \; \lambda_{Ks} = \kappa_{Ks} = 20; \; c_{Ks} = 0$$

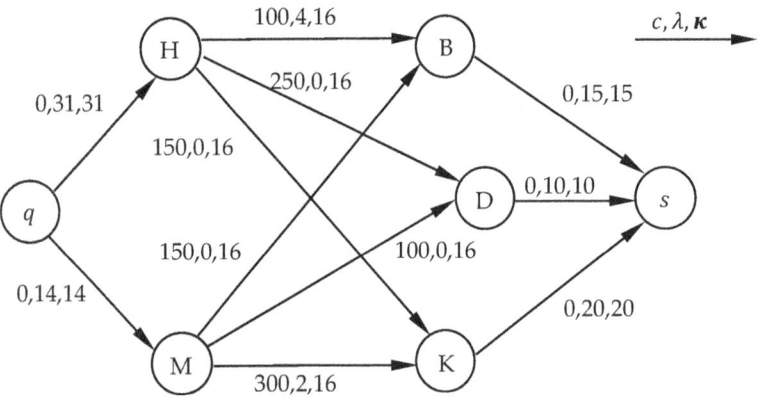

Ermittlung eines zulässigen Ausgangsflusses, da einige Minimalkapazitäten größer Null sind. Bei den Pfeilen, die von der Quelle ausgehen bzw. in die Senke einmünden sind die Minimalkapazitäten identisch mit den Maximalkapazitäten. Da nach Bestimmung eines zulässigen Ausgangsflusses keine weitere Flusserhöhung mehr möglich ist, muss ein kostenminimaler zulässiger Ausgangsfluss bestimmt werden.

Nettomindestmengen:

j	q	H	M	B	D	K	s
v_j	-45	27	12	-11	-10	-18	45

Im transformierten Flussgraph ist der Nullfluss zulässig, so dass mit dem Verfahren von Busacker-Gowen ein kostenminimaler maximaler Fluss bestimmt werden kann.

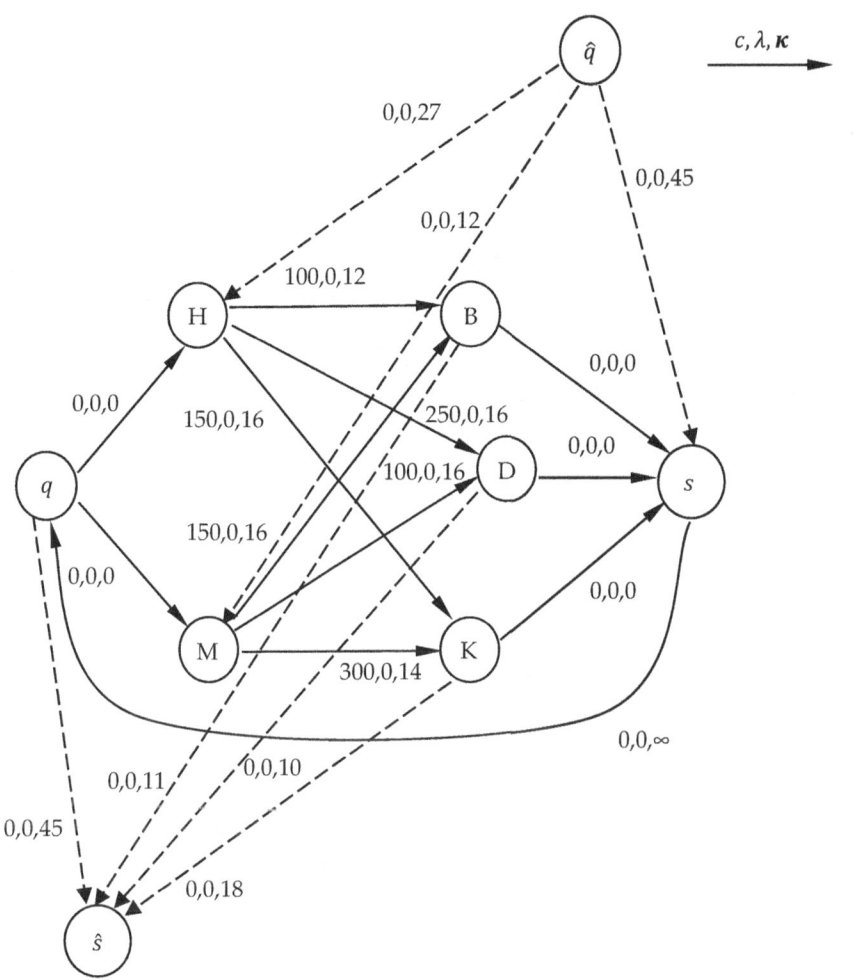

Alle kostenminimalen Wege von $\hat{q}$ nach $\hat{s}$:

1. kostenminimaler Weg: $\hat{q}$→s→q→$\hat{s}$ $\varepsilon = 45$, $c = 0$;

2. kostenminimaler Weg: $\hat{q}$→M→D→$\hat{s}$ $\varepsilon = 10$, $c = 100$;

3. kostenminimaler Weg: $\hat{q}$→H→B→$\hat{s}$ $\varepsilon = 11$, $c = 100$;

4. kostenminimaler Weg: $\hat{q}$→H→K→$\hat{s}$ $\varepsilon = 16$, $c = 150$;

5. kostenminimaler Weg: $\hat{q}$→M→K→$\hat{s}$ $\varepsilon = 2$, $c = 300$;

Der resultierende Fluss ist sättigend, so dass ein zulässiger Anfangsfluss bestimmt wurde. Dieser zulässige Anfangsfluss kann nicht weiter erhöht werden, somit liegt auch der kostenminimale maximale Fluss vor:

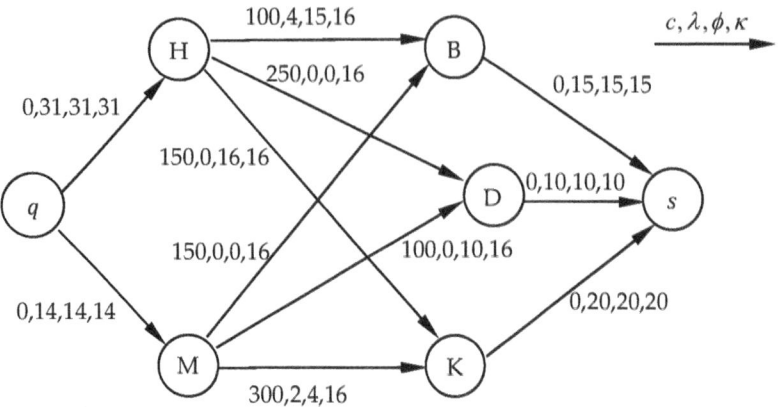

Transportplan: Hamburg liefert 15 Fahrräder nach Berlin und 16 Fahrräder nach Köln

München liefert 10 Fahrräder nach Dresden und 4 Fahrräder nach Köln

Transportkosten: $15 \cdot 100 + 10 \cdot 100 + 16 \cdot 150 + 4 \cdot 300 = 6.100$

Rundreiseplanung

Lösung Aufgabe 4.5.1

a) Ziel der Transportplanung ist die Bestimmung der optimalen Transportmenge x_{ij} vom Angebotsort i zum Nachfrageort j, so dass die Transportkosten minimal sind. Gegeben sind die Angebotsmengen a_i, die Nachfragemengen b_j und die Transportkosten c_{ij}.

Bei der Rundreiseplanung ist grundsätzlich zwischen knoten- und kantenorientierten Aufgabenstellungen zu unterscheiden. Ziel des knotenorientierten Problems (Traveling-Salesman-Problem) ist die Ermittlung einer geschlossenen Kantenfolge (Pfeilfolge) minimaler Länge, die jeden Knoten mindestens einmal enthält. Dagegen soll beim kantenorientierten Problem (Chinese-Postman-Problem) eine geschlossene Kantenfolge (Pfeilfolge) minimaler Länge gefunden werden, die jede

Kante (jeden Pfeil) mindestens einmal enthält. Bei beiden Problemen sind die Kantenbewertungen (Pfeilbewertungen) c_{ij} gegeben.

Mit Hilfe der Tourenplanung soll ein kostenminimaler Tourenplan ermittelt werden, mit dem n Kunden bei bekanntem Bedarf b_i ($i = 1, ..., n$) und gegebenen Entfernungen d_{ij} ($i, j = 0,1, ..., n$) von einem Depot 0 innerhalb einer Periode unter Berücksichtigung von Zeit- und Kapazitätsrestriktionen zu bedienen sind.

b) Die Lösung des Chinese-Postman-Problems (CPP) im Digraph $\vec{G}$ wird in zwei Schritten bestimmt.

Zuerst erfolgt eine kostenminimale Erweiterung von $\vec{G}$ zu einem EULER-Digraph. Dafür ist ein klassisches Transportproblem mit den Angebotsknoten i und Angebotsmenge $\delta_i := g_i^- - g_i^+ > 0$ (falls im Knoten i mehr Pfeile enden als beginnen), den Nachfrageknoten j und Nachfragemenge $\delta_j := g_j^- - g_j^+ < 0$ (falls im Knoten j mehr Pfeile beginnen als enden) und den Transportkosten c_{ij} (kürzester Weg zwischen Knoten i und j) zu lösen. Entsprechend der optimalen Lösung $x_{ij} = h$ des Transportproblems sind in $\vec{G}$ exakt h Pfeile mit der Bewertung c_{ij} zwischen i und j einzufügen. Im so entstandenen EULER-Digraph ist nun im zweiten Schritt eine EULER-Tour zu bestimmen.

Voraussetzung für die Lösbarkeit des CPP ist ein stark zusammenhängender Digraph $\vec{G}$ ohne negative Zyklen.

c) Zu den Eröffnungsverfahren für das TSP zählen z. B. das Verfahren des besten Nachfolgers (symmetrisches und asymmetrisches TSP), das Verfahren der sukzessiven Einbeziehung (symmetrisches und asymmetrisches TSP), das Verfahren von CHRISTOFIDES (symmetrisches TSP) und das Verfahren von AKL (asymmetrisches TSP).

Zu den Verbesserungsverfahren für das TSP gehören das 2-opt- bzw. 3-opt-Verfahren oder das OR-opt-Verfahren.

Lösung Aufgabe 4.5.2

a) In einem Digraph mit n Knoten gibt es $n!$ verschiedene Rundreisen. In einem Graph mit n Knoten gibt es $\frac{n!}{2}$ verschiedene Rundreisen.

b) Das ATSP kann als binäres Optimierungsproblem formuliert werden.

Zielfunktion: $\qquad \sum_{i=1}^{n} \sum_{j=1}^{n} c_{ij} x_{ij} \rightarrow \min$

Nebenbedingungen: $\sum\limits_{i=1}^{n} x_{ij} = 1$ $(j = 1, ..., n)$ (Endknotenbedingung)

$$\sum\limits_{j=1}^{n} x_{ij} = 1 \quad (i = 1, ..., n) \text{ (Anfangsknotenbedingung)}$$

$$x_{ii} = 0 \quad \text{(Schlingen ausgeschlossen)}$$

$$x_{ij} = \begin{cases} 1, & \textit{falls nach Ort } i \textit{ unmittelbar Ort } j \textit{ besucht wird} \\ 0, & \textit{sonst} \end{cases}$$

und $x_{i_1 i_2} + x_{i_2 i_3} + ... + x_{i_k i_1} \leq k - 1$ für alle $k = 2, 3, ...$ $\begin{cases} \dfrac{n-1}{2} & \textit{für n ungerade} \\ \dfrac{n}{2} & \textit{für n gerade} \end{cases}$

c) Das TSP auf Straßennetzen wird durch eine Vervollständigung von $G = \left(V_0, E_0\right)$ zu einem vollständigen Graphen $\widetilde{G}$ gelöst. Folgende Schritte sind notwendig:

- Berechne die Entfernungsmatrix $D = \left(d_{ij}\right)$ für alle $i, j \in V_0$
- Löse TSP auf $\widetilde{G} = \left(V_0, \widetilde{E}, d\right)$ mit $\widetilde{E}$ = {(i, j) | $i, j \in V_0$}.
- Übertrage die Lösung von $\widetilde{G}$ in G: Sei $Z = \{i_1, i_2, ..., i_n, i_1\}$ ein HAMILTON-Kreis in $\widetilde{G}$ und W_{ij} ein kürzester Weg von i nach j in G. Die Aneinanderreihung der Wege $W_{i_1 i_2}, ..., W_{i_n i_1}$ bildet eine Rundreise in G.

d) Eine untere Grenze (Lower Bound) für die optimale Lösung des TSP kann wie folgt bestimmt werden:

Zuerst ist ein Minimalgerüst zwischen den Knoten 2, ... , n zu bestimmen (bei Weglassen des Startknotens). Daraufhin ist der Startknoten 1 kostengünstigst an zwei Knoten des Minimalgerüstes anzubinden. Der Wert der unteren Grenze ergibt sich aus der Länge des Minimalgerüsts und der Länge der kürzesten Anbindung von Knoten 1.

Lösung Aufgabe 4.5.3

Das Verfahren von AKL ist ein heuristisches Eröffnungsverfahren für asymmetrische TSP.

Schritt 1:

Bestimme in den dem Digraph $\vec{G}$ zugehörigen Graph G ein Minimalgerüst T :

Minimalgerüst $\vec{T}$ im Digraph $\vec{G}$:

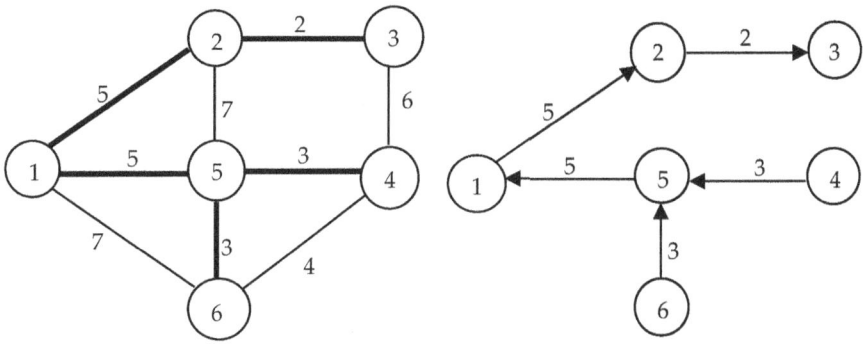

Schritt 2:

Für die kostenminimale Erweiterung von $\vec{T}$ zu einem EULER-Digraph $\hat{\vec{T}}$ ist die Lösung eines Transportproblems notwendig. Dazu bestimmt man zunächst den Eingangs- und Ausgangsgrad der Knoten i:

i	1	2	3	4	5	6
g_i^-	1	1	1	0	2	0
g_i^+	1	1	0	1	1	1
$\delta_i := g_i^- - g_i^+$	0	0	1	-1	1	-1

Es ist ein Transportproblem mit den Angebotsknoten 3 und 5 sowie den Nachfrageknoten 4 und 6 zu lösen.

Die „Transportkosten" c_{ij} entsprechen der Länge des kürzesten Weges von i nach j in $\vec{G}$.

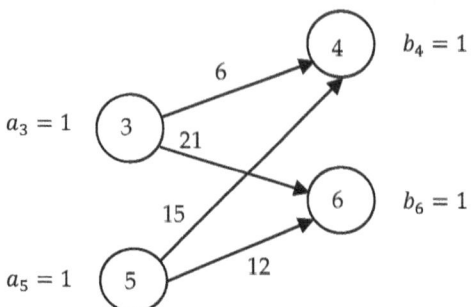

Die optimale Lösung des Transportproblems lautet $x_{34} = 1$ und $x_{56} = 1$.

Die entsprechenden Pfeile (3,4),(5,1) sowie (1,6) werden zum Minimalgerüst $\vec{T}$ hinzugefügt.

Folgendes erweitertes Minimalgerüst $\hat{\vec{T}}$ in $\vec{G}$ ergibt sich:

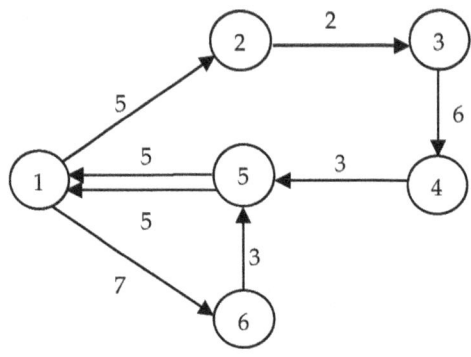

Schritt 3:

Als mögliche EULER-Touren ergeben sich: 1-2-3-4-5-1-6-5-1 oder 1-6-5-1-2-3-4-5-1.

Eingebetteter HAMILTONkreis: 1-6-5-2-3-4-1.

Die Länge der Rundreise beträgt 33 km.

Lösung Aufgabe 4.5.4

a) Minimalgerüst T von G:

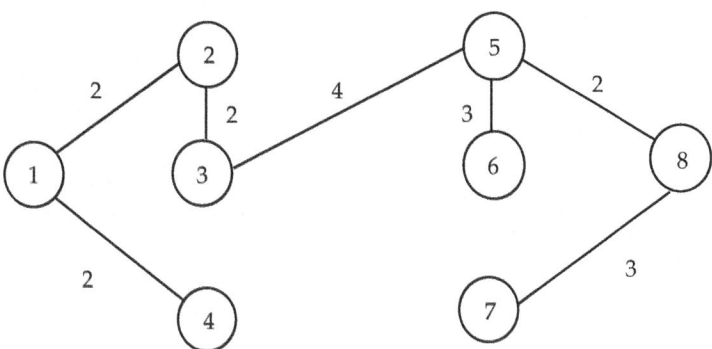

Die Länge des Minimalgerüsts beträgt 18 km.

b) Das Verfahren von CHRISTOFIDES ist ein heuristisches Eröffnungsverfahren für das symmetrische TSP.

Schritt 1:   Es ist ein Minimalgerüst T von G zu bestimmen (vgl. a)).

Schritt 2:   Das Minimalgerüst ist so zu erweitern, dass alle Knoten einen geraden Grad aufweisen. Aus der Menge der Knoten mit ungeradem Grad $V' = \{4,5,6,7\}$ ist ein vollständiger Graph G' zu bilden und ein minimales Summen-Matching $\widetilde{E}^*$ zu bestimmen:

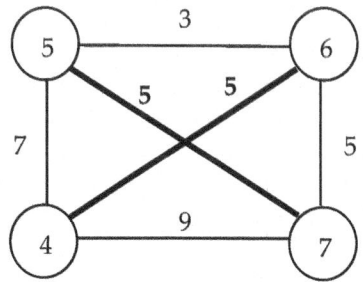

Die Kanten [4,6], [5,8] und [8,7] des minimalen Summen-Matchings $\widetilde{E}^*$ sind dem Minimalgerüst T hinzuzufügen, so dass sich ein neues Minimalgerüst $\widetilde{T}$ ergibt:

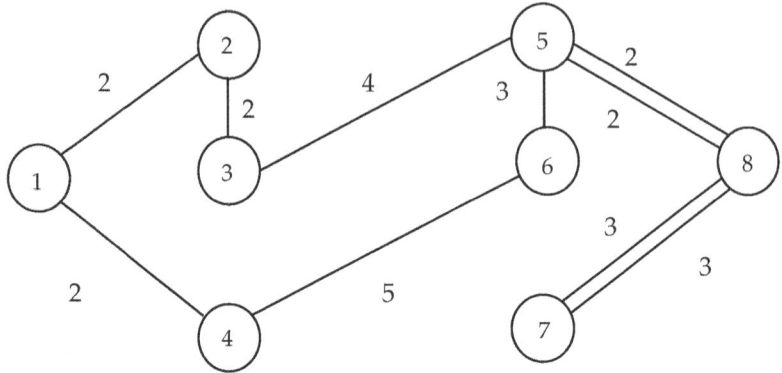

Schritt 3: Als mögliche EULERtour ergibt sich: 1-2-3-5-8-7-8-5-6-4-1.
Der eingebettete HAMILTONkreis 1-2-3-5-8-7-6-4-1 hat die Länge 25 km.

c) Der relative Gap gibt an, um wie viel die gefundene heuristische Lösung maximal schlechter ist als die (unbekannte) exakte Lösung. Für die Berechnung werden eine obere Schranke (UB) und untere Schranke (LB) benötigt, wobei gilt $LB \leq optimale\,L\ddot{o}sung \leq UB$. Der relative Gap wird folgendermaßen berechnet:

$$relativer\ Gap = \frac{UB - LB}{LB}.$$

Für die Bestimmung der UB wird unter allen berechneten Heuristiken der minimale Zielfunktionswert ausgewählt. Für das vorliegende Beispiel entspricht die obere Grenze dem Zielfunktionswert des Verfahrens von Christofides, UB =25. Eine einfache untere Schranke erhält man, indem zuerst ein Minimalgerüst zwischen den Knoten 2, ... ,8 bestimmt wird und anschließend der Startknoten 1 kostengünstigst an zwei Knoten des Minimalgerüstes angebunden wird. Da die Länge des Minimalgerüsts zwischen Knoten 2 und 8 den Wert 17 annimmt und die kürzeste Anbindung von Knoten 1 den Wert 4 ergibt, erhält man als untere Schranke $LB = 17 + 4 = 21$. Der relative Gap ist folglich

$$relativer\ Gap = \frac{25 - 21}{21} = 19\%.$$

d) Es handelt sich hierbei um ein ungerichtetes Chinese-Postman-Problem.

Schritt 1: Zunächst wird der gegebene Graph G zu einem EULER-Graph kostenminimal erweitert. Aus der Menge der Knoten mit ungeradem Grad $V' = \{1,2,7,8\}$ ist ein vollständiger Graph G' zu erstellen und anschließend ein minimales Summen-Matching $\widetilde{E}^*$ in G' zu bestimmen:

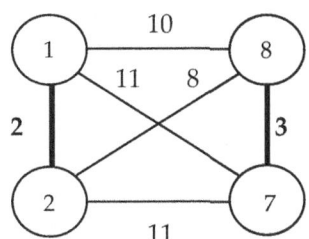

Schritt 2: Die Matching-Kanten [1,2] und [7,8] sind zu G hinzuzufügen, so dass sich ein EULER-Graph ergibt, in dem eine EULER-Tour bestimmt werden kann:

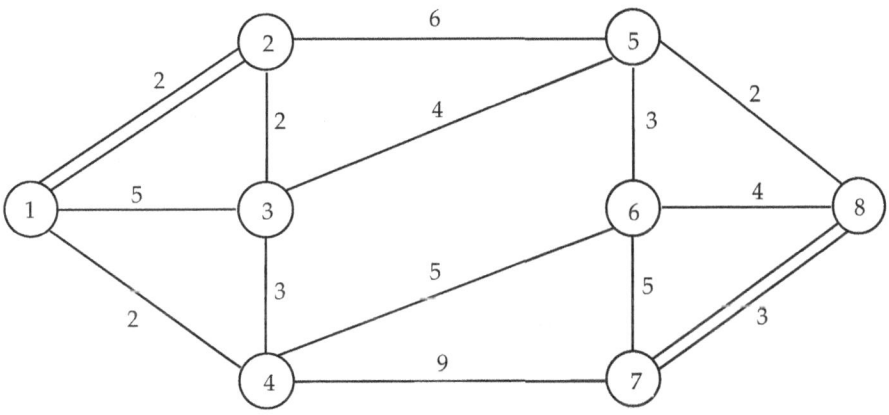

Als EULER-Tour ergibt sich beispielsweise: 1-2-5-3-2-1-3-4-6-5-8-6-7-8-7-4-1.

Die Länge der EULER-Tour beträgt:

Untere Schranke + Länge der Matching-Kanten = 55 km + 5 km= 60 km.

Lösung Aufgabe 4.5.5

a) Es handelt sich um ein gerichtetes Chinese-Postman-Problem.

Zunächst ist eine kostenminimale Erweiterung von $\vec{G}$ zu einem EULER-Digraph vorzunehmen. Dafür sind der Eingangs- und Ausgangsgrad aller Knoten i zu bestimmen:

i	1	2	3	4	5	6	7	8
g_i^-	1	1	3	2	2	3	1	1
g_i^+	2	2	2	2	2	2	1	1
$\delta_i := g_i^- - g_i^+$	-1	-1	1	0	0	1	0	0

Es ist ein Transportproblem mit den Angebotsknoten 3 und 6 sowie den Nachfrageknoten 1 und 2 zu lösen.

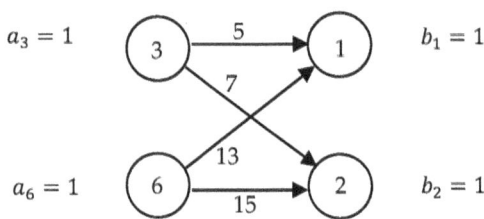

Es ergeben sich zwei optimale Lösungen:

$$x_{31} = 1, x_{62} = 1 \text{ (bzw. } x_{32} = 1, x_{61} = 1)$$

Als unproduktive Pfeile sind in $\vec{G}$ einzufügen: (3,4) und (4,1) sowie (6,3), (3,4), (4,1) und (1,2).

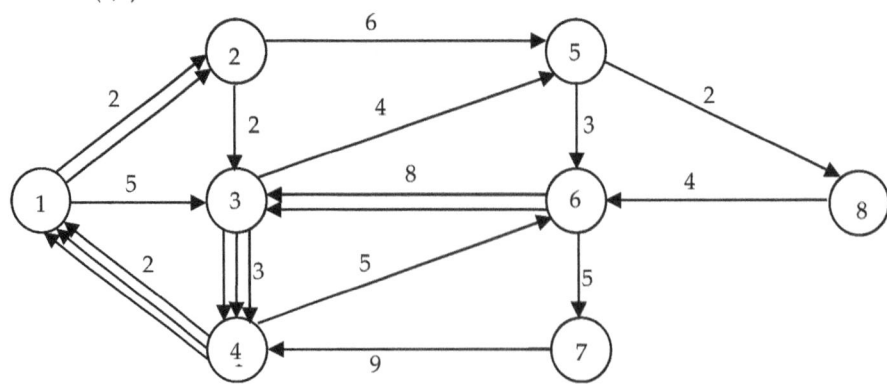

Als EULER-Tour ergibt sich beispielsweise: 1-2-5-8-6-3-5-6-7-4-6-3-4-1-2-3-4-1-3-4-1.

Die Länge der EULER-Tour beträgt 60 km + 20 km (Umwegpfeile) = 80 km.

b) Es handelt sich um ein ungerichtetes Chinese-Postman-Problem.

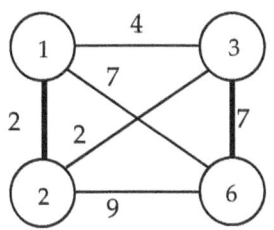

Es ist eine kostenminimale Erweiterung des zu $\vec{G}$ gehörigen Graphen G zu einem EULER-Graphen vorzunehmen. Aus der Menge der Knoten mit ungeradem Grad $V' = \{1,2,3,6\}$ ist ein vollständiger Graph G' zu erstellen und darin ein minimales Summen-Matching $\widetilde{E}^*$ zu bestimmen:

Die Länge der unproduktiven Wege entspricht der Lösung des minimalen Summen-Matchings $\widetilde{E}^*$: 7 km + 2 km = 9 km

Tourenplanung

Lösung Aufgabe 4.6.1

a) Mit dem Begriff „Tour" wird die Menge aller Kunden bezeichnet, die auf ein und derselben im Depot beginnenden und endenden Fahrt bedient werden.

Die Route ist die Reihenfolge, in der die Kunden einer Tour bedient werden.

Der Tourenplan ist eine Aggregation von Touren, die für gegebene Aufträge benötigt werden.

b) Die zwei Teilprobleme der Tourenplanung bestehen aus der Zuordnung von Kunden zu Touren (Zuordnungsproblem) und in der Festlegung der optimalen Reihenfolge der Kunden in jeder Tour (Reihenfolgeproblem).

c) Einstufige heuristische Eröffnungsverfahren für die Tourenplanung lösen beide Teilprobleme simultan (z. B. Savings-Verfahren).

Zweistufige Verfahren lösen zuerst das Zuordnungsproblem und dann das Reihenfolgeproblem (cluster first - route second, z. B. Sweep-Algorithmus) oder erst das Reihenfolgeproblem und danach das Zuordnungsproblem (route first - cluster second, z. B. das Verfahren von BELTRAMI-BODIN).

Heuristische Verbesserungsverfahren versuchen Reihenfolgeverbesserungen in jeder Tour zu erreichen (r-opt-Verfahren, OR-opt-Verfahren) oder einzelne Kunden zwischen zwei Touren zu verlagern.

d) Ausgehend vom Savings-Wert s_{ij} können unter der Voraussetzung, dass i und j jeweils Endkunden zweier verschiedener Touren T_1 bzw. T_2 sind und dass keine Kapazitäten oder Fahrtzeiten überschritten werden, die beiden Touren T_1 und T_2 zu einer Tour $T_1 x\, T_2$ kombiniert werden.

e) Bei heterogenem Fuhrpark kann die Zulässigkeit eines anfänglichen Tourenplans folgendermaßen erreicht werden: Den Pendeltouren werden zunächst reale Fahrzeuge mit ausreichender Kapazität zugeordnet. Den verbleibenden Pendeltouren ohne reale Fahrzeugzuordnung werden anschließend fiktive Fahrzeuge der kleinstmöglichen Größe zugeordnet. Diese fiktiven Fahrzeuge entsprechen den Fahrzeugklassen des vorhandenen Fuhrparks.

Lösung Aufgabe 4.6.2

a) Als Savings-Werte ergeben sich: $s_{37} = 50 + 55 - 30 = 75$; $s_{56} = 20 + 100 - 120 = 0$.

b) Beim Savings-Verfahren werden zu Beginn alle Savings-Werte s_{ij} absteigend sortiert und anschließend wird versucht, kombinierte Touren zu bilden.

s_{ij}	$[i,j]$	Tour	Tourlänge	Kapazitätsprüfung
75	[3,7]	1-3-7-1	135	$6 \leq 10$ ✓
60	[3,8]	1-8-3-7-1	195	$9 \leq 10$ ✓
60	[2,6]	1-2-6-1	200	$4 \leq 10$ ✓
60	[4,6]	1-4-6-2-1	240	$7 \leq 10$ ✓
50	[2,4]			Kunden 2, 4 bereits in einer Tour
40	[4,5]	1-5-4-6-2-1	240	$8 \leq 10$ ✓
Abbruch, weil alle Kunden in Touren eingebunden sind und eine Kombination aufgrund der Kapazitätsrestriktion nicht möglich ist.				

Das Savings-Verfahren liefert folgende Abholtouren:

Tour 1 (1-8-3-7-1) mit einer Länge von 195 km und

Tour 2 (1-5-4-6-2-1) mit einer Länge von 240 km.

c) Beim Sweep-Algorithmus werden zu Beginn alle Kunden nach aufsteigendem Polarwinkel sortiert. Es ergibt sich beginnend bei Kunden 7 folgende Reihenfolge der Kunden: 7-6-2-4-5-8-3.

Jede Tour ist nun so lange durch den nächsten Kunden zu erweitern, bis durch ihn die Kapazitätsbeschränkung (Q=10 Container) überschritten würde. Es ergeben sich zwei Abholtouren:

Tour 1 (1-7-6-2-4-5-1): Kapazität von 10 Containern, Länge von 320 km und

Tour 2 (1-8-3-1): Kapazität von 7 Containern, Länge von 160 km.

Um nun die kürzeste Route für jede Tour zu bestimmen, kommt zunächst das 2-opt-Verfahren zur Anwendung:

Gelöschte Kanten	Neue Kanten	Veränderung
[1,5], [4,2]	[1,4], [5,2]	+50 km
[1,5], [2,6]	[1,2], [5,6]	+60 km
[1,5], [6,7]	[1,6], [5,7]	+40 km
[5,4], [2,6]	[5,2], [4,6]	+40 km
[5,4], [6,7]	[5,6], [4,7]	+50 km
[5,4], [7,1]	[5,7], [4,1]	+40 km
[4,2], [6,7]	[4,6], [2,7]	-10 km

Neue Tour 1 (1-7-2-6-4-5-1) mit einer Länge von 310 km.

Weitere Verbesserungen der Tour 1 mit 2-opt- und 3-opt-Verfahren sind nicht mehr möglich. Tour 2 kann nicht verbessert werden.

Lösung Aufgabe 4.6.3

Die fehlenden Savings-Werte berechnen sich folgendermaßen:

$$s_{24} = d_{02} + d_{04} - d_{24} = 50 + 20 - 70 = 0$$

$$s_{37} = 50 + 60 - 70 = 40$$

$$s_{58} = 100 + 105 - 170 = 35$$

Der zulässige Anfangsplan lässt sich wie folgt bestimmen:

Kunde i	1	2	3	4	5	6	7	8	9
Bedarf q_i[ME]	3	4	3	1	1	2	3	4	2
Fahrzeuge	10r	10r	9r	7f	7f	7f	7r	10r	7f

r = reales Fahrzeug, f = fiktives Fahrzeug

Beim Savings-Verfahren werden zu Beginn alle Savings-Werte s_{ij} absteigend sortiert; anschließend wird versucht, kombinierte Touren zu bilden.

s_{ij}	$[i,j]$	Tour	Kapazitätsprüfung	Freie Fahrzeuge
120	[7,8]	0-7-8-0	$7 \leq 10r$ ✓	7r
110	[6,9]	0-6-9-0	$4 \leq 7r$ ✓	--
75	[2,6]	0-2-6-9-0	$8 \leq 10r$ ✓	7r
75	[2,9]	2 und 9 bereits in einer Tour enthalten		7r
75	[3,8]	0-7-8-3-0	$10 \leq 10r$ ✓	7r, 9r
60	[2,7]	0-3-8-7-2-6-9-0	$18 > 10r$ Kap. überschritten	7r, 9r
60	[1,5]	0-1-5-0	$4 \leq 10r$ ✓	7r, 9r

Aus Kapazitätsgründen kann die Pendeltour 0-4-0 nur noch mit der Tour 0-2-6-9-0 oder der Tour 0-1-5-0 kombiniert werden. Für die entsprechenden Savings-Werte gilt in der folgenden Reihenfolge $s_{14} = s_{24} = s_{49} = s_{45} = 0$, so dass die Touren 0-4-0 und 0-1-5-0 kombiniert werden.

Es ergeben sich drei Auslieferungstouren:

> Tour 1:   0-2-6-9-0 (10r); Kapazität = 8; Tourlänge = 155 km
>
> Tour 2:   0-7-8-3-0 (10r); Kapazität = 10; Tourlänge = 235 km
>
> Tour 3:   0-4-1-5-0 (10r); Kapazität = 5; Tourlänge = 240 km

Die Fahrzeuge mit 9 ME und 7 ME bleiben frei. Zur Verbesserung der Auslastung sollten sie der Tour 1 bzw. Tour 3 zugeordnet werden, so dass zwei Fahrzeuge mit jeweils 10 ME frei bleiben.

Lösung Aufgabe 4.6.4

a) $s_{14} = 11$; $s_{35} = 4$

b) 1 km $\hat{=}$ 2 min.

s_{ij}	[i,j]	Tour / Zeiten*	Kehrtour / Zeiten*	Kapazitätsprüfung
12	[2,4]	0-2-4-0 $a(T)$ = 168; $b(T)$ = 300	0-4-2-0 $a(T)$ = 180; $b(T)$ = 288	4 ≤ 12 ✓
11	[1,2]	0-1-2-4-0 $a(T)$ = 148; $b(T)$ = 280	0-4-2-1-0 $a(T)$ = 180; $b(T)$ = 268	7 ≤ 12 ✓
11	[1,4]	Knoten 1 und 4 sind keine Randknoten verschiedener Touren		
11	[3,4]	0-3-4-2-1-0 $a(T)$ = 156; $b(T)$ = 244	0-1-2-4-3-0 $a(T)$ = 148; $b(T)$ = 280	10 ≤ 12 ✓
Abbruch, weil eine Kombination von Knoten 5 mit obiger Tour aufgrund der Kapazitätsrestriktion nicht möglich ist. Ergebnis: Tour 1: 0-3-4-2-1-0, Q = 10, Dauer = 108 Minuten Tour 2: 0-5-0, Q = 5, Dauer = 18 Minuten				

* $a(T)$: früheste Ankunftszeit beim ersten Kunden, so dass alle Zeitfenster in der Tour T eingehalten werden

$b(T)$: späteste Ankunftszeit beim ersten Kunden, so dass alle Zeitfenster in der Tour T eingehalten werden

Lösung Aufgabe 4.6.5

a) Die Kundenstandorte werden nach aufsteigenden Polarwinkeln sortiert. Gestartet werden soll mit Kunden 7, womit sich die folgende Reihenfolge ergibt: 7, 1, 6, 5, 3, 2, 9, 4, 10, 8, 11, 12, 13.

Die Touren werden so lange durch aufeinanderfolgende Kunden erweitert, bis durch den nächsten Kunden die Kapazitäts- oder Zeitbeschränkung überschritten wird (Allokationsproblem). Anschließend wird die kürzeste Route bestimmt (Reihenfolgeproblem). Kann die Kapazitätsrestriktion nicht eingehalten werden, beginnt eine neue Tour mit dem jeweils darauffolgenden Kunden. Bei Überschreitung der Zeitrestriktion wird versucht, die Tour durch Routenoptimierung zu verkürzen. Ist die Aufnahme des Kunden nach wie vor nicht möglich, wird mit diesem als Startknoten eine neue Tour gebildet. Bei Start in Knoten 7 ergeben sich die folgenden Prüfschritte:

Kunde	Tour	Kapazität	Dauer (in min)
7	0-7-0	25 < 80 ✓	10 < 25 ✓
1	0-7-1-0	45 < 80 ✓	16 < 25 ✓
6	0-7-1-6-0	75 < 80 ✓	20 < 25 ✓
5	0-7-1-6-5-0	115 > 80 ✗	20 < 25 ✓
	0-5-0	40 < 80 ✓	12 < 25 ✓
3	0-5-3-0	75 < 80 ✓	18 < 25 ✓
2	0-5-3-2-0	145 > 80 ✗	20 < 25 ✓
	0-2-0	70 < 80 ✓	20 < 25 ✓
9	0-2-9-0	120 > 80 ✗	24 < 25 ✓
	0-9-0	50 < 80 ✓	24 < 25 ✓
4	0-9-4-0	70 < 80 ✓	31 > 25 ✗
	0-4-0	20 < 80 ✓	Keine Verkürzung der Dauer möglich. 14 < 25 ✓
10	0-4-10-0	50 < 80 ✓	20 < 25 ✓
8	0-4-10-8-0	65 < 80 ✓	30 > 25 ✗
	0-4-8-10-0		Verkürzung der Dauer durch Änderung der Reihenfolge möglich: 22 < 25 ✓
11	0-11-0	25 < 80 ✓	18 < 25 ✓
12	0-11-12-0	45 < 80 ✓	18 < 25 ✓
13	0-11-12-13-0	70 < 80 ✓	26 > 25 ✗
	0-12-11-13-0		Verkürzung der Dauer durch Änderung der Reihenfolge möglich: 25 = 25 ✓

Das Sweep-Verfahren liefert den folgenden Tourenplan:

- Tour 1 (0-7-1-6-0) mit einer Kapazität von 75 Päckchen und einer Dauer von 20 Minuten
- Tour 2 (0-5-3-0) mit einer Kapazität von 75 Päckchen und einer Dauer von 18 Minuten
- Tour 3 (0-2-0) mit einer Kapazität von 70 Päckchen und einer Dauer von 20 Minuten
- Tour 4 (0-9-0) mit einer Kapazität von 50 Päckchen und einer Dauer von 24 Minuten
- Tour 5 (0-4-8-10-0) mit einer Kapazität von 65 Päckchen und einer Dauer von 22 Minuten
- Tour 6 (0-12-11-13-0) mit einer Kapazität von 70 Päckchen und einer Dauer von 25 Minuten

Ohne Pause bzw. Verzögerungen beendet Willy den Auftrag nach 129 Minuten. Somit bleiben ihm 51 Minuten, bis er bei seiner Arbeitsstelle erscheinen muss und die er zum Schlafen nutzen kann.

b) Da die Kundenstandorte gleichmäßig über das Stadtgebiet verteilt sind und das Depot zentral liegt, ist die erste Voraussetzung erfüllt. Außerdem sollte nun noch das Verhältnis der Anzahl der Touren zur durchschnittlichen Kundenanzahl pro Tour kleiner als 2 sein:

$$\frac{6}{13/6} = 2{,}67 > 2.$$

Der mit dem Sweep-Algorithmus ermittelte Tourenplan kann nicht als universell gut bezeichnet werden. Dies ist insbesondere auf die nur aus einem Kunden bestehenden Touren 3 und 4 zurückzuführen.

4

Standortplanung

Lösung Aufgabe 4.7.1

a) Beim Modell der Standortplanung in der Ebene ist jeder Punkt der Ebene ein potenzieller Standort.
Beispiel: Planung des optimalen Standorts für ein Wartungsteam auf einem großflächigen Werksgelände.

Bei der Standortplanung im Netzwerk sind alle Knoten und alle Punkte auf Kanten potenzielle Standorte.
Beispiel: Planung eines neuen Umschlagterminals zwischen Straße und Schiene.

Bei der diskreten Standortplanung sind bereits potenzielle Standorte vorhanden, deren optimale Anzahl und Größe bestimmt werden soll.
Beispiel: Bestimmung der Standorte für Verteilzentren einer Brauerei.

b) Beim Medianproblem ist ein MiniSum-Lokations-Problem zu lösen, d.h. das Ziel besteht in der Minimierung der Summe der gewichteten Distanzen zum Depot. Beispiel: Einkaufszentrum.

Beim Zentrenproblem ist ein MiniMax-Lokations-Problem zu lösen, d.h. die Zielstellung besteht in der Minimierung der gewichteten maximalen Distanz zum Depot.
Beispiel: Feuerwehrstation.

Lösung Aufgabe 4.7.2

a) Annahmen bei der Standortplanung in der Ebene sind:

- Verteilung der Kundenorte auf homogener Fläche;
- jeder Punkt der Ebene ist potenzieller Standort;
- Entfernungsmessung erfolgt über eine Metrik d mit
  $d(x,y) \geq 0$, $d(x,y) = 0 \Leftrightarrow x=y$, $d(x,y) \leq d(x,z) + d(z,y)$.

b) Es handelt sich um das Multi-Weber Problem mit:

Zielfunktion:
$$\sum_{j=1}^{p} \sum_{i=1}^{80} z_{ij} \sqrt{(x_i - u_j)^2 + (y_i - v_j)^2} \rightarrow \min$$

Nebenbedingungen:
$$\sum_{i=1}^{80} z_{ij} \leq 10 \quad \forall\, j = 1, \dots, \mathrm{p}$$

$$\sum_{i=1}^{80} z_{ij} \geq 6 \quad \forall\, j = 1, \dots, \mathrm{p}$$

$$\sum_{j=1}^{p} z_{ij} = 1 \quad \forall\, i = 1, \dots, 80$$

$$z_{ij} \in \{0,1\} \quad \forall\, i,j$$

Das Problem kann z. B. mit dem Verfahren von COOPER gelöst werden.

Lösung Aufgabe 4.7.3

a) Der Zwischenhändler möchte die Problemstellung als einfaches Weber-Problem modellieren. Hierbei handelt es sich um ein Mini-Sum-Lokalisationsproblem. Das Ziel besteht darin, die durch die Kundennachfrage gewichtete Summe der Entfernungen zwischen den Nachfragern und allen Standorten bei gleichzeitig vollständiger Deckung des Bedarfs zu minimieren.

Die Annahmen für die Modellierung lauten wie folgt:

1. Die Standorte sind auf einer homogenen Fläche verteilt.
2. Jeder Punkt auf der Ebene ist ein potenzieller Standort für das Depot.
3. Die Gründungskosten für das Depot sind koordinatenunabhängig.
4. Es bestehen einheitliche Kostensätze (€/km).
5. Die Transportkosten sind streckenproportional.
6. Es liegt eine deterministische (nicht-stochastische) und konstante Nachfrage vor.
7. Die Entfernungen in der Ebene entsprechen der euklidischen Distanz.

$$d_{ij} = \sqrt{(x_i - x_j)^2 + (y_i - y_j)^2}$$

b) Gemäß der Aufgabenstellung gilt es nachzuweisen, dass der potentielle Standort S mit den Koordinaten (1,338; 0,821) näherungsweise kostenoptimal ist. Die folgende Abbildung zeigt die vier Abnehmerstandorte sowie den Zentrallagerstandort.

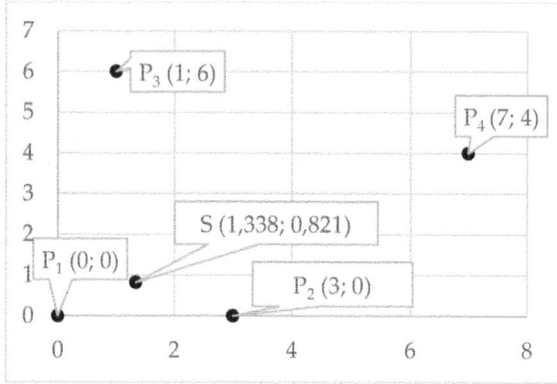

Die Gewichtungsfaktoren der Abnehmer P_1 (0;0), P_2 (3;0), P_3 (1;6) und P_4 (7,4) betragen:

$$w_1 = 2 \text{ und } w_2 = w_3 = w_4 = 1$$

Das Ziel ist die Minimierung der gewichteten euklidischen Distanzen über m Nachfrageorte gemäß der nachfolgenden Zielfunktion.

$$\text{Min } Z(u,v) = \sum_{i=1}^{m} w_i \sqrt{(u - x_i)^2 + (v - y_i)^2}$$

Die Optimalitätsbedingungen lauten wie folgt:

$$\frac{\partial Z}{\partial u} = \sum_{i=1}^{m} \frac{w_i(u - x_i)}{\sqrt{(u - x_i)^2 + (v - y_i)^2}} = 0$$

$$\frac{\partial Z}{\partial v} = \sum_{i=1}^{m} \frac{w_i(v - y_i)}{\sqrt{(u - x_i)^2 + (v - y_i)^2}} = 0$$

1. $\frac{\partial Z}{\partial u}$:

Nachfolgend wird die beispielhafte Berechnung der Werte für P_1 und P_2 gezeigt. Die Werte der verbleibenden Punkte werden in der Tabelle angegeben.

Beispiel P_1:

$$\frac{2(1{,}338 - 0)}{\sqrt{(1{,}338 - 0)^2 + (0{,}821 - 0)^2}} = 1{,}7047$$

Beispiel P_2:

$$\frac{1(1{,}338 - 3)}{\sqrt{(1{,}338 - 3)^2 + (0{,}821 - 0)^2}} = -0{,}8966$$

Kunden-standort	w_i	$\partial Z / \partial u$
P_1 (0,0)	2	1,7047
P_2 (3,0)	1	-0,8966
P_3 (1,6)	1	0,0651
P_4 (7,4)	1	-0,872
Σ		0,0012 ≈ 0

2. $\dfrac{\partial Z}{\partial u}$:

Beispiel P₁:

$$\frac{2(0{,}821 - 0)}{\sqrt{(1{,}338 - 0)^2 + (0{,}821 - 0)^2}} = 1{,}0460$$

Beispiel P₂:

$$\frac{1(0{,}821 - 0)}{\sqrt{(1{,}338 - 3)^2 + (0{,}821 - 0)^2}} = 0{,}4429$$

Kunden-standort	w_i	$\partial Z / \partial v$
P₁ (0,0)	2	1,0460
P₂ (3,0)	1	0,4429
P₃ (1,6)	1	-0,9979
P₄ (7,4)	1	-0,4896
Σ		0,0014 ≈ 0

Die Kostenoptimalität des potentiellen Standorts S (1,338; 0,821) kann bestätigt werden, da die Summe der partiellen Ableitungen näherungsweise 0 beträgt.

Lösung Aufgabe 4.7.4

1. Grafischer Lösungsweg

Schritt 0:

Bilde um alle Punkte eine konvexe Hülle H. Es wird ersichtlich, dass die Punkte P₁ und P₇ auf der konvexen Hülle am weitesten voneinander entfernt liegen.

Schritt 1:

Konstruiere einen die Punkte P₁ und P₇ überdeckenden, minimalen Kreis. Punkt P₃ liegt außerhalb dieses Kreises.

Schritt 2:

Bilde nun ein Dreieck bestehend aus den Punkten P₁, P₃ und P₇. Es resultiert ein spitzwinkliges Dreieck.

Schritt 3:

Bilde die Mittelsenkrechten des spitzwinkligen Dreiecks und ermittle deren Schnittpunkt. Der Schnittpunkt ist der neue Mittelpunkt des Kreises. Konstruiere den Kreis, der die Eckpunkte des Dreiecks beinhaltet. Punkt P6 liegt nun außerhalb dieses neuen Kreises. Punkt P3 ist außerdem am weitesten von Punkt P6 entfernt.

Schritt 4:

Erweitere den Kreisdurchmesser, durch die Konstruktion einer Geraden durch Punkt P3 und den Mittelpunkt. Die Ebene wird so in zwei Halbebenen geteilt. Punkt P1 ist Teil des Dreiecks, befindet sich auf der anderen Halbebene und ist am weitesten von Punkt P6 entfernt. Bilde ein neues Dreieck mit den Eckpunkten P1, P3 und P6. Es resultiert wiederholt ein spitzwinkliges Dreieck.

Schritt 5:

Ermittle erneut den Schnittpunkt der Mittelsenkrechten des Dreiecks. Der Schnittpunkt ist der neue Mittelpunkt des Kreises. Konstruiere den Kreis, der die Eckpunkte des Dreiecks beinhaltet. Nun befinden sich alle Punkte innerhalb des Kreises. Der Mittelpunkt des Kreises ist folglich der zu empfehlende Standort für das Zentrum. Das Zentrum sollte somit näherungsweise im Punkt S mit den Koordinaten (6,6; 5,9) eröffnet werden.

Schritt 0   **Schritt 1**

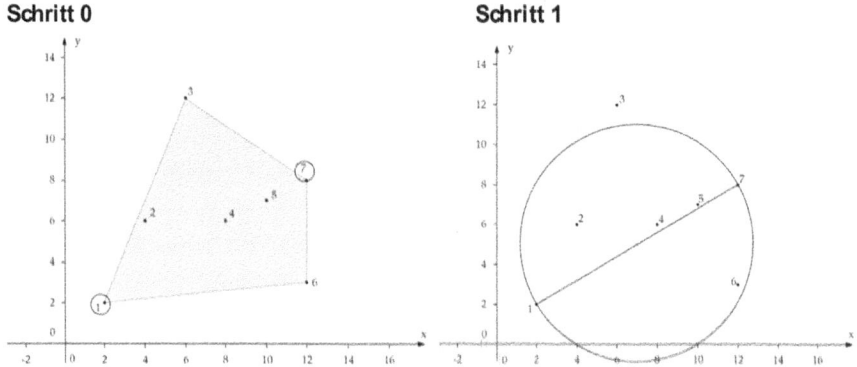

Schritt 2   **Schritt 3**

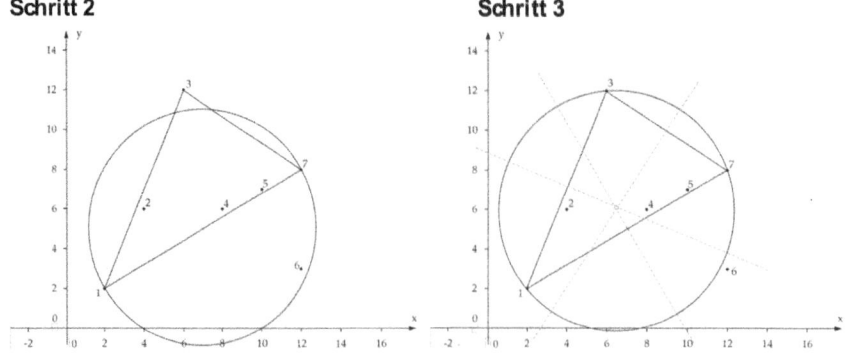

Schritt 4 **Schritt 5**

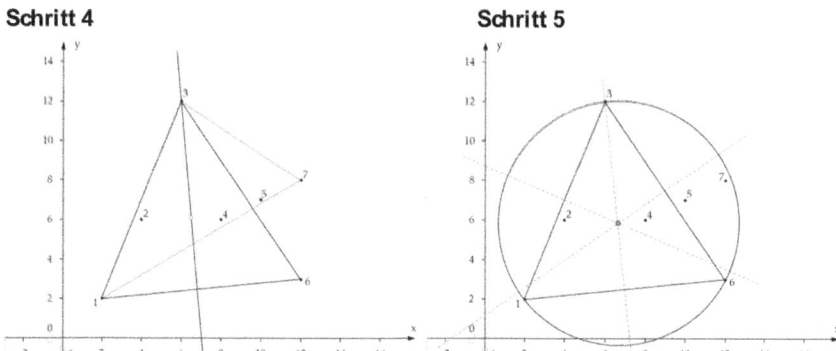

2. Analytischer Lösungsweg

Schritt 0: Zentrum zwischen den zwei am weitesten entfernten Punkten aufstellen

Zuerst sind die Punkte zu wählen, welche die größte Distanz zueinander besitzen. An dieser Stelle werden die vielversprechenden Punkte P_1 und P_7 gewählt. Zur Bestimmung des Kreises wird der Mittelpunkt zwischen P_1 und P_7 benötigt. Dieser berechnet sich mit Hilfe der entsprechenden x- und y-Koordinaten:

$$\bar{x} = \frac{12+2}{2} = 7; \qquad \bar{y} = \frac{2+8}{2} = 5 \qquad MP_{1,7} = (7; 5)$$

Der Mittelpunkt des Kreises befindet sich folglich im Punkt $MP_{1,7}$ mit den Koordinaten (7; 5).

Der Radius des Kreises wird wie folgt ermittelt:

$$r = \frac{d}{2} = \frac{1}{2} \cdot \sqrt{(x_1 - x_7)^2 + (y_1 - y_7)^2} = \frac{11,66}{2} = 5,83$$

Schritt 1: Prüfen, ob Punkte außerhalb des Kreises liegen.

Auf Basis dessen erfolgt eine Prüfung ob Punkte existieren, die außerhalb des Kreises liegen. Hierzu wird die euklidische Distanz eines jeden Punktes zum Mittelpunkt bestimmt und mit dem Radius des Kreises verglichen. An dieser Stelle wird exemplarisch geprüft, ob die Punkte P_3 und P_6 innerhalb des Kreises liegen.

$$d_{MP,6} = \sqrt{(7 - 12)^2 + (5 - 3)^2} = 5,39 < r \rightarrow liegt\ innerhalb$$

$$d_{MP,3} = \sqrt{(7 - 6)^2 + (5 - 12)^2} = 7,07 > r \rightarrow liegt\ außerhalb$$

Theoretisch sind alle Punkte (Kunden) zu prüfen. Hier ist zum Ausschluss einzelner Punkte eine grafische Veranschaulichung ratsam.

<u>Schritt 2: Dreieck mit den Eckpunkten P_1, P_3 und P_7 ermitteln und Zentrum des Dreiecks durch Schnittpunkt der Mittelsenkrechten berechnen</u>

Das Dreieck sollte grafisch visualisiert werden. So ist zu erkennen, dass ein spitzwinkliges Dreieck vorliegt. Maßgeblich ist die Ermittlung des Zentrums im Schnittpunkt der Mittelsenkrechten. Der Schnittpunkt fungiert als neuer Mittelpunkt des nachfolgenden Kreises.

Die Bildung der ersten Mittelsenkrechten des Dreiecks erfolgt hier zwischen den Eckpunkten P_1 und P_7. Allgemein gilt für den Anstieg $m = \frac{y_2 - y_1}{x_2 - x_1}$ und für die Inverse einer Geraden $\bar{m} = -\frac{1}{m}$. Aus den Koordinaten der Punkte P_1 und P_7 kann somit der Anstieg der Dreiecksseite berechnet werden.

$$m_{1,7} = \frac{8-2}{12-2} = \frac{3}{5}$$

Auf Basis dessen kann durch Bildung der Inversen der Anstieg der Mittelsenkrechten ermittelt werden:

$$\bar{m}_{1,7} = -\frac{5}{3}$$

Anschließend erfolgt die Ermittlung der Geradengleichung der Mittelsenkrechten $f_{1,7}$ mit Hilfe der Punkt-Steigungs-Form (da Punkt $MP_{1,7} = (7; 5)$ bekannt ist):

$$5 = -\frac{5}{3} \cdot 7 + n \rightarrow n = \frac{50}{3}$$

Geradengleichung: $f_{1,7}(x) = -\frac{5}{3}x + \frac{50}{3}$

Analog dazu erfolgt die Bildung der Mittelsenkrechten der Seite des Dreiecks zwischen den Eckpunkten P_1 und P_3 (Beachte: Es werden lediglich zwei Mittelsenkrechten zur Bestimmung des Schnittpunktes benötigt, sodass auf die Bestimmung der dritten Mittelsenkrechten verzichtet werden kann). Es wird zunächst der Anstieg der Dreiecksseite wie folgt ermittelt.

$$m_{1,3} = \frac{12-2}{6-2} = \frac{5}{2}$$

Auf Basis dessen wird wiederholt der Anstieg der Mittelsenkrechten berechnet.

$$\bar{m}_{1,3} = -\frac{2}{5}$$

Final wird die Geradengleichung der Mittelsenkrechten $f_{1,3}$ mit Hilfe der Punkt-Steigungs-Form bestimmt.

$$MP_{1,3}: \bar{x} = \frac{8}{2} = 4; \bar{y} = 7$$

$$7 = -\frac{2}{5} \cdot 4 + n \rightarrow n = \frac{43}{5}$$

Die Geradengleichung lautet somit: $f_{1,3}(x) = -\frac{2}{5}x + \frac{43}{5}$

Anschließend wird der Schnittpunkt der Mittelsenkrechten durch das Gleichsetzen der Geradengleichungen ermittelt. Der Schnittpunkt ist das Zentrum des Dreiecks und zugleich der Mittelpunkt des neuen Kreises.

$$-\frac{5}{3}x + \frac{50}{3} = -\frac{2}{5}x + \frac{43}{5}$$

$$\frac{121}{15} = \frac{19}{15}x$$

$$x = 6{,}37$$
$$y = 6{,}05$$

Der Mittelpunkt des Zentrums des Dreiecks ist: MP_{Z_1} = (6,37; 6,05). Der neue Radius (ermittelt über die euklidische Distanz zwischen MP_{Z_1} zu P_1) beträgt:

$$r = \sqrt{(6{,}37 - 2)^2 + (6{,}05 - 2)^2} = 5{,}96$$

Schritt 3: Erneute Prüfung, ob Punkte außerhalb des Kreises liegen

Prüfung des weit entfernten Punkts P_6:

$$d_{MP,6} = \sqrt{(12 - 6{,}37)^2 + (3 - 6{,}05)^2} = 6{,}4 > r \rightarrow \textit{liegt außerhalb}$$

Fortsetzung Schritt 3: Neues Dreieck bestimmen, aber unter einer anderen Vorgehensweise

Ermittlung des Punktes, der am weitesten von P_6 entfernt ist (P_3). Danach wird eine Linie zwischen P_3 und dem Zentrum konstruiert und so die Ebene in zwei Halbebenen geteilt. Anschließend ist zu prüfen, welcher Eckpunkt des alten Dreiecks (P_1, P_3 und P_7) nicht auf der Ebene liegt, in der P_6 enthalten ist (P_1). Das neue Dreieck besteht daher aus den Punkten P_1, P_3 und P_6.

<u>Zurück zu Schritt 2: Ermittlung des Zentrums des neuen Dreiecks</u>

Es entsteht ein spitzwinkliges Dreieck, also muss wieder der Schnittpunkt der Mittelsenkrechten berechnet werden.

Ermittlung der Mittelsenkrechten zwischen P_1 und P_6 als Inverse des Anstiegs der Dreiecksseite.

$$m_{1,6} = \frac{1}{10} \rightarrow \bar{m}_{1,6} = -10$$

Anschließend erfolgt die Bestimmung des Mittelpunkts der Strecke: $MP_{1,6}$ = (7; 2,5)
Auf Basis dessen kann die Geradengleichung der Mittelsenkrechten aufgestellt werden.

$$2,5 = -10 \cdot 7 + n \rightarrow n = 72,5$$

$$f_{1,6}(x) = -10x + 72,5$$

Da die Dreiecksseite zwischen den Punkten P_1 und P_3 aus der vorherigen Iteration bestehen bleibt, ist die Geradengleichung der Mittelsenkrechten unverändert. Es kann der Schnittpunkt zwischen $f_{1,3}$ und $f_{1,6}$ berechnet werden.

$$-\frac{2}{5}x + \frac{43}{5} = -10x + 72,5$$

$$9,6x = 63,9$$

$$x = 6,66$$

$$y = 5,9$$

Der Mittelpunkt des Zentrums des Dreiecks ist folglich der Punkt MP_{Z_2} mit den Koordinaten (6,66; 5,9). Anschließend wird der neue Radius des Kreises als euklidische Distanz zwischen dem Mittelpunkt MP_{Z_2} und dem Punkt P_1 ermittelt.

$$r = \sqrt{(6,66 - 2)^2 + (5,96 - 2)^2} = 6,07$$

<u>Schritt 3 wiederholen: Prüfung, ob alle Punkte innerhalb des Kreises liegen</u>

Analog zu den vorherigen Prüfungen sind prinzipiell alle Punkte zu prüfen. Allerdings können durch die visuelle Prüfung der Lage der Punkte im Graphen einige Punkte ausgeschlossen werden, weshalb die Prüfung hier lediglich am Beispiel des entfernten Punkts P_7 aufgezeigt wird.

$$d_{MP,7} = \sqrt{(6,66 - 12)^2 + (5,9 - 8)^2} = 5,74 < r \rightarrow liegt\ innerhalb$$

Nun liegen alle Punkte innerhalb des Kreises, weshalb das Verfahren an dieser Stelle abgebrochen werden kann. Ein optimales Zentrum Z befindet sich somit also in MP_{Z_2} mit den Koordinaten (6,66; 5,9).

Lösung Aufgabe 4.7.5

a) Die Kante [S-M] sowie die Standorte der Verkaufsstände brauchen nicht beachtet werden!

q auf [M-B]:

d (M,q) = 2x

d (B, q) = 75 – x

d (S, q) = min {50 + 2x; 270 – 2x}

$d(v_i, z)$

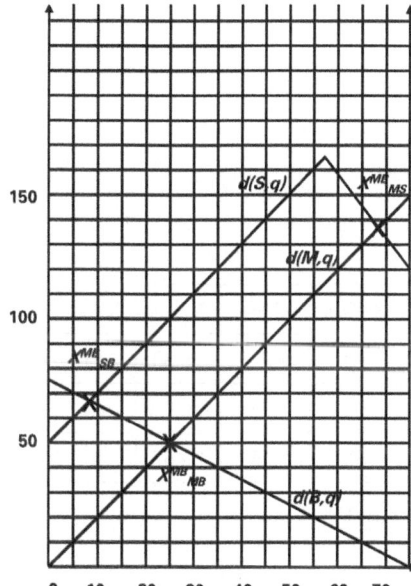

$X^{MB}_{SB} \rightarrow 75 - x = 50 + 2x \rightarrow \underline{x = 8,33}$

$X^{MB}_{MB} \rightarrow 2x = 75 - x \rightarrow \underline{x = 25}$

$X^{MB}_{MS} \rightarrow 2x = 270 - 2x \rightarrow \underline{x = 67,5}$

q auf [S-B]:

d (S,q) = 2x

d (B, q) = 60 – x

d (M, q) = min {50 + 2x; 270 – 2x}

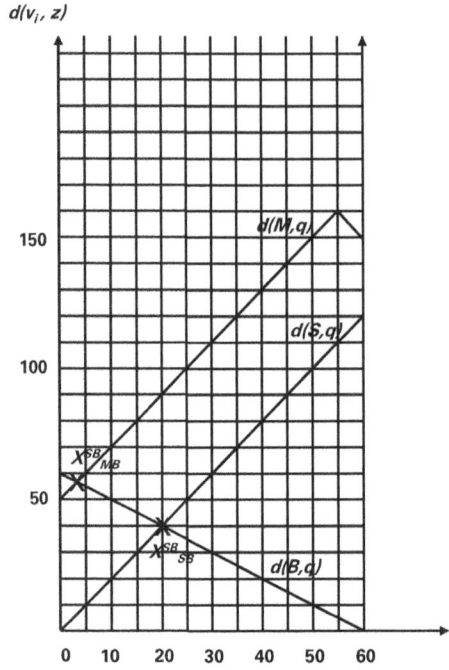

$$X^{SB}{}_{MB} \rightarrow 60 - x = 50 + 2x \rightarrow \underline{x = 3,33}$$

$$X^{SB}{}_{SB} \rightarrow 2x = 60 - x \rightarrow \underline{x = 20}$$

Ergebnistabelle:

	M	S	B	$X^{MB}{}_{SB}$	$X^{MB}{}_{MB}$	$X^{MB}{}_{MS}$	$X^{SB}{}_{MB}$	$X^{SB}{}_{SB}$
M	0	25	75	8,33	25	67,5	28,33	45
S	25	0	60	33,33	50	67,5	3,33	20
B	75	60	0	66,67	50	7,5	56,67	40

b) Beginne mit $Q = \{ X^{MB}{}_{SB}; X^{MB}{}_{MB}; X^{MB}{}_{MS}; X^{SB}{}_{MB}; X^{SB}{}_{SB}\}$

Radius $r = \max \{2 \cdot 8,33; 2 \cdot 3,33; 1 \cdot 7,5\} = 16,66$

Existieren Verbesserungen, d.h. $w_i d_{ij} < 16,66$

	(M)	(S)	(B)	$X^{MB}{}_{SB}$	$X^{MB}{}_{MB}$	$X^{MB}{}_{MS}$	$X^{SB}{}_{MB}$	$X^{SB}{}_{SB}$
M	1	0	0	0	0	0	0	0
S	0	1	0	0	0	0	1	0
B	0	0	1	0	0	1	0	0

Es sind keine weiteren Verbesserungen möglich, da keine Standortkombination existiert, bei der überall kleinere Radien auftreten.

Lösung Aufgabe 4.7.6

a) Standort 5 wird dominiert von Standort 3, d. h. Standort 3 ist immer kostengünstiger oder gleich Standort 5. Für die weitere Betrachtung kann Standort 5 daher gestrichen werden.

b) ADD-Algorithmus: Start: $S = \emptyset$, $K = \infty$, $K^f = 0$

c_{ij} [GE]	Gewicht a_i	1	2	3	4	k_i
Löbtau	4	1	2	4	17	∞
Cotta	3	4	1	4	19	∞
Gorbitz	6	12	11	4	5	∞
Alt-Franken	3	16	17	4	1	∞
Plauen	2	8	5	4	20	∞
Briesnitz	1	20	18	4	12	∞
Süd-Vorstadt	3	8	7	4	21	∞
$v_j = \sum_i a_i \cdot c_{ij}$		196	177	88	273	
Fixkosten f_j [GE]		18	14	16	16	
Gesamtkosten K_j [GE]		214	191	<u>104</u>	289	

$S = \{3\}$, $K = 104$, $K^f = 16$

c_{ij} [GE]	Gewicht a_i	1	2	3	4	k_i
Löbtau	4	1	2	4	17	4
Cotta	3	4	1	4	19	4
Gorbitz	6	12	11	4	5	4
Alt-Franken	3	16	17	4	1	4
Plauen	2	8	5	4	20	4
Briesnitz	1	20	18	4	12	4
Süd-Vorstadt	3	8	7	4	21	4
$v_j = \sum_i a_i \cdot c_{ij}$		76	71	/	79	
Fixkosten f_j [GE]		18	14	/	16	
Gesamtkosten K_j [GE]		110	<u>101</u>	/	111	

$S = \{2,3\}$, $K = 101$, $K^f = 30$

c_{ij} [GE]	Gewicht a_i	1	2	3	4	k_i
Löbtau	4	1	2	4	17	2
Cotta	3	4	1	4	19	1
Gorbitz	6	12	11	4	5	4
Alt-Franken	3	16	17	4	1	4
Plauen	2	8	5	4	20	4
Briesnitz	1	20	18	4	12	4
Süd-Vorstadt	3	8	7	4	21	4
$v_j = \sum_i a_i \cdot c_{ij}$		67	/	/	62	
Fixkosten f_j [GE]		18	14	/	16	
Gesamtkosten K_j [GE]		115	/	/	108	

→ Abbruch, da neue Gesamtkosten > 101

Die Stadtverwaltung sollte die Sammelstellen an den Standorten 2 und 3 öffnen.

Die Gesamtkosten betragen $K = 101$ GE.

c) Der DROP-Algorithmus verläuft in umgekehrter Reihenfolge zum ADD-Algorithmus. D. h. er startet mit der Öffnung aller potenziellen Depotstandorte und in jeder Iteration wird genau derjenige Standort „geschlossen", durch den die Gesamtkosten am meisten gesenkt werden können. Erhöhen sich durch die Schließung eines Standortes die Kosten, dann bricht das Verfahren ab.

Lösung Aufgabe 4.7.7

a) Der Add-Algorithmus stellt ein Eröffnungsverfahren für die diskrete Standortplanung dar, bei dem in jeder Iteration geprüft wird, ob sich durch die Eröffnung eines weiteren Standorts die Gesamtkosten reduzieren lassen. Falls sich diese (anfangs als ∞ GE angenommen) in der aktuellen Iteration nicht reduzieren lassen, endet das Verfahren. Es gilt daher in jeder Iteration für jeden bisher geschlossenen Standort zu prüfen, wie sich die gesamten variablen Kosten und die Gesamtkosten verändern würden, wenn dieser Standort geöffnet werden würde. Die Gesamtkosten K_j setzen sich aus der Summe der Fixkosten aller geöffneten Standorte (Menge S) und der Fixkosten des betrachteten Standorts j sowie aus der Summe der variablen Kosten, die für eine Belieferung aller m Kunden nötig wäre, zusammen. Dabei wird angenommen, dass ein Kunde kostenminimal und lediglich von einem Standort aus beliefert wird. Um die Summe der variablen Kosten v_j auszurechnen, ist es hilfreich, die aktuell günstigsten Belieferungskosten k_i für jeden

Kunden aufzustellen. Diese lassen sich aus den Zeilenminima der bereits geöffneten Standorte berechnen. Auf Basis der Zusammenhänge

$$K_j = \sum_{l \in SU\{j\}} f_l + v_j ; \qquad v_j = \sum_{i=1}^{m} \min\{k_i, c_{ij}\}$$

lässt sich f_5 durch die gegebenen Informationen zu den Standorten 3, 4 oder 5 bereits ausrechnen (hier Standort 3 betrachtet):

$$f_5 = K_3 - v_3 - f_3 = 30\text{-}20\text{-}5 = 5.$$

Alle Kunden werden kostenminimal durch den bereits geöffneten Standort 5 beliefert. Anschließend kann ein Rückschluss auf c_{45} gezogen werden. Da die aktuellen Gesamtkosten 29 GE und die zugehörigen gesamten Fixkosten 5 GE betragen, muss die Summe der variablen Kosten der bisherigen Lösung $v_2 = 29\text{-}5 = 24$ GE ergeben:

$$24 = 2+6+0+ c_{45}+7+2+4$$
$$c_{45} = 24\text{-}21 = 3.$$

Die folgende Tabelle zeigt das aktualisierte Tableau mit Erweiterung um eine Spalte für k_i.

		Von Standort j				
c_{ij} [GE]	1	2	3	4	5	k_i
1	2	2	7	6	2	2
2	2	3	6	5	6	6
3	4	0	2	4	0	0
4	7	6	5	4	3	3
5	6	c_{52}	3	6	7	7
6	8	6	10	5	2	2
7	1	4	5	6	4	4
f_j [GE]	5	7	5	8	5	
v_j [GE]	v_1	16	20	22		
K_j [GE]	26	28	30	35		

(Zu Kunde i)

Nun lässt sich v_1 auf zwei Weisen berechnen. Da die Gesamtkosten für Standort 1 und alle Fixkosten gegeben sind, kann derselbe Zusammenhang genutzt werden, der für die Berechnung von f_5 zur Anwendung kam:

$$K_1 = v_1 + f_1 + f_5$$
$$v_1 = 26 - 5 - 5 = 16$$

Zum gleichen Ergebnis führt auch die Berechnung über k_i und c_{ij}:

$$v_1 = \min\{2,2\} + \min\{2,6\} + \min\{4,0\} + \min\{7,3\} + \min\{6,7\} + \min\{8,2\} + \min\{1,4\} = 16.$$

Analog lässt sich c_{52} berechnen:

$$16 = \min\{2,2\} + \min\{3,6\} + \min\{0,0\} + \min\{6,3\} + \min\{c_{52},7\} + \min\{6,2\} + \min\{4,4\}$$
$$16 = 14 + \min\{c_{52},7\}$$
$$c_{52} = 2$$

b) Beim Drop-Algorithmus handelt es sich um ein Eröffnungsverfahren der diskreten Standortwahl, wobei im Gegensatz zum Add-Algorithmus davon ausgegangen wird, dass alle Standorte bereits geöffnet sind. In jeder Iteration erfolgt die Prüfung, ob sich die Gesamtkosten durch das Schließen eines Standorts verbessern. Die aktuell günstigsten Belieferungskosten k_i jedes Kunden werden analog zum Add-Algorithmus berechnet und setzen sich zu Beginn aus den Zeilenminima der Transportkosten zusammen. Die folgende Tabelle zeigt das um k_i erweiterte Ausgangstableau mit minimal möglichen Transportkosten.

	Von Standort j					
c_{ij} [GE]	1	2	3	4	5	k_i
1	1	2	7	6	6	1
2	2	9	6	5	4	2
3	10	0	1	10	6	0
4	9	7	5	2	3	2
5	6	3	3	6	7	3
6	7	6	10	3	2	2
7	3	10	5	6	6	3
f_j [GE]	5	7	4	6	5	

(Zu Kunde i)

Vor der ersten Iteration bestehen die fixen Gesamtkosten K^f aus der Summe aller Fixkosten f_j (hier: $K^f = 27$) und die Gesamttransportkosten aus der Summe von k_i (hier: 13). Für jeden Standort j werden nun die Folgen einer Standortschließung für die Gesamtkosten berechnet. Die Gesamtkosten K_j jeder Iteration bestehen somit aus der Summe der Fixkosten aller geöffneten Standorte der Menge S ohne den Fixkosten des Standorts j und aus der Summe der variablen Kosten, die für eine Belieferung aller m Kunden anfallen, falls Standort j geschlossen wird. Die gesamten variablen Kosten verändern sich somit zu:

$$v_j = \sum_{i=1}^{m} \min_{l \in S}\{c_{il}|\, l \neq j\}$$

Für v_1 ergibt sich:

$$v_1 = \min\{2,7,6,6\} + \min\{9,6,5,4\} + \min\{0,1,10,6\} + \dots + \min\{10,5,6,6\}$$
$$= 2+4+0+2+3+2+ = 18$$

Die aktualisierten Gesamtkosten K_j lassen sich berechnen über:

$$K_j = v_j - f_j + K^f$$

Für den ersten Standort ergibt sich:

$$K_1 = 18 - 5 + 27 = 40$$

Die restlichen Werte der ersten Iteration zeigt folgende Tabelle:

			Von Standort j			
c_{ij} [GE]	**1**	**2**	**3**	**4**	**5**	k_i
1	1	2	7	6	6	1
2	2	9	6	5	4	2
3	10	0	1	10	6	0
4	9	7	5	2	3	2
5	6	3	3	6	7	3
6	7	6	10	3	2	2
7	3	10	5	6	6	3
f_j [GE]	5	7	4	6	5	
v_j [GE]	18	14	13	14	14	
K_j [GE]	40	34	36	35	36	

(Zu Kunde i)

Bei Schließung des Standorts 2 ($K_j = 34$) entstehen die geringsten Gesamtkosten K, sodass dieser Standort geschlossen wird. Dadurch reduzieren sich diese auf 34 GE, die gesamten Fixkosten K^f auf 20 GE und die ausgewählte Spalte kann gestrichen werden. Die folgende Tabelle beinhaltet die Werte der nächsten Iteration:

c_{ij} [GE]	Von Standort j				
	1	**3**	**4**	**5**	k_i
1	1	7	6	6	1
2	2	6	5	4	2
3	10	1	10	6	1
4	9	5	2	3	2
5	6	3	6	7	3
6	7	10	3	2	2
7	3	5	6	6	3
f_j [GE]	5	4	6	5	
v_j [GE]	23	22	15	15	
K_j [GE]	38	38	29	30	

(Zu Kunde i verläuft als Zeilenbeschriftung links der Tabelle.)

Eine weitere Verbesserung der Gesamtkosten auf 29 bzw. 30 GE ergibt sich durch das Schließen von Standort 4 oder 5, wobei die kostenminimale Auswahl mit Standort 4 erfolgt ($K = 29$; $K^f = 14$). Die folgende Tabelle veranschaulicht die Werte der dritten Iteration:

	Von Standort *j*			
c_{ij} [GE]	1	3	5	k_i
1	1	7	6	1
2	2	6	4	2
3	10	1	6	1
4	9	5	3	3
5	6	3	7	3
6	7	10	2	2
7	3	5	6	3
f_j [GE]	5	4	5	
v_j [GE]	24	23	22	
K_j [GE]	33	33	31	

(Die Zeilen sind mit "Zu Kunde *i*" beschriftet.)

Eine weitere Reduktion der Gesamtkosten ist nicht möglich, sodass das Verfahren abgebrochen wird. Die Lösung des Verfahrens ist folglich:

$$S=\{1,3,5\}; \qquad K=29; \qquad K^f=14.$$

Physische Distribution

Lösung Aufgabe 4.8.1

a) Die Kriterien zur Auswahl von außerbetrieblichen Transportsystemen können in vier Gruppen unterschieden werden.

Zu den Leistungskriterien zählen beispielsweise Transportzeit, Transportfrequenz, Vernetzungsfähigkeit, Flexibilität oder Zuverlässigkeit.

Zur Beurteilung der Kosten verschiedener Transportsysteme sind insbesondere Frachtkosten, Transportnebenkosten (z. B. Zölle, Hafen-, Straßenbenutzungsgebühren, Standgelder) und Handlingskosten zu vergleichen.

Die Entscheidung für ein Transportsystem hängt zudem von der Infrastruktur ab, also von vorhandenen Transportnetzen (Straße, Schiene, Wasserweg), der Lage der Standorte, der Anbindung und Auslastung oder auch klimatischen Bedingungen.

Schließlich sind rechtliche Kriterien, wie Gesetze und Verordnungen, Fahrverbote zu bestimmten Zeiten, Umweltschutzgesetzgebung, Gefahrgutvorschriften und Vorschriften über Steuern und Abgaben der Entscheidung für ein Transportsystem zu beachten.

b) Verkehrsarten im außerbetrieblichen Transport sind der Straßen-, Schienen-, Binnenschifffahrts-, Seeschifffahrts-, Luft- und Rohrleitungsverkehr.

c) Beim gebrochenen Verkehr werden beim Wechsel des Transportmittels die Ladeeinheiten aufgelöst bzw. das Transportgefäß gewechselt.

Dagegen werden die Güter beim kombinierten Verkehr im Fall eines Wechsels des Transportmittels im gleichen Transportgefäß weitertransportiert. Formen des kombinierten Verkehrs sind der Huckepackverkehr (rollende Landstraße, Transport von Sattelanhängern oder Wechselbehältern), der kombinierte Containerverkehr, der RoRo-Verkehr (Landfahrzeuge werden auf Schiffen befördert) oder der Lash-Verkehr (Verladung von Binnenschiffen auf Seeschiffe).

Lösung Aufgabe 4.8.2

a) In bestandsführenden Strukturelementen („Lagern") kann eine Zulaufbündelung, Funktionsbündelung, Bestandsbündelung sowie ein Zeit-, Mengen- und Sortimentsausgleich stattfinden.

Bestandslose Strukturelemente können in Transshipment-Punkte und Cross-Docking-Konzepte unterteilt werden. Bestandslose Strukturelemente in Distributionssystemen sind dann vorteilhafter, wenn lediglich eine Bündelung des Zulaufs in einer Region bzw. die Vorschaltung vor Ballungszentren erfolgen soll. Sie bieten sich an bei hochwertiger (hohe Bestandskosten) oder zeitkritischer sowie leicht verderblicher Ware, denn doppelte Bestände können so vermieden werden. Sie kommen in der Handelslogistik zum Einsatz, wenn keine Lagerstufen zwischen Zentrallager und Kunden aufgebaut werden sollen.

b)

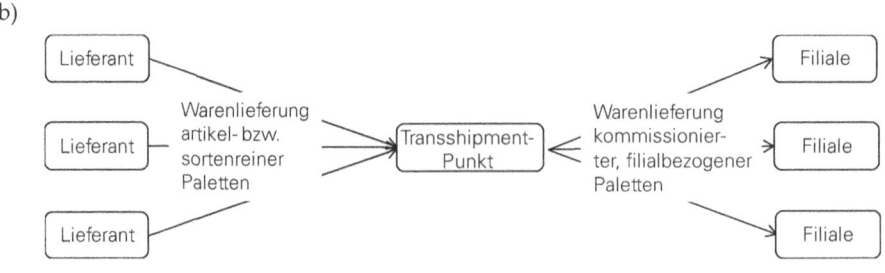

c) In Zentrallagern ist das volle Sortiment verfügbar; sie dienen als Einkaufslager für Handelswaren. Vom Zentrallager aus können Regionallager, Auslieferungslager, Transshipment-Punkte und Direktkunden (Großkunden) beliefert werden.

Auslieferungslager enthalten entweder das gesamte Sortiment oder nur die absatzstarken Produkte. Kunden im Einzugsbereich werden nach auftragsbezogener Kommissionierung vom Auslieferungslager aus beliefert. Diese Lieferungen sind durch kleine Transportmengen und kurze Distanzen gekennzeichnet.

d) Die vertikale Struktur eines Distributionsnetzes gibt Auskunft über dessen Stufigkeit. Es ist also die Anzahl der Stufen bis zum Kunden zu planen. Dabei sind Entscheidungen über die Planung des Lieferservices, die Struktur des Absatzgebietes, die Nachfrageentwicklung, die Bestandsaufteilung, die Lagerkosten und Lagereinrichtung sowie das Verhältnis von Transportkosten zwischen den Lagern bzw. zum Kunden zu den Bestandskosten zu treffen.

Die horizontale Struktur eines Distributionsnetzes umfasst die Anzahl der Standorte je Distributionsstufe. Es ist über die räumliche Verteilung der Standorte durch eine Zuordnung zu Absatzgebieten zu entscheiden. Die Entscheidungen werden durch die Transportkosten zwischen Produktionsstandorten und Lagern, den Auslieferungskosten zu den Kunden und den Bestellmengen und Bestellhäufigkeiten der Kunden beeinflusst.

e)

	A	B	C
Lieferzeit	lang	kurz	mittel
Flexibilität	hoch	mittel	hoch
Transportkosten	hoch	mittel	niedrig
Bestandskosten	gering	hoch	mittel
Beispiel	Kundenindividuelle Fertigung	Auslieferung Haushaltsgeräte	Belieferung Handel Lebensmittel

Lösung Aufgabe 4.8.3

a) Beim Gebietsspediteurkonzept werden ausgewählte Lieferanten und Kunden in einer Region zusammengefasst und nur ein Spediteur führt die Transporte in großen Losen durch. Ziel ist eine Reduzierung der Anzahl der Anlieferungen in stark verkehrsbelasteten Regionen.

Beim Konzept des lieferantenorientierten Spediteurs wird der Gebietsspediteur vom Kunden beauftragt und er koordiniert die Transporte der regionalen Zulieferer. Erfolgt die Beauftragung des Gebietsspediteurs durch die Lieferanten (kundenorientiertes Konzept), dann beliefert er mehrere Kunden in der Region.

b) Einzeldienstleister beschränken sich auf die Übernahme einzelner Leistungen, wie Transport-, Umschlag- oder Lagerleistungen. Einzeldienstleister verfügen über ein technisches und organisatorisches Spezialwissen sowie über die zur Leistungserbringung benötigten Logistik-Assets.

Im Gegensatz zu Einzeldienstleistern integrieren Verbunddienstleister mehrere logistische Einzelleistungen zu größeren Leistungsumfängen und greifen dabei auf eigene und fremde, nationale sowie globale Transport-, Speditions- und Logistiknetzwerke zurück. Typische Beispiele für Verbunddienstleister sind Kurier-, Express- und Paketdienstleister, Containerdienste, Speditionen, Eisenbahngesellschaften, Fluggesellschaften, Reedereien, Betreiber von Logistikzentren oder Entsorgungsdienstleister.

Das Leistungsangebot von Verbunddienstleistern wird von Systemdienstleistern erweitert, indem sie für wenige Großkunden längerfristige und maßgeschneiderte logistische Leistungsumfänge entwickeln, realisieren und betreiben. Insbesondere der Anteil an Added-Value-Leistungen nimmt bei Systemdienstleistern einen großen Umfang ein. Systemdienstleister müssen über einen Zugang zu effizienten Logistiknetzwerken, über ein kompetentes Management, qualifizierte Mitarbeiter sowie leistungsfähige IuK-Systeme verfügen, da ihnen die volle Leistungs-, Qualitäts- und Kostenverantwortung für die zu vergebenden Projekte übertragen wird.

Für die Übernahme der logistischen Steuerungsfunktionen innerhalb einer Wertschöpfungskette werden Netzwerkintegratoren eingesetzt, die als Partner der verladenden Unternehmen die Integration kompletter Logistikketten und -netze von der Beschaffung bis zur Distribution übernehmen. Dafür wählt ein Netzwerkintegrator den für die jeweils zu erfüllende Aufgabe am besten geeigneten Dienstleister aus. Um die dafür notwendige Neutralität zu gewähren, besitzt ein Netzwerkintegrator keine eigenen Ressourcen, sondern greift auf die Ressourcen, Technologien und das Know-how der 3PL zurück. Da der 4PL nur planend und koordinierend tätig ist, muss er über eine ausgezeichnete Infrastruktur hinsichtlich der Informations- und Kommunikationssysteme und über Know-how in der Steuerung von Logistikprozessen verfügen.

c) Qualitative Chancen beim Outsourcing logistischer Leistungen an einen Kontraktdienstleister ermöglichen die Konzentration auf eigene Kernkompetenzen, sodass knappe Ressourcen (z. B. Personal, finanzielle Mittel) auf jene Unternehmensbereiche fokussiert werden können, die gegenüber dem Wettbewerb Kosten- und Differenzierungsmerkmale darstellen. Außerdem verfügen Kontraktlogistikdienstleister über eine spezielle Expertise. Somit wird im Rahmen der Kontraktlogistik der Zugang zu externem Know-how des Dienstleisters ermöglicht, das zu einer Verbesserung logistischer Prozesse hinsichtlich Liefertreue, Lieferzeit oder Servicegrad führt. Die Vergabe umfangreicher Aufgabenpakete an einen Kontraktlogistikdienstleister erhöht die Anpassungsfähigkeit des Unternehmens, da somit eine Komplexitätsreduktion im Unternehmen möglich ist und schneller auf sich ändernde Marktbedingungen reagiert werden kann. Erfolgt die Kooperation mit einem international tätigen Kontraktlogistikdienstleister, dann erhält der Verlader auch einen Zugang zu neuen Absatz- und Beschaffungsmärkten.

Qualitative Risiken bestehen in der Vergabe nicht erkannter Kernkompetenzen, die sich negativ auf die Wettbewerbsfähigkeit des Unternehmens auswirken können. Weiterhin ist darauf zu achten, dass sensible Datenbestände und unternehmensinternes Wissen bei einer Fremdvergabe ausreichend geschützt werden. Informationsasymmetrien erschweren die notwendige Kommunikation, sodass auch dessen Steuerung und Kontrolle negativ beeinträchtigt werden können. Die hohe Heterogenität des Leistungsumfangs bringt eine starke Abhängigkeit vom Kontraktlogistikdienstleister mit sich. Insbesondere die hohe Spezifität der ausgelagerten Leistungen hat zur Folge, dass ein späterer Wechsel des Dienstleisters mit hohem Aufwand verbunden ist.

Lösung Aufgabe 4.8.4

a) Durch die Verkehrstelematik sollen Verkehrsprozesse aktiv beeinflusst werden, um die Umwelt zu schonen und Probleme bei der Nutzung der Verkehrsinfrastruktur zu bewältigen. Somit zielt die Verkehrstelematik einerseits auf eine Verbesserung der Infrastrukturauslastung und andererseits auf eine Erhöhung der Verkehrsmittelauslastung ab. Eine Kapazitätserhöhung der vorhandenen Infrastruktur kann entweder über kollektive oder individuelle Verkehrsbeeinflussung erfolgen. Zu den kollektiven Maßnahmen gehören beispielsweise das electronic road pricing, die elektronische Parkraumbewirtschaftung oder die Priorisierung von Transportmitteln des öffentlichen Personenverkehrs. Die individuelle Steuerung und Kontrolle des Verkehrs erfolgen durch Fahrerassistenz- oder Zielführungssysteme. Telematisch gestützte Maßnahmen zur Optimierung der Verkehrsmittelauslastung basieren auf Kooperationen und Bündelungen im Güterverkehr sowie den Möglichkeiten des Fracht- und Flottenmanagements, wie z. B. die Auftrags-, Fahrzeug- und Umschlagdisposition, die Tourenplanung und Fuhrparkverwaltung oder die Sendungsverfolgung. Die bereichsübergreifende Aufgabe der Verkehrstelematik, zu der sowohl eine Steigerung der Verkehrsinfrastruktur- als auch eine Verbesserung der Transportmittelauslastung gehören, besteht im integrierten Verkehrsmanagement. Darunter wird ein intelligentes Schnittstellenmanagement verstanden, sodass der öffentliche Personenverkehr, der Güter- sowie der Individualverkehr mit den einzelnen Transportmedien optimal miteinander vernetzt werden.

b) Für die Nutzung verkehrstelematischer Systeme werden im Wesentlichen Systeme für die Identifikation, die Kommunikation und Datenübertragung sowie die Ortung benötigt. Für die automatische Identifikation von Transportgütern werden in der Praxis vor allem der Barcode und die Radio Frequency Identification (RFID) - Technologie verwendet. Die automatische Erfassung führt gegenüber der manuellen Erfassung zu einer fehlerfreien, schnelleren und damit zu einer wesentlich effizienteren Bereitstellung der Informationen. Der Datenaustausch kann entweder leitungsgebunden oder über eine mobile Kommunikation ermöglicht werden. Leitungsgebundene Systeme sind bspw. Telefon, Telefax, Datex-Dienste oder ISDN mit Mehrwertdiensten. Mobile Technologien eigenen sich hingegen für eine durchgängige Integration der Fahrzeuge, Fahrer und der Transportgüter in Echtzeit in die Informationskette. Hierzu zählen der Funkruf, der radiobasierte Datenfunk, zellulare Netze und die Satellitenkommunikation zur Ortung und Navigation. Die mit den verschiedenen Identifikationsmethoden gewonnenen Daten können anschließend rechnergestützt verarbeitet werden. Im speditionellen Bereich können die Daten vom Bordcomputer des Fahrzeugs via GSM/GPRS an einen Server übertragen werden, sodass über eine Internetschnittstelle ein Datenzugriff erfolgen kann. Somit können alle weiteren Leistungsprozesse mit den notwendigen Informationen versorgt werden.

c)   Bei gesamtwirtschaftlicher Betrachtung besteht ein wesentliches Problem der Verkehrstelematik im sogenannten Rebound-Effekt. Dieser Effekt kann dazu führen, dass in dem Maße wie durch den Einsatz telematischer Komponenten das Güterverkehrsaufkommen reduziert wird, neue Mobilitätsfreiräume für andere Verkehrsteilnehmer (z. B. den Freizeitverkehr) geschaffen werden und somit ein erhöhtes Verkehrsaufkommen induziert wird. Da der Einsatz telematischer Systeme zu einer deutlichen Steigerung der Transportdienstleistungsqualität führt, besteht auch das Risiko einer Verstärkung transportintensiver Entwicklungen im Bereich der Wirtschaft wie z. B. dem Abbau vorhandener Lager oder einer weiteren geografischen Verteilung von Produktionsstätten.

Lösung Aufgabe 4.8.5

a)   Die INCOTERMS (International Commercial Terms) sind internationale Handelsklauseln zur freiwilligen Regelung von Rechten und Pflichten von Käufern und Verkäufern in Außenhandelsverträgen. Es wird festgelegt, welche Kosten jeder Vertragspartner für seine Wegstrecke zu tragen hat (Kostenübergang) und ab welchem Punkt das Risiko, bspw. für Schäden und Verlust, vom Verkäufer auf den Käufer übergeht (Gefahrenübergang). Hierbei ist die genaue Benennung des Liefer- und Bestimmungsortes essentiell. Darüber hinaus ist geregelt, welche Versicherungen bestehen sollten und wem die Beschaffung der notwendigen Dokumente (insb. Waren-, Zoll- und Transportdokumente) obliegt. Des Weiteren finden sich Angaben zur Warenprüfung und Verpackung. Dahingegen sind Zahlungsbedingungen, der Gerichtsstand, der Eigentumsübergang und die Mängelrüge nicht abgedeckt. Es kann auf sieben multimodale Klauseln und auf vier Klauseln allein für die See- und Binnenschifffahrt zurückgegriffen werden.

Eine der am häufigsten verwendeten Klauseln ist EXW bzw. „Ex Works / Ab Werk", welche zu den Abholklauseln (E-Klauseln) gehört. Lieferort und damit gleichzeitig Ort des Gefahren- und Kostenübergangs ist das Werk des Verkäufers bzw. ein weiterer benannter Ort, an welchem die Ware ladebereit verfügbar sein muss. Der Käufer ist Träger der Export- und Importkosten.

CPT bzw. „Carriage Paid To / Frachtfrei" gehört zu den Absendeklauseln (C-Klauseln) und ist eine Zweipunktklausel. Das bedeutet, dass der Ort des Gefahrenübergangs (hier der Lieferort) und Ort des Kostenübergangs (hier der Bestimmungsort) nicht gleichzusetzen sind. Lieferort ist Ort der Übergabe an den ersten Frachtführer und kann bspw. der Verschiffungshafen sein, während der Bestimmungsort in diesem Fall der Bestimmungshafen ist. Der Verkäufer kommt für die Kosten der Beförderung bis zum benannten Bestimmungsort auf und trägt damit die Exportkosten. Träger der Importkosten ist der Käufer.

Die Klausel DDP bzw. „Delivery Duty Paid / Geliefert verzollt" gehört zu den Ankunftsklauseln (D-Klauseln). Der festgelegte Lieferort ist hier gleich dem Bestimmungsort, wo der Verkäufer dem Käufer die Ware entladebereit überlässt. Der Gefahren- und Kostenübergang findet am Lieferort statt. Bis zum Bestimmungort trägt der Verkäufer alle Kosten und muss daher sowohl für den Export als auch den Import inklusive notwendiger Formalitäten aufkommen.

b) Ein Frachtvertrag wird dann abgeschlossen, wenn der Transport einer Lieferung von einer dritten Partei und nicht vom Absender selbst vorgenommen wird. Er wird ausschließlich zwischen Absender und Frachtführer geschlossen; der Empfänger ist lediglich Beteiligter. Wichtiger Teil des Frachtvertrages ist der Frachtbrief. Im Frachtbrief sind die spezifischen Anforderungen und Bedingungen an den Transport niedergeschrieben. Er ist damit die Beweisurkunde über Inhalt und den Abschluss des Frachtvertrages. Insgesamt werden drei Originalausfertigungen des Frachtbriefes ausgestellt und unterzeichnet, von denen ein Exemplar beim Absender verbleibt, ein weiteres der Frachtführer erhält und das dritte das Transportgut begleitet. Der vom Frachtbrief zu unterscheidende Ladeschein ist ein Wertpapier mit Traditionswirkung. Er wird vom Frachtführer ausgestellt und hat eine Beweiswirkung bzgl. des Empfangs der Güter, den Inhalt des Beförderungsversprechens und des Frachtvertrages sowie der Art des Auslieferungsversprechens.

5   Instandhaltungslogistik

Die Instandhaltungslogistik umfasst die nachhaltige, marktorientierte, ganzheitliche Planung, Gestaltung, Steuerung und Koordination der räumlichen und zeitlichen Transformation logistischer Objekte zur individuellen Sicherstellung der Verfügbarkeit von Produktivfaktoren in der Wertschöpfungskette. Auf der strategischen Ebene finden die Planung, Gestaltung, Steuerung und Kontrolle der instandhaltungslogistischen Prozesse statt. Einflussfaktoren auf diese Prozesse bilden die Instandhaltungs-strategien und die Vertragsgestaltung. Die operative Ebene beinhaltet den Hauptprozess der Auftragsabwicklung, der durch einen diagnostizierten Fehler, einen Maschinenausfall oder eine präventive Instandhaltungsmaßnahme ausgelöst wird. Des Weiteren gehören zur operativen Ebene die Teilprozesse Ersatzteillogistik, Tool-Logistik, Human Resource-Logistik, die Kombination der Instandhaltungsressourcen mit den -objekten sowie die Entsorgungslogistik. Die Ersatzteillogistik hat die Aufgabe, die benötigten Ersatzteile bereitzustellen, und die Tool-Logistik ist für den Versand von Werkzeugen und Vorrichtungen (z. B. Mess- und Prüfgeräte, Montagewerkzeuge, Reinigungsgeräte, Leitern und Hebebühnen, technische Doku¬men¬tationen, Schmier- oder Reinigungsmittel) zuständig, welche für die Instand¬haltung benötigt werden. Aufgabe der Ersatzteil- und der Toollogistik ist neben der Distribu¬tion auch das Beschaffungs- und Bestandsmanagement.

In Kapitel 5.1 werden Aufgaben zu Instandhaltungsstrategien behandelt. Gegenstand von Kapitel 5.2 sind Aufgaben zur Instandhaltungsplanung. Die Planung der Bedarfe im Rahmen der Ersatzteilbedarfsprognose werden in Kapitel 5.3 betrachtet.

Lernziele:

- Vermittlung von Grundlagen für die Instandhaltungsplanung
- Auswirkungen der Instandhaltungsstrategien auf Erfolgsfaktoren
- Berechnung von Zustandsverteilungen und Ausfallraten
- Bedarfsprognose von Ersatzteilen

5.1 Instandhaltung

Eine der wichtigsten Entscheidungen innerhalb der Instandhaltung ist die Wahl einer geeigneten Instandhaltungsstrategie, da sie sich unmittelbar auf die Erreichung der Instandhaltungs- und Unternehmensziele auswirkt.

Aufgabe 5.1.1 - Instandhaltungsstrategien

Da Instandhaltungsstrategien einen hohen Einfluss auf die unternehmerischen Zielgrößen Kosten, Zeit, Flexibilität und Qualität haben, ist deren zielgerichtete Auswahl von großer Bedeutung. Erklären Sie anhand der unten beschriebenen Beispiele a) und b) welche Instandhaltungsstrategie warum geeignet ist.

a) Das Unternehmen Posch ist der weltweit größte Zulieferer der Automobilindustrie. Im vorliegenden Fall liefert Posch an die Firma Wolksvagen die Motorsteuerung, Injektoren für Gas und Benzin sowie einen Mitteldruck-Temperatursensor für das Modell Eco New. Die Lieferung erfolgt „just-in-sequence", wobei für die Herstellung der Komponenten verkettete, automatisierte Maschinen eingesetzt werden.

b) Derzeit liefert das Unternehmen Tintel Chips an die Firma Rapple. In der Halbleiterfertigung von Tintel werden sehr komplexe Betriebsmittel eingesetzt, die häufig zu unvorhersehbaren Zeitpunkten ausfallen können. Die Anlagenkenngrößen sind dem Unternehmen jederzeit bekannt. Da aufgrund der Reinraumanforderungen die Ersatzteile für die Anlagen sehr hohe Kosten verursachen, ist ein wesentliches Ziel die optimale Ausschöpfung des Abnutzungsvorrats.

c) Erklären Sie bitte kurz zwei Diagnose- bzw. Überwachungsmethoden für eine zustandsorientierte Instandhaltung.

d) Kategorisieren Sie die Kosten, die innerhalb der Instandhaltung anfallen und nennen Sie jeweils zwei Beispiele pro Kategorie.

Aufgabe 5.1.2 - Erfolgsfaktoren

Grenzen Sie die reaktive, präventiv zeitbasierte sowie zustandsbasierte und prädiktive Instandhaltungsstrategie voneinander hinsichtlich Material-, Ausfall-, Personalkosten, Ausfall- und Stillstandzeit sowie der Qualität voneinander ab.

Literaturhinweis:
Lasch, R. (2021): **Strategisches und operatives Logistikmanagement: Prozesse, 3. Auflage, Springer Gabler**
Kapitel 6.2.2 *Instandhaltungsstrategien*

5.2   Instandhaltungsplanung

Die Lebensdauer einer Anlage hängt von ihrem technischen Zustand sowie von den Belastungen während der Nutzungsdauer ab. Vor dem Hintergrund der meist stochastischen Eigenschaften exogener Kräfte, Einflüsse oder Ereignisse, die zum Ausfall einer Maschine oder Anlage führen, erscheint eine stochastische Modellierung komplexer technischer Systeme zweckmäßig.

Aufgabe 5.2.1 - Ausfallrate

Bei einer Komponente betrage die erwartete Lebensdauer T sechs Jahre. Unter der Voraussetzung einer konstanten Ausfallrate berechne man

a)   die Ausfallrate

b)   die Wahrscheinlichkeit, dass $4 \leq T \leq 8$

c)   die Wahrscheinlichkeit, dass die Komponente im 5. Jahr ausfällt

d)   die erwartete Anzahl der Ausfälle in 30 Jahren, wenn die Komponente jeweils bei Ausfall durch eine gleichwertige Komponente ersetzt wird.

Aufgabe 5.2.2 - Homogene Markovketten

Für einen Prozessschritt werden zwei Maschinen gleichen Typs in der Produktion eingesetzt. Fällt eine Maschine in der Periode $t-1$ aus, wird sie in der Periode t umgehend instandgesetzt und steht für die Periode $t+1$ wieder zur Verfügung. Die Kapazität ist so bemessen, dass bei Bedarf zwei Maschinen pro Periode repariert werden können. Der Ausfall einer Maschine erfolgt unabhängig vom Ausfall der anderen und vom Zeitpunkt der letzten Reparatur. Die erwartete Lebensdauer T jeder einzelnen Maschine beträgt 10 Perioden.

a)   Mit welcher Wahrscheinlichkeit fällt eine einzelne Maschine in der ersten Periode nach einer Reparatur aus?

b)   Bestimmen Sie die Übergangsmatrix $P = (p_{ij})$ mit p_{ij} = Wahrscheinlichkeit, dass j Maschinen für die Periode $t+1$ einsatzbereit sind, wenn i Maschinen für die Periode t einsatzbereit waren; $i, j \in \{0, 1, 2\}$.

c)   Mit welchen Wahrscheinlichkeiten sind für die Periode $t=3$ genau zwei, mindestens eine bzw. höchstens eine Maschine(n) betriebsfähig, falls für die Periode $t=0$ genau eine Maschine intakt war?

d)   Welche Aussage kann über die Ergodizität dieser homogenen Markovkette getroffen werden?

Aufgabe 5.2.3 - Übergangswahrscheinlichkeiten

Eine homogene Markovkette mit der Übergangsmatrix

$$P = \begin{pmatrix} p_{11} & p_{12} & p_{13} \\ \frac{1}{2} & 0 & \frac{1}{2} \\ \frac{1}{3} & \frac{1}{3} & \frac{1}{3} \end{pmatrix}$$

besitze die stationäre Verteilung $(\frac{2}{7}, \frac{2}{7}, \frac{3}{7})$.

a) Bestimmen Sie die fehlenden Übergangswahrscheinlichkeiten.

b) Bestimmen Sie die Grenzverteilung.

c) Für welche Startverteilung $p(0)^T$ ergibt sich im Zeitpunkt $t=1$ die Verteilung $p(1)^T = \left(\frac{1}{3}, \frac{1}{3}, \frac{1}{3} \right)$?

d) Zeichnen Sie den Transitionsgraph.

Literaturhinweis:
Lasch, R. (2021): **Strategisches und operatives Logistikmanagement: Prozesse, 3. Auflage, Springer Gabler**

Kapitel 6.2.3 *Instandhaltungsplanung*

5.3 Ersatzteilbedarfsprognose

Reserve- bzw. Ausfallteile sind durch eine hohe Sporadizität, d. h. durch einen sprunghaft und unterbrochenen Bedarfsverlauf gekennzeichnet, sodass Prognoseverfahren zur Anwendung kommen, die unter Berücksichtigung sporadischer Bedarfsverläufe entwickelt wurden.

Aufgabe 5.3.1 - Verfahren von CROSTON

Die Molkerei Creamy liefert in Tankfahrzeugen Sahne und Magermilch an den Eishersteller Kurfürst. Dieser setzt für die Herstellung von Speiseeis verkettete, automatisierte Maschinen ein. Kleinere Instandhaltungsmaßnahmen am Mischtank werden von dem Eishersteller selbst durchgeführt. Für diese Maßnahmen muss die Beschaffungsabteilung die nötigen Ersatzteile einkaufen.

Die Produktionsabteilung hat in den letzten sieben Perioden folgende Bedarfshöhen und Intervalle hinsichtlich des Bedarfsabstands für das Ersatzteil beobachtet:

Periode	Beobachtete Bedarfshöhe	Beobachteter Bedarfsabstand
t	y_t	p_t
1	5	-
2	3	1
3	0	1
4	10	2
5	6	1
6	0	1
7	2	2

Prognostizieren Sie bitte den Bedarf mit dem Verfahren von CROSTON für die Perioden 5 bis 8. Der Glättungsparameter α beträgt 0,2

Aufgabe 5.3.2 - Verfahren von CROSTON und Modifikationen

Gegeben sind die folgenden sporadischen Bedarfe eines elektronischen Ersatzteils:

t	1	2	3	4	5	6	7	8	9
y_t	22	8	0	0	26	55	0	0	98

Berechnen Sie den prognostizierten Bedarf für Periode 10 mit Hilfe des Verfahrens von CROSTON und den Modifikationen von SYNTETOS und BOYLAN sowie von LEVÉN und SEGERSTEDT unter Zugrundelegung eines Glättungsparameters α = 0,2. (Hinweis: Für die Initialisierung werden die ersten vier Perioden herangezogen.)

Literaturhinweis:

Lasch, R. (2021): *Strategisches und operatives Logistikmanagement: Prozesse, 3. Auflage, Springer Gabler*

Kapitel 6.3.5   *Prognoseverfahren für sporadische Ersatzteilverfahren*

5.4 Lösungen

Instandhaltung

Lösung Aufgabe 5.1.1

a) Um für Das Unternehmen Posch eine hohe technische Verfügbarkeit zu gewährleisten, ist schwerpunktmäßig eine präventive, zeitabhängige periodische Instandhaltung anzuwenden. Die Instandhaltungsmaßnahmen werden zu planmäßig festgelegten Terminen unabhängig vom Pflege- und Störungszustand und weitgehend unabhängig von äußeren Einflüssen obligatorisch durchgeführt.

b) Das Unternehmen Tintel sollte eine präventive, zustandsorientierte oder prädiktive Instandhaltung anwenden, da kritische Betriebsmittel eingesetzt werden, die zu unvorhersehbaren Zeitpunkten ausfallen können und die optimale Ausschöpfung des Abnutzungsvorrates angestrebt wird.

c) Folgende Diagnose- bzw. Überwachungsmethoden können im Rahmen der zustandsorientierten Instandhaltung eingesetzt werden:

- Schwingungsdiagnose: Messung der Schwingungsbeschleunigung der Gehäuseoberfläche von Maschinen; zuverlässiges Erkennen von Veränderungen im Betriebsverhalten, z. B. durch Unwucht oder Lagerschäden

- Thermographie: Feststellung der Wärmeemission von Maschinen und Gegenständen; Identifikation thermischer Verluste oder bestehender Wärmequellen

- Stromaufnahmemessung: Überwachung der Leistungsaufnahme einer Maschine; Erfassung von Stromspitzen

d) Die Instandhaltungskosten lassen sich in direkte und indirekte Kosten unterteilen. Zu den direkten Instandhaltungskosten gehören die folgenden Kosten, die unmittelbar durch die Instandhaltungsmaßnahme und den damit verbundenen Verbrauch an Einsatzgütern verursacht werden:

- Personalkosten: Lohn- und Lohnnebenkosten, Werkstattgemeinkosten

- Material- und Ersatzteilkosten: Preis, Beschaffungskosten, Lagerhaltungskosten, Hilfs-, Betriebsstoffkosten

- Fremdkosten: Fremdleistungen, -lieferungen, Verwaltung

- Energiekosten

Indirekte Instandhaltungskosten stellen Opportunitätskosten dar, die durch die Beeinträchtigung der Anlagenverfügbarkeit entstehen. Zu ihnen zählen folgende zusätzliche, wirtschaftlich nachteilige Auswirkungen des Anlagenverschleißes:

- Ausfallkosten: Stillstandskosten, Produktionsausfall, Qualitätsminderung, Rohstoffverlust, Konventionalstrafen

- Wertminderung: Lebensdauer, Ausfall infolge von Ausschuss

- Veralterung: Instandhaltungsaufwand, Anlagenleistung, Anlagenzuverlässigkeit

Lösung Aufgabe 5.1.2

In der folgenden Tabelle werden die Auswirkungen der reaktiven und präventiven Instandhaltungsstrategien auf die Erfolgsfaktoren Kosten, Zeit, Qualität und Flexibilität dargestellt:

	Instandhaltungsstrategie		
	reaktiv	**präventiv zeitbasiert**	**zustandsbasiert /prädiktiv**
Materialkosten	Hohe Lagerhaltungskosten durch Bevorratung; hohe Beschaffungskosten durch notwendige Eillieferungen, geringerer Ersatzteilverbrauch	Geringe Bestandskosten durch bekannte Instandhaltungstermine; hoher Ersatzteilverbrauch durch geringeren Abnutzungsverbrauch	Optimale Ausnutzung des Abnutzungsvorrats; optimale Lagerbestandsplanung durch bekannte Bedarfszeitpunkte
Ausfallkosten	Hohe Ausfallkosten aufgrund der Unplanbarkeit der Ausfälle	Minimale Ausfallkosten durch Vermeidung ungeplanter Ausfälle	Minimale Ausfallkosten durch Vermeidung ungeplanter Ausfälle
Personalkosten	Permanente Verfügbarkeit des Instandhaltungspersonals notwendig; Personalbedarfsspitzen einplanen	Abstimmung und Auslastung des Personalbedarfs gemäß geplanter Maßnahmen möglich; Bereitschaftsdienst für stochastische Ausfälle notwendig	Hochqualifiziertes Personal für hohen Inspektionsaufwand notwendig; kostentreibende Personalbedarfsspitzen vermeidbar

Zeit	Lange Stillstandszeiten und zeitraubende Fehlersuche; lange Bereitstellungszeiten notwendiger Ressourcen; längere Produktionsdurchlaufzeiten	Geringe Ausfallzeiten, da benötigte Ressourcen vorhanden; keine lange Fehlersuche	Geringe Ausfallzeiten; keine Wartezeiten, da Ressourcen vorhanden; keine lange Fehlersuche; optimale Planung
Qualität	Hohe Qualitätsmängel durch Zeitdruck und mangelnde Vorbereitung; Gefahr von Folgeschäden und variierende Prozessqualitäten	Hohe Prozessqualität; durch mehr Instandsetzungen evtl. mehr Qualitätsmängel durch Montage- oder Inbetriebnahmefehler	Permanente bzw. vorausschauende Überwachung gewährleistet hohe Qualität der Prozesse und Anlagen

Instandhaltungsplanung

Lösung Aufgabe 5.2.1

a)   Ausfallrate: $E(T) = \frac{1}{q} = 6 \Longrightarrow q = \frac{1}{6}$

b) $P(4 \leq T \leq 8) = P(T \leq 8) - P(T \leq 3)$

$$= 1 - (1-q)^8 - (1 - (1-q)^3)$$

$$= 1 - \left(\frac{5}{6}\right)^8 - \left(1 - \left(\frac{5}{6}\right)^3\right)$$

$$= 0{,}3461$$

c) $P(T = t) = q(1-q)^{(t-1)}$

$$P(T = 5) = \frac{1}{6} \cdot \left(\frac{5}{6}\right)^4 = 0{,}0804$$

d) $E(Ausfälle\ in\ 30\ Jahren) = 30 \cdot \frac{1}{6} = 5$ Ausfälle

Lösung Aufgabe 5.2.2

a) Ausfallrate: $E(T) = \frac{1}{q} = 10 \Rightarrow q = 0,1$.

b) Die Situation kann durch eine homogene Markovkette mit dem Zustandsraum $Z = \{z_1, z_2, z_3\}$ abgebildet werden. Der Zustand z_1 repräsentiert zwei defekte Maschinen, der Zustand z_2 repräsentiert eine defekte Maschine und der Zustand z_3 repräsentiert zwei intakte Maschinen.

p_{13}: beide defekte Maschinen in t sind in Reparatur und können in $t+1$ wieder eingesetzt werden; $p_{13} = 1$

p_{23}: intakte Maschine in t kann auch in $t+1$ eingesetzt werden; $p_{23} = 0,9$

p_{22}: defekte Maschine in t ist in Reparatur und kann in in $t+1$ wieder eingesetzt werden, die andere intakte Maschine fällt aus; $p_{22} = 2 \cdot 0,1 \cdot 0,9 = 0,18$

p_{33}: beide Maschinen bleiben auch in $t+1$ einsatzbereit; $p_{33} = 0,9*0,9 = 0,81$

	z_1	z_2	z_3
z_1	0	0	1
$P = \quad z_2$	0	0,1	0,9
z_3	0,01	0,18	0,81

c) Für die Startverteilung gilt: $p(0)^T = (0; 1; 0)$

$p(1)^T = p(0)^T \cdot P = (0; 0,1; 0,9)$

$p(2)^T = p(1)^T \cdot P = (0,009; 0,172; 0,819)$

$p(3)^T = p(2)^T \cdot P = (0,008; 0,165; 0,827)$

W(genau 2 Maschinen intakt in $t=3$) $\qquad = 0,827$

W(mind. 1 Maschine intakt in $t=3$) $\qquad = 0,165 + 0,827 = 0,992$

W(höchstens eine intakte Maschine in $t=3$) $= 0,008 + 0,165 = 0,173$

d) $(p_1, p_2, p_3) \cdot \begin{pmatrix} 0 & 0 & 1 \\ 0 & 0,1 & 0,9 \\ 0,01 & 0,18 & 0,81 \end{pmatrix} = (p_1, p_2, p_3)$

$(0,01p_3; 0,1p_2 + 0,18p_3; p_1 + 0,9p_2 + 0,81p_3) = (p_1, p_2, p_3)$

$$0,01p_3 = p_1$$

$$0,18p_3 = 0,9p_2 \Longrightarrow p_2 = 0,2p_3$$

$$p_1 + p_2 + p_3 = 1 \Longrightarrow 0,01p_3 + 0,2p_3 + p_3 = 1$$

$$1,23p_3 = 1 \Longrightarrow p_3 = 0,8130$$

$$p_2 = 0,2p_3 = 0,1626$$

$$p_1 = 0,01p_3 = 0,024$$

Für die stationäre Verteilung gilt somit: $p^T = (0,024; 0,1626; 0,813)$

e) Die Markovkette ist ergodisch, da P mindestens eine positive Spalte besitzt. Weiterhin existiert genau eine stationäre Verteilung (siehe Teilaufgabe d).

Lösung Aufgabe 5.2.3

a) $p \cdot P = p$

$$\frac{2}{7} \cdot p_{11} + \frac{2}{7} \cdot \frac{1}{2} + \frac{3}{7} \cdot \frac{1}{3} = \frac{2}{7} \Longrightarrow p_{11} = 0$$

$$\frac{2}{7} \cdot p_{12} + \frac{3}{7} \cdot \frac{1}{3} = \frac{2}{7} \Longrightarrow p_{12} = \frac{1}{2}$$

$$p_{11} + p_{12} + p_{13} = 1 \Longrightarrow p_{13} = \frac{1}{2}$$

b) Die Markovkette ist ergodisch, da P mindestens eine positive Spalte besitzt. Folglich ist $(\frac{2}{7}, \frac{2}{7}, \frac{3}{7})$ die Grenzverteilung.

c) $p(0)^T = (0,0,1)$

d)

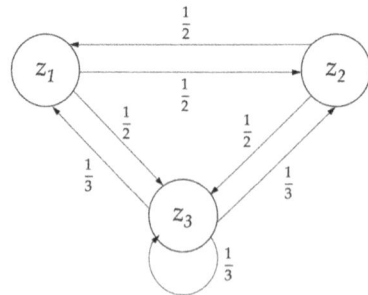

Ersatzteilbedarfsprognose

Lösung Aufgabe 5.3.1

Schritt I: Initialisierung

Es werden $n=4$ Perioden betrachtet. Mit Anwendung der Formeln

$$\hat{z}_5 = \frac{\sum_{t=1}^{4} y_t}{3} = \frac{5+3+0+10}{3} = 6,00 \quad \text{und} \quad \hat{p}_5 = \frac{\sum_{t=1}^{4} p_t}{3} = \frac{1+1+2}{3} = 1,33$$

können die Startwerte für die Bedarfshöhe sowie des Bedarfszeitpunktes generiert werden. Da in Periode 3 kein Bedarf vorliegt, wird der Bedarf nur durch drei Werte geteilt.

Schritt II:

Die Prognose der Bedarfshöhe für $y_t > 0$ erfolgt mit $\alpha = 0,2$ gemäß

$$\hat{z}_{t+1} = \alpha \cdot y_t + (1-\alpha) \cdot \hat{z}_t = 0,2 \cdot 6 + (1-0,2) \cdot 6 = 6,00.$$

Zu beachten ist, dass in Periode $t = 6$ ein Nullbedarf zu verzeichnen ist, sodass gemäß $y_t = 0$ die Beziehung $\hat{z}_{t+1} = \hat{z}_t$ anzuwenden ist und der aktuelle Prognosewert auch für den Bedarf in $t=7$ beibehalten wird.

Schritt III:

Die Prognose des zeitlichen Abstandes kann für $y_5 > 0$ mit $\alpha = 0,2$ unter Verwendung der Formel

$$\hat{p}_5 = \alpha \cdot p_5 + (1-\alpha) \cdot p_5 = 0,2 \cdot 1 + (1-0,2) \cdot 1,33 = 1,26$$

vorgenommen werden. Wie schon in Schritt II formuliert, wird auch hier durch den Nullbedarf in $t=6$ die Beziehung $\hat{z}_{t+1} = \hat{z}_t$ angewendet und keine Aktualisierung der Prognosewerte in $t=7$ vorgenommen.

Schritt IV:

Die Prognose des Bedarfs für Periode $t=5$ erfolgt unter Zuhilfenahme der Formel

$$\hat{y}_{4+1} = \frac{\hat{z}_{4+1}}{\hat{p}_{4+1}} = \frac{6}{1,33} = 4,50.$$

Peri-ode	Bedarfshöhe		Bedarfsabstand		Prognostizier-ter Bedarf
t	beobach-tet	prognos-tiziert	beobach-tet	prognosti-ziert	$\hat{y}_t$
	y_t	$\hat{z}_t$	p_t	$\hat{p}_t$	
1	5		-		
2	3		1		
3	0		1		
4	10		2		
5	6	6,00 } I	1	1,33 } I	4,50 } IV
6	0	6,00 } II	1	1,26 } III	4,76
7	2	6,00 } II	2	1,26	4,76
8	…	5,20	…	1,41	3,69

Lösung Aufgabe 5.3.2

Periode	Bedarfshöhe		Bedarfs-abstand		Prognostizierter Bedarf		
	beob.	prog.	beob.	prog.	CR	SB	LS
t	y_t	$\hat{z}_t$	p_t	$\hat{p}_t$	$\hat{y}_t$	$\hat{y}_t$	$\hat{y}_t$
1	22						
2	8		1				
3	0		1				
4	0		2				
5	26	15,00	3	2,00	7,5	6,75	15
6	55	17,20	1	2,20	7,82	7,04	13,73
7	0	24,76		1,96	12,63	11,37	21,98
8	0	24,76		1,96	12,63	11,37	21,98
9	98	24,76	3	1,96	12,63	11,37	21,98
10	-	39,41		2,17	18,18	16,36	24,12

$$\hat{z}_5 = \frac{\sum_{t=1}^{4} y_t}{2} = \frac{30}{2} = 15 \text{ und } \hat{p}_5 = \frac{\sum_{t=1}^{4} p_t}{2} = \frac{4}{2} = 2$$

CR	SB	LS
$\hat{y}_5 = \dfrac{15}{2} = 7{,}5$	$\hat{y}_5 = \left(1 - \dfrac{0{,}2}{2}\right) * \dfrac{15}{2} = 6{,}75$	$\hat{y}_5 = 15$

CR: $\hat{z}_6 = 0{,}2 \cdot 26 + 0{,}8 \cdot 15 = 17{,}2$; $\hat{p}_6 = 0{,}2 \cdot 3 + 0{,}8 \cdot 2 = 2{,}2$; $\hat{y}_6 = \dfrac{17{,}2}{2{,}2} = 7{,}82$

SB: $\hat{y}_6 = \left(1 - \dfrac{0{,}2}{2}\right) \cdot \dfrac{17{,}2}{2{,}2} = 7{,}04$

LS: $\hat{y}_6 = 0{,}2 \cdot \dfrac{17{,}2}{2{,}2} + (1 - 0{,}2) \cdot 15 = 13{,}56$

Anhang

Poisson-Verteilung

k\λ	1	2	3	4	5	6	7	8	9	10
0	0,36788	0,13534	0,04979	0,01832	0,00674	0,00248	0,00091	0,00034	0,00012	0,00005
1	0,73576	0,40601	0,19915	0,09158	0,04043	0,01735	0,00730	0,00302	0,00123	0,00050
2	0,91970	0,67668	0,42319	0,23810	0,12465	0,06197	0,02964	0,01375	0,00623	0,00277
3	0,98101	0,85712	0,64723	0,43347	0,26503	0,15120	0,08177	0,04238	0,02123	0,01034
4	0,99634	0,94735	0,81526	0,62884	0,44049	0,28506	0,17299	0,09963	0,05496	0,02925
5	0,99941	0,98344	0,91608	0,78513	0,61596	0,44568	0,30071	0,19124	0,11569	0,06709
6	0,99992	0,99547	0,96649	0,88933	0,76218	0,60630	0,44971	0,31337	0,20678	0,13014
7	0,99999	0,99890	0,98810	0,94887	0,86663	0,74398	0,59871	0,45296	0,32390	0,22022
8	1,00000	0,99976	0,99620	0,97864	0,93191	0,84724	0,72909	0,59255	0,45565	0,33282
9		0,99995	0,99890	0,99187	0,96817	0,91608	0,83050	0,71662	0,58741	0,45793
10		0,99999	0,99971	0,99716	0,98630	0,95738	0,90148	0,81589	0,70599	0,58304
11			0,99993	0,99908	0,99455	0,97991	0,94665	0,88808	0,80301	0,69678
12			0,99998	0,99973	0,99798	0,99117	0,97300	0,93620	0,87577	0,79156
13			1,00000	0,99992	0,99930	0,99637	0,98719	0,96582	0,92615	0,86446
14				0,99998	0,99977	0,99860	0,99428	0,98274	0,95853	0,91654
15					0,99993	0,99949	0,99759	0,99177	0,97796	0,95126
16					0,99998	0,99983	0,99904	0,99628	0,98889	0,97296
17					0,99999	0,99994	0,99964	0,99841	0,99468	0,98572
18					1,00000	0,99998	0,99987	0,99935	0,99757	0,99281
19					1,00000	0,99999	0,99996	0,99975	0,99894	0,99655
20						0,99999	0,99991	0,99956	0,99841
21						1,00000	0,99997	0,99983	0,99930
22						1,00000	0,99999	0,99993	0,99970
23						1,00000	1,00000	0,99998	0,99988
24						1,00000	1,00000	0,99999	0,99995

© Springer Fachmedien Wiesbaden GmbH, ein Teil von Springer Nature 2022
R. Lasch, C. G. Janker, *Übungsbuch Logistik*, https://doi.org/10.1007/978-3-658-37186-9

Normalverteilung – Brown'sche Servicefunktion

k	$f_u(k)$	$1-\Phi(k)$	$S(k)$		k	$f_u(k)$	$1-\Phi(k)$	$S(k)$
0,00	0,3989	0,5000	0,3989		0,50	0,3521	0,3085	0,1978
0,01	0,3989	0,4960	0,3940		0,51	0,3503	0,3050	0,1947
0,02	0,3989	0,4920	0,3890		0,52	0,3485	0,3015	0,1917
0,03	0,3988	0,4880	0,3841		0,53	0,3467	0,2981	0,1887
0,04	0,3986	0,4840	0,3793		0,54	0,3448	0,2946	0,1857
0,05	0,3984	0,4801	0,3744		0,55	0,3429	0,2912	0,1828
0,06	0,3982	0,4761	0,3697		0,56	0,3410	0,2877	0,1799
0,07	0,3980	0,4721	0,3649		0,57	0,3391	0,2843	0,1771
0,08	0,3977	0,4681	0,3602		0,58	0,3372	0,2810	0,17420
0,09	0,3973	0,4641	0,3556		0,59	0,3352	0,2776	0,17140
0,10	0,3970	0,4602	0,3509		0,60	0,3332	0,2743	0,16870
0,11	0,3965	0,4562	0,3464		0,61	0,3312	0,2709	0,16590
0,12	0,3961	0,4522	0,3418		0,62	0,3292	0,2676	0,16330
0,13	0,3956	0,4483	0,3373		0,63	0,3271	0,2643	0,16060
0,14	0,3951	0,4443	0,3328		0,64	0,3251	0,2611	0,15800
0,15	0,3945	0,4404	0,3284		0,65	0,3230	0,2578	0,15540
0,16	0,3939	0,4364	0,3240		0,66	0,3209	0,2546	0,15280
0,17	0,3932	0,4325	0,3197		0,67	0,3187	0,2514	0,15030
0,18	0,3925	0,4286	0,3154		0,68	0,3166	0,2483	0,14780
0,19	0,3918	0,4247	0,3111		0,69	0,3144	0,2451	0,14530
0,20	0,3910	0,4207	0,3069		0,70	0,3123	0,2420	0,14290
0,21	0,3902	0,4168	0,3027		0,71	0,3101	0,2389	0,14050
0,22	0,3894	0,4129	0,2986		0,72	0,3079	0,2358	0,13810
0,23	0,3885	0,4090	0,2944		0,73	0,3056	0,2327	0,13580
0,24	0,3876	0,4052	0,2904		0,74	0,3034	0,2297	0,13340
0,25	0,3867	0,4013	0,2863		0,75	0,3011	0,2266	0,13120
0,26	0,3857	0,3974	0,2824		0,76	0,2989	0,2236	0,12890
0,27	0,3847	0,3936	0,2784		0,77	0,2966	0,2206	0,12670
0,28	0,3836	0,3897	0,2745		0,78	0,2943	0,2177	0,12450
0,29	0,3825	0,3859	0,2706		0,79	0,2920	0,2148	0,12230

0,30	0,3814	0,3821	0,2668		0,80	0,2897	0,2119	0,12020
0,31	0,3802	0,3783	0,2630		0,81	0,2874	0,2090	0,11810
0,32	0,3790	0,3745	0,2592		0,82	0,2850	0,2061	0,11600
0,33	0,3778	0,3707	0,2555		0,83	0,2827	0,2033	0,11400
0,34	0,3765	0,3669	0,2518		0,84	0,2803	0,2005	0,11200
0,35	0,3752	0,3632	0,2481		0,85	0,2780	0,1977	0,11000
0,36	0,3739	0,3594	0,2445		0,86	0,2756	0,1949	0,10800
0,37	0,3725	0,3557	0,2409		0,87	0,2732	0,1922	0,10610
0,38	0,3712	0,3520	0,2374		0,88	0,2709	0,1894	0,10420
0,39	0,3697	0,3483	0,2339		0,89	0,2685	0,1867	0,10230
0,40	0,3683	0,3446	0,2304		0,90	0,2661	0,1841	0,10040
0,41	0,3668	0,3409	0,2270		0,91	0,2637	0,1814	0,09860
0,42	0,3653	0,3372	0,2236		0,92	0,2613	0,1788	0,09680
0,43	0,3637	0,3336	0,2203		0,93	0,2589	0,1762	0,09503
0,44	0,3621	0,3300	0,2169		0,94	0,2565	0,1736	0,09328
0,45	0,3605	0,3264	0,2137		0,95	0,2541	0,1711	0,09156
0,46	0,3589	0,3228	0,2104		0,96	0,2516	0,1685	0,08986
0,47	0,3572	0,3192	0,2072		0,97	0,2492	0,1660	0,08819
0,48	0,3555	0,3156	0,2040		0,98	0,2468	0,1635	0,08654
0,49	0,3538	0,3121	0,2009		0,99	0,2440	0,1611	0,08491
0,50	0,3521	0,3085	0,1978		1,00	0,2420	0,1587	0,08332

χ^2-Verteilung

v\ω	0,005	0,01	0,025	0,05	0,1	0,25	0,75	0,9	0,95	0,975	0,99
1	-	-	0,001	0,004	0,016	0,102	1,323	2,706	3,841	5,024	6,635
2	0,010	0,020	0,051	0,103	0,211	0,575	2,773	4,605	5,991	7,378	9,210
3	0,072	0,115	0,216	0,352	0,584	1,213	4,108	6,251	7,815	9,348	11,345
4	0,207	0,297	0,484	0,711	1,064	1,923	5,385	7,779	9,488	11,143	13,277
5	0,412	0,554	0,831	1,145	1,610	2,675	6,626	9,236	11,071	12,833	15,086
6	0,676	0,872	1,237	1,635	2,204	3,455	7,841	10,645	12,592	14,449	16,812
7	0,989	1,239	1,690	2,167	2,833	4,255	9,037	12,017	14,067	16,013	18,475
8	1,344	1,646	2,180	2,733	3,490	5,071	10,219	13,362	15,507	17,535	20,090
9	1,735	2,088	2,700	3,325	4,168	5,899	11,389	14,684	16,919	19,023	21,666
10	2,156	2,558	3,247	3,940	4,865	6,737	12,549	15,987	18,307	20,483	23,209
11	2,603	3,053	3,816	4,575	5,578	7,584	13,701	17,275	19,675	21,920	24,725
12	3,074	3,571	4,404	5,226	6,304	8,438	14,845	18,549	21,026	23,337	26,217
13	3,565	4,107	5,009	5,892	7,042	9,299	15,984	19,812	22,362	24,736	27,688
14	4,075	4,660	5,629	6,571	7,790	10,165	17,117	21,064	23,685	26,119	29,141
15	4,601	5,229	6,262	7,261	8,547	11,037	18,245	22,307	24,996	27,488	30,578
16	5,142	5,812	6,908	7,962	9,312	11,912	19,369	23,542	26,296	28,845	32,000
17	5,697	6,408	7,564	8,672	10,085	12,792	20,489	24,769	27,587	30,191	33,409
18	6,265	7,015	8,231	9,390	10,865	13,675	21,605	25,989	28,869	31,526	34,805
19	6,844	7,633	8,907	10,117	11,651	14,562	22,718	27,204	30,144	32,852	36,191
20	7,434	8,260	9,591	10,851	12,443	15,452	23,828	28,412	31,410	34,170	37,566

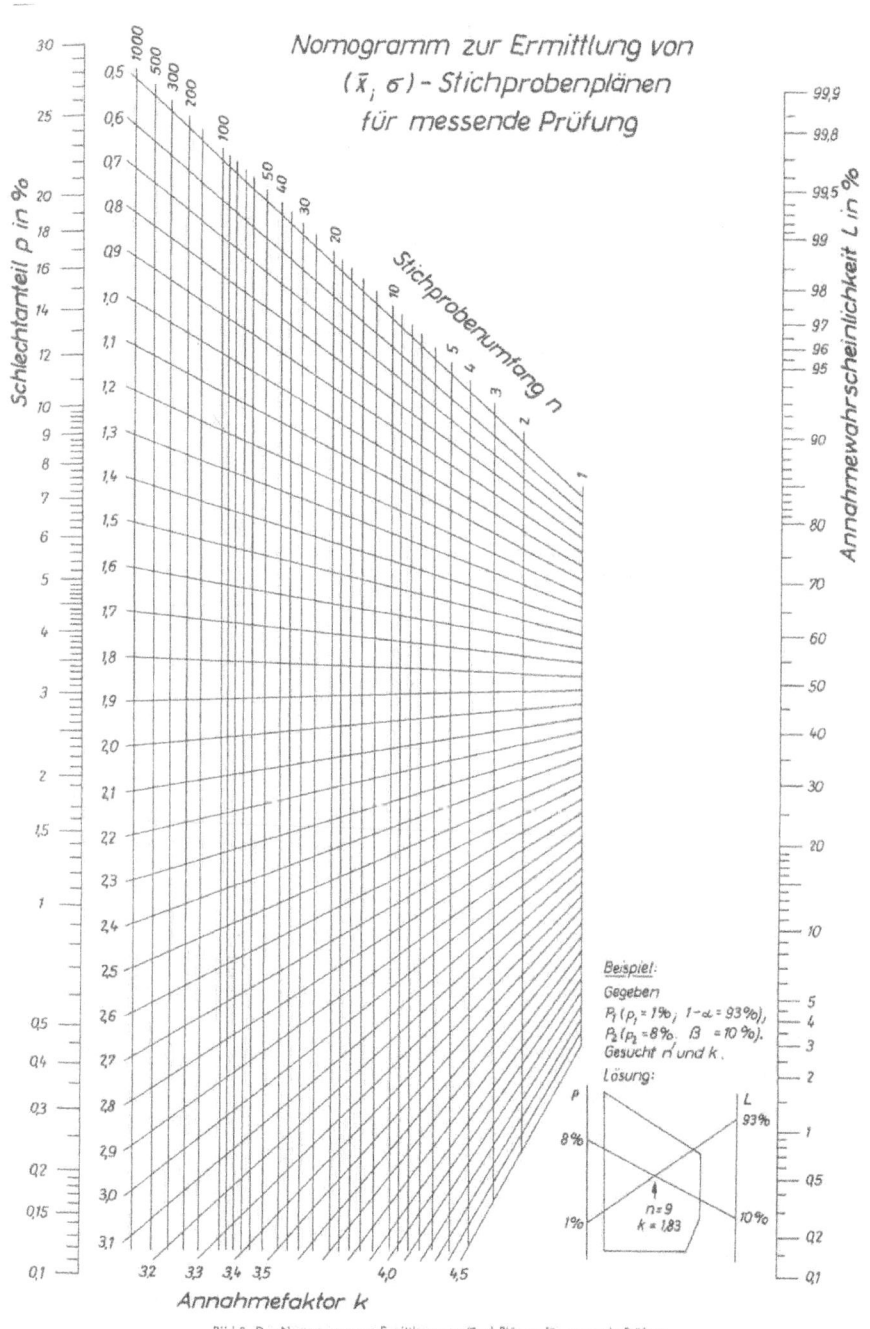

Bild 2: Das Nomogramm zur Ermittlung von (x̄; σ)-Plänen für messende Prüfung

Quelle: Wilrich, P.-Th. (1970), S. 63

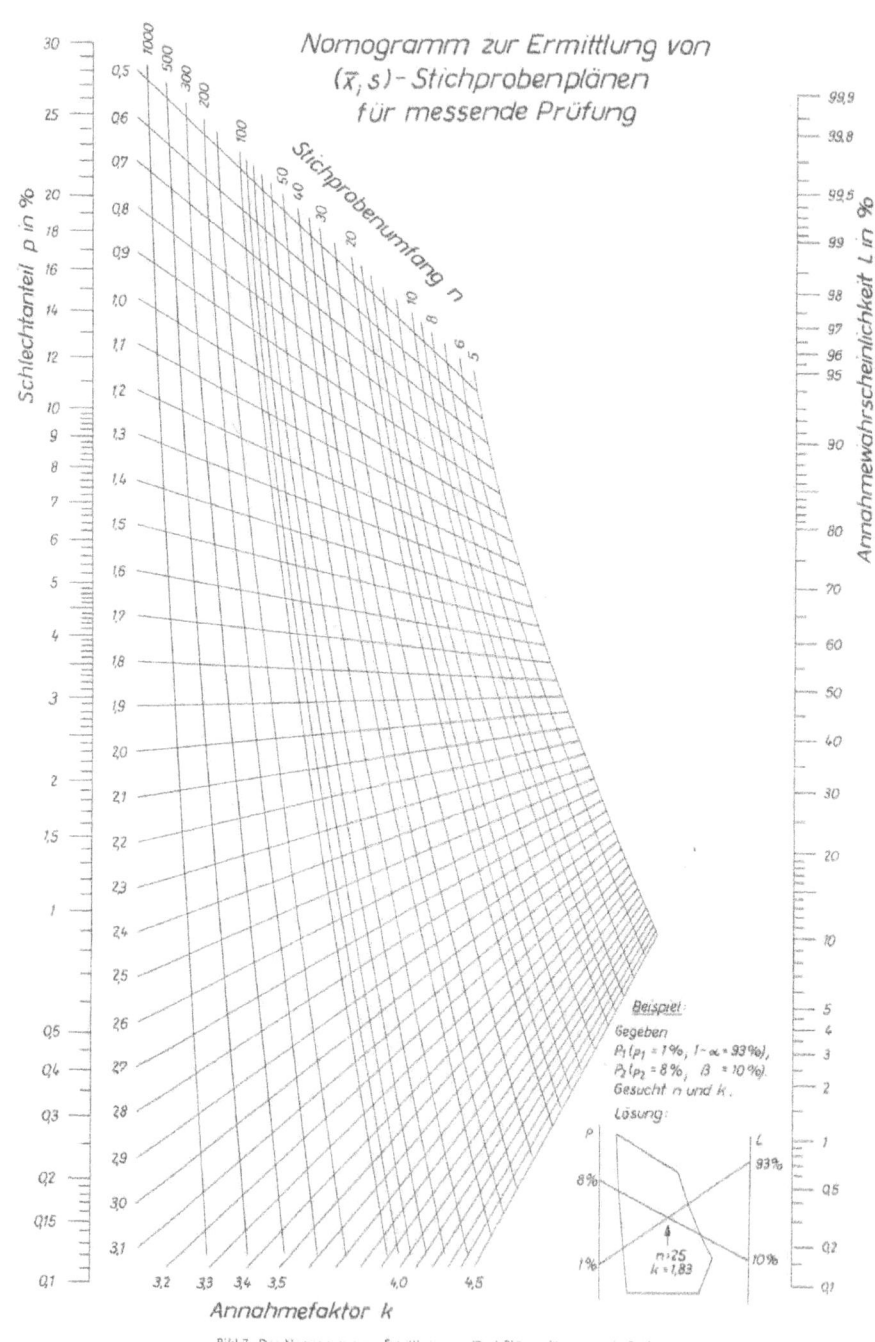

Bild 7: Das Nomogramm zur Ermittlung von (x̄; s)-Plänen für messende Prüfung

Quelle: Wilrich, P.-Th. (1970), S. 183

Literaturverzeichnis

Die Gliederung dieses Buches orientiert sich an:

Lasch, R. (2021): Strategisches und Operatives Logistikmanagement: Beschaffung, 3. Auflage, Springer Gabler

Lasch, R. (2020): Strategisches und operatives Logistikmanagement: Distribution, 3. Auflage, Springer Gabler

Lasch, R. (2021): Strategisches und Operatives Logistikmanagement: Prozesse, 3. Auflage, Springer Gabler

Lasch, R. / Schulte, G. (2021): Quantitative Logistik-Fallstudien, 5. Auflage, Springer Gabler

Weitere Lehrbuchliteratur

Bloech, J.; Bogaschewsky R.; Buscher U.; Daub A.; Götze U.; Roland F. (2014): Einführung in die Produktion, 7. Auflage, Springer Gabler

Buzacott J. A.; Corsten H.; Gössinger R.; Schneider H. M. (2010): Produktionsplanung und -steuerung, Oldenbourg

Domschke, W. / Scholl, A. / Voß, S. (1997): Produktionsplanung, 2.Auflage, Springer

Herrmann F. (2009): Logik der Produktionslogistik, Oldenbourg

Kiener, S.; Maier-Scheubeck, N.; Obermaier, R.; Weiß, M. (2017): Produktions-Management, 11. Auflage, Oldenbourg

Neumann, K.; Morlock, M. (2002): Operations Research, 2. Auflage, Hanser

Schulte C. (2017): Logistik – Wege zur Optimierung der Supply Chain, 7. Auflage, Vahlen

Vahrenkamp R. (2008): Produktionsmanagement, 6. Auflage, Oldenbourg

Sonstige Quellen

Wilrich, P.-Th. (1970): Nomogramme zur Ermittlung von Stichprobenplänen für messende Prüfung bei einer einseitig vorgeschriebenen Toleranzgrenze. Teil 1: Pläne bei bekannter Varianz der Fertigung. Qualität und Zuverlässigkeit, 15. Jahrgang, Heft 3, S. 61 - 65

Wilrich, P.-Th. (1970): Nomogramme zur Ermittlung von Stichprobenplänen für messende Prüfung bei einer einseitig vorgeschriebenen Toleranzgrenze. Teil 2: Pläne bei unbekannter Varianz der Fertigung. Qualität und Zuverlässigkeit, 15. Jahrgang, Heft 8, S. 181 - 187

© Springer Fachmedien Wiesbaden GmbH, ein Teil von Springer Nature 2022
R. Lasch, C. G. Janker, *Übungsbuch Logistik*, https://doi.org/10.1007/978-3-658-37186-9

The manufacturer's authorised representative in the EU is Springer
Nature Customer Service Centre GmbH, Europaplatz 3, 69115 Heidelberg,
Germany. If you have any concerns regarding our products, please
contact ProductSafety@springernature.com

Printed and bound by CPI Group (UK) Ltd, Croydon, CR0 4YY
28/04/2026
02098491-0015